U0938577

# 艺术化，乡村的未来

董进智 / 著

四川大学出版社

项目策划：蒋姗姗
责任编辑：蒋姗姗
责任校对：许　奕
封面设计：墨创文化
责任印制：王　炜

图书在版编目（CIP）数据

艺术化，乡村的未来 / 董进智著. — 成都 : 四川大学出版社, 2019.10
ISBN 978-7-5690-3730-2

Ⅰ. ①艺… Ⅱ. ①董… Ⅲ. ①农村文化－文化艺术－研究－中国 Ⅳ. ①G12

中国版本图书馆 CIP 数据核字（2020）第 062577 号

书名　艺术化，乡村的未来

| | |
|---|---|
| 著　　者 | 董进智 |
| 出　　版 | 四川大学出版社 |
| 地　　址 | 成都市一环路南一段 24 号（610065） |
| 发　　行 | 四川大学出版社 |
| 书　　号 | ISBN 978-7-5690-3730-2 |
| 印前制作 | 四川胜翔数码印务设计有限公司 |
| 印　　刷 | 成都金龙印务有限责任公司 |
| 成品尺寸 | 170mm×240mm |
| 印　　张 | 15.75 |
| 字　　数 | 290 千字 |
| 版　　次 | 2020 年 5 月第 1 版 |
| 印　　次 | 2020 年 5 月第 1 次印刷 |
| 定　　价 | 68.00 元 |

扫码加入读者圈

◆ 读者邮购本书，请与本社发行科联系。
电话：(028)85408408/(028)85401670/
(028)86408023　邮政编码：610065
◆ 本社图书如有印装质量问题，请寄回出版社调换。
◆ 网址：http://press.scu.edu.cn

四川大学出版社
微信公众号

# 当乡村遇到了艺术

中国农业大学农民问题研究所所长、教授、博士生导师　朱启臻

乡村本来就是艺术的，无论是在形式上还是内容上。

在形式上，乡村坐落在绿水青山之中，错落有致的乡村民居，随山就势的村落形态，与大自然融为一体的特色建筑，无不让人感受到艺术的美。正因如此，众多的村落、民居、乡村田园以及花海、梯田等农业景观受到艺术家的青睐，摄影家、画家、诗人、词曲作家等各路艺术家接踵而来，正是诗意乡村的吸引力，给艺术家带来无限的创作灵感，诞生了无数的传世佳作。在浙江松阳县有个叫沿坑岭头村的村落，是一个十分偏僻的山村，道路不通，产业资源匮乏，年轻人纷纷离开，乡村破败。该村已经列入政府整体搬迁计划。就在这个时候，来了一位画家，被眼前的乡村美景所震撼，他说，这个村落是一幅天然的油画。于是，他就在这里创作，画这里的田园、村落和民居，他的作品获得了油画大奖，这个村子也因此出了名。今天，该村已经成为全国 300 多个美术院系学生的写生基地。艺术爱好者来了，游客来了，村里的年轻人回来了，产业发展起来了，乡村重新焕发了活力，获得了生机。就是因为人们在这里发现了“艺术”。

其实，乡村的艺术价值更主要地表现在乡村的内容上。“采菊东篱下，悠然见南山”“乡村四月闲人少，才了蚕桑又插田”“山上层层桃李花，云间烟火是人家”“卧牛吹短笛，耕却傍溪田”“昼出耘田夜绩麻，村庄儿女各当家；童孙未解供耕织，也傍桑阴学种瓜”……无数脍炙人口的诗句，正是对诗意乡村画面的艺术描绘。从艺术视角审视乡村内容，可谓包罗万象，蕴含着百姓的生产与生活实践中丰富而生动的艺术实践。在生产上，无论是打鱼还是放牧，无论是播种还是采收，或是踩着水车的灌溉，或是赶着牛耕田，或是晾晒农产品等，都像一首首田园牧歌，都是一幅幅诗意画卷。在生活方面，乡村的艺术体现得更为淋漓尽致。就地取材的特色民居、丰富多彩的民族服饰、数不清的地方美食，还有令人眼花缭乱的乡村手工艺。一件手工陶艺、一件刺绣、一件蜡染、一条竹凳、一个背篓或一顶斗笠，精湛到让专家汗颜。就算是吃一个花

馍、品一碗米酒、看着一桌好菜，不也是艺术的享受吗？有人把农产品、农具或乡村手工品摆在屋子里，或挂在墙上，直接作为艺术品，成为引人注目的装饰。在乡村，还有数不尽的故事、传说、笑话等乡土文学，有地方戏、舞蹈、花会、杂耍、皮影、面人、游戏、娱乐等民间艺术和大批的民间艺人，它们本身就是艺术大家庭的重要组成部分。活在老百姓的生产和生活中的艺术，最具生命力，其艺术价值持久而深厚。它所折射的是劳动人民的生存智慧，反映的是劳动人民的创造精神和勤劳品质。

乡村为什么是艺术的？其实艺术就是赋予情感的规律。乡村之所以“美”，是因为在漫长的成长过程中，乡村建设始终遵守着其固有而独特的规律，这种规律既表现为适合乡村的可持续农业生产，也体现为适应丰富多彩的乡村生活。乡村就是在这两个维度上不断发展的，充分体现了其尊重自然、敬畏自然与合理利用自然的生存智慧。当人们赋予这样的乡村规律以情感的时候，乡村就产生了美感，同时产生了艺术价值。但是，我们必须看到，由于种种原因，原有的乡村发展路径被终止，其发展规律被打破，致使很多乡村失去了艺术性，变得不那么艺术了。这个时候就需要艺术家参与乡村的规划、设计和建设。一方面，艺术家在尊重乡村价值的基础上，要努力恢复乡村的本来面目；另一方面，可以赋予乡村新的艺术价值。最近一些年，艺术家参与振兴乡村，赋予乡村艺术活力，有不少成功案例。但也有一些把艺术搬进乡村，结果因这些艺术难以融进乡村体系而失败。这就需要做两个方面的努力：一方面，艺术家要了解乡村，了解乡村的规律和特点，理解老百姓的生产和生活内涵与意义，把乡村深层的艺术价值发掘出来，并赋予其新的生命力；另一方面，乡村建设者要懂艺术，要研究乡村美学，把乡村建设得更加艺术。

以上是我读了董进智先生的《艺术化，乡村的未来》的几点启示。董先生是一位富有乡村情怀的政府官员，对乡村的思考具体而深刻。从艺术视角审视乡村，不仅会帮助人们更深刻地体会“乡村是艺术宝库”这一判断，会发现乡村所具有的更多的不可替代的价值，也会进一步明晰乡村振兴应该建设什么样的乡村。从这种意义上讲，这是一部填补了乡村建设理论空白的著作，是一部可以用来指导乡村建设实践的著作。该书的许多观点是从四川幸福美丽新村建设实践中提炼而成的，是对四川省艺术化乡村建设的总结，因此具有很强的实践性、可行性和可操作性。相信广大读者会从中受到多方面的启发，也特别期待更多的艺术家加入乡村建设行列，为乡村振兴做出独特的贡献。

**2019 年 10 月 23 日**

# 艺术化，乡村的未来

## ——在"2019 中国艺术乡村建设论坛"[①] 上的发言

（代前言）

四川省农业农村厅　董进智

和在座的专家学者不一样，我是搞实际工作的。我搞了十来年的新农村建设，遇到的一些问题，经常逼着我去思考。这次，我正是带着问题、带着期盼来的。

我带来的问题是，乡村艺术化有没有可能？换句话说，乡村振兴可不可以追求艺术化？自 2018 年以来，我反复琢磨这个问题。总感觉，艺术化是乡村的未来，乡村振兴需要插上艺术的翅膀，乡村要建设得富有诗情画意、各美其美，才有韵味、有品位、有魅力。

### （一）

这个问题，严格讲，是在乡村振兴中提出来的，尽管以前我曾经思考过。实施乡村振兴战略是民族伟大复兴的重要任务，目标是农业农村现代化，要实现农业强、农村美、农民富，这是真善美的统一。习近平总书记提出，打造各具特色的现代版"富春山居图"。

"富春山居图"，有山有水有村庄。拿今天的话来说，是艺术家以浙江富春江为背景，描绘的美丽乡村。习近平总书记由这一代表中国文化的艺术杰作，提出对乡村振兴的要求，我理解的是要在乡村全面振兴中，把艺术和乡村融合起来，建设艺术化的美丽乡村，让美丽乡村成为现代化强国的标志、成为美丽中国的底色，在全球化的大格局中形成中国美丽乡村的独特画卷。

---

① 中国艺术研究院主办、中国艺术研究院民俗研究室承办，2019 年 3 月 24 日至 25 日在北京举行，来自中国艺术研究院、北京大学、中央党校、中央民族大学等高校、科研单位的专家 100 多人参加了论坛。笔者应邀参加，并在大会上做了主旨演讲，《中华读书报》《中国民族报》在报道时点名介绍了笔者的一些观点。

其实，习近平总书记早就对美丽乡村做过充满诗情画意的描绘。2015 年初在云南省视察时讲的“农村特点”“乡土味道”“乡村风貌”“青山绿水”“乡愁”，化成形象，正好是诗一般的美丽乡村。

## （二）

这绝不是天方夜谭。或许可以说，艺术化追求是在工业化过程中形成的。18 世纪 60 年代，英国就兴起了造园热潮。19 世纪 80 年代，英国又掀起艺术与手工艺运动。20 世纪 80 年代，人们发现日常生活正在审美化。进入 21 世纪，“品味的问题涉及整个工业文明的前途和命运”。

在我国，人们对美好生活的需要日益增长。与解决温饱问题不同，美好生活追求多样化、个性化、艺术化，更加注重日常生活的审美性、体验性。随着人们对美好生活需要的增长，艺术这样的精神产品，将由富贵人家的奢侈品转化为寻常百姓的必需品。建设美丽中国，正是对人们美好生活需要的回应。

事实上，乡村艺术化已经走在路上。四川汉源县以“农情四季、百里画廊”为主题，规划了乡村之画、历史之画、自然之画、田园之画、家园之画“五幅画卷”，建设“花海果乡”，形成了“春天是花园、夏天是林园、秋天是果园、冬天是庄园”的四季农业景观。许村、青田、景边山、石节子，更是让我们看到艺术化腐朽为神奇的力量。

往深层次看，艺术是人的精神需要。按照需要层次理论，当生理、安全、社交、尊重等基本需要满足以后，人们就会产生自我实现的需要，包括审美的、艺术的需要。哲学家、美学家、艺术家、心理学家告诉我们，艺术化是人生的崇高境界。

谈乡村艺术化，自然不能回避“空心化”现象。但是，从世界各国看，在现代化进程中，乡村必然要经历一场痛苦的蜕变和重生。以欧盟为例，第二次世界大战以来乡村都走向了复兴，目前那里居住在乡村和城乡接合地区的人口，约占总人口的 58%。2018 年我国城市化已达 60%左右，乡村正在蜕变和重生中。

## （三）

研究乡村艺术化，既要了解艺术，又要懂得乡村。艺术，不只在博物馆、艺术馆、收藏家那里，它早就进入了人们的饮食起居当中，成为我们的精神家园。今天的艺术更是千姿百态、千奇百怪，以至于，面对现代艺术，人们越来越迷茫。

话还得说回来，正如一位教授所说：“艺术是什么？或许，这是一个艺术理论永恒的难题。但是艺术与我们同在！”的确，没有哪一个社会不与某种形式的艺术相关联。就乡村艺术化来讲，我们在乎的是艺术的存在、艺术世界的开放性和多样性、艺术对我们的意义，以及我们怎么让艺术满足我们对美好生活的需要。

这里还涉及美和艺术的关系问题。在西方，艺术源于原始巫术。古希腊，美成为“造型艺术的最高法律”。中世纪，艺术又成为宗教的奴仆。近代，美学成了艺术哲学。跨入现代门槛，“不美之物可以是艺术，是20世纪伟大的哲学贡献”；当然，实用艺术继续着美的追求。乡村艺术化实践应当去追求美、展示美，用艺术化来营造美好新家园，让乡村靓起来，有“意味”！

为着乡村艺术化，我们必须重新审视乡村。乡村振兴战略的实施，让人们意识到，乡村是具有自然、社会、经济特征的地域综合体，兼具生产、生活、生态、文化等多重功能，与城镇互促互进、共生共存，共同构成人类活动的主要空间。

今天，人们已经看到乡村独特的存在价值。比如：生产上，同鲜活的动植物打交道，呈现出多样性、微妙性和随机性；生活上，相对宁静，富有诗意，给人以浪漫的体验；生态上，贴近自然，友好自然，融入自然，天人合一；文化上，淳朴、互助、和谐，带着浓浓的乡愁。随着经济社会发展，乡村价值将日益凸显。

可以想象，当艺术与乡村相遇，就会激发出新的活力。乡村艺术化正是要用艺术来“化”乡村，以此增加农民的幸福感，满足市民的多样化需要，为美丽中国增光添彩。

## （四）

当然，要说清楚乡村艺术化，对我来说，是非常难的。我想，它应该是从乡村“长出来”的，一定源于乡村的山水、田园、生产、生活、民俗、文化，彰显乡村价值。这，肯定离不开艺术家的深度介入。

也就是说，乡村艺术化应当从乡村里面去挖掘独特的价值、寻找淳朴的品质、发现多样的美、剖析深刻的矛盾，进行多种形式的艺术再造，形成乡土的绘画、雕塑、建筑、音乐、舞蹈、文学等丰富多彩、雅俗共赏的艺术形式，建设富有诗情画意、各美其美的美丽乡村。当乡土艺术涵盖乡村经济、政治、文化、社会、生态各个方面，成为乡村发展的重要动因的时候，乡村就基本实现艺术化了。

这样的乡村艺术化，自然带着浓浓乡愁，烙上农耕记忆，体现着农家情趣，充满着乡土气息，承载着乡村价值，寄托着田园梦想，才是真正有着乡村独特“意味”的形式。可以描述为“自然山水，艺术田园，农耕体验，诗意栖居”。

自然山水。山水、林田、湖草有着内在的和谐。要牢固树立尊重自然、顺应自然、保护自然的理念，在生态的治理和恢复上下功夫，保护乡村优美的自然环境，保护乡村的生物多样性，并优化结构，让乡村天蓝地绿、山青水碧、风清气爽、鸢飞鱼跃、蛙鸣鸟叫，逐步还原乡村的自然之魅。这是乡村艺术化的天然底色。

艺术田园。田园也有“意味”。要保护和建设基本农田，因地制宜发展种养业，注重种养循环，并融入文化、艺术元素搞好创意设计，推行精耕细作，发展现代创意农业、精致农业，把农业产业建成“田园景观系统”，让田园景色随区域、季节而变化，让美丽田园成为乡村独特的风景线。这是乡村艺术化的鲜明特色。

农耕体验。农耕不仅有趣，而且积淀了深厚的文化。要发展现代农业，让人们与动植物打交道，把农业劳动变成农事体验，从参与、体验中品味人生乐趣；同时，要保护农耕文明，挖掘传统手工艺，培育民间艺人，提升特色产业，让人们分享乡村美食等活生生的农耕文化。这是乡村艺术化的文化标识。

诗意栖居。村落都多少有几分姿色。要保护乡村“肌理”，弘扬传统文化，科学规划村落，着力改善乡村基础设施，优化民居功能，多样化、个性化展示村落民居风貌，配套好公共服务和商业服务，组织好特色民间文化艺术活动，优化乡村人居环境，让人们“诗意地栖居在这片大地上”。这是乡村艺术化的综合体现。

不管怎么理解乡村艺术化，都需注意，在工业化、城市化过程中，乡村一定要留住淳朴，留住传统，留住美丽，留住乡愁；千万不能以艺术化的名义，把乡村变成城市的垃圾场。

## （五）

乡村艺术化重在实践。我国乡村千差万别，其自然、经济、文化、社会等条件各具特色，推进乡村艺术化必须以多样化美，打造各具特色的现代版“富春山居图”，让乡村各美其美。

以四川为例，山川秀丽，文化深厚，村庄多样，可建水墨乡村。“水”，山水，代表自然；“墨”，书写，代表文化，特别是以都江堰、川西林盘为代表的农耕文化。“水”“墨”融合起来便是国画、便是艺术、便是艺术化的乡村。平原、丘陵、山区、高原藏区、大小凉山彝区多姿多彩的水墨乡村，从空中鸟瞰，正是一幅具有鲜明四川特色的现代版“富春山居图”。

水墨乡村已有雏形。都江堰市柳街镇被誉为“七里诗乡”，蒲江县甘溪镇明月村成了“国际陶艺村”，康定市新都桥镇是“光与影的世界”……其共同点是，辩证处理乡村与城市、艺术与自然、艺术与经济、艺术与科技、艺术与文化、艺术与审美、艺术与时代等诸多关系，用艺术彰显乡村价值，让乡村有韵味、有品位。

当然，作为一个崭新的课题，乡村艺术化必然会遇到许多新的问题。反思美丽乡村建设中的问题，对搞好乡村艺术化是有益的。曾经，一些地方热衷于大拆大建，破坏了生态，捣毁了文化，浪费了资源，背上了债务，还造成千村一面。应当吸取类似的教训，防止城市景观化、文化断裂、千村一面、中看不中用、建设性破坏和“化妆”运动。

乡村艺术化显然是一个长期的过程。眼下，应当以美丽乡村建设为载体，做好六件事：一是把它纳入乡村振兴规划并注重艺术设计，二是与农村人居环境综合整治相结合，三是与现代农业园区建设相结合，四是弘扬优秀的农耕文化，五是总结实践经验，六是开展艺术启蒙和加快艺术人才培养。

60年前，毛泽东说：“农村是一个广阔的天地，在那里是可以大有作为的。”今天，面向未来，我们可以接着说：乡村将是诗意栖居之地，在那里能够实现您的梦想。愿更多的艺术家，走进乡村，伸出化腐朽为神奇的双手，拥抱美好的明天！

谢谢！

2019年3月24日

# 目　　录

## 第一篇　专题报告


打造各具特色的现代版“富春山居图”
——推进乡村艺术化发展研究……………………………………………（ 3 ）
让人们诗意地栖居
——关于田园综合体建设的若干思考………………………………（29）


## 第二篇　政策背景


关于实施乡村振兴战略的三点思考…………………………………………（45）
推动乡村人才振兴的思考与建议……………………………………………（52）
编制乡村振兴规划值得注意的四种倾向……………………………………（55）
乡村振兴战略解读……………………………………………………………（58）
也谈农业现代化………………………………………………………………（74）


## 第三篇　实践基础


新农村建设的政策与实践……………………………………………………（81）
新农村综合体建设若干问题的思考…………………………………………（87）
关于幸福美丽新村建设问题…………………………………………………（99）
四川幸福美丽新村建设的启示………………………………………………（111）
关于“四好村”创建的几点思考……………………………………………（116）
幸福美丽新村建设的实践与思考……………………………………………（122）

## 第四篇　思考之源

走在乡间小路上
——蹲点调研日记选…………………………………………………………（131）
三进汉源乡村……………………………………………………………（177）
小手艺，大作为
——成都市郫都区乡村振兴的启示……………………………………（181）
蹲点调研的意义…………………………………………………………（184）
“解剖麻雀”是基本功 …………………………………………………（187）

## 第五篇　若干断想

发挥农民群众的主体作用………………………………………………（195）
土地流转中的“两个热衷于”值得注意…………………………………（197）
文化是神奇的力量………………………………………………………（200）
由生态文明想到的………………………………………………………（202）
“微田园”彰显农村特色 ………………………………………………（205）
新农村建设要坚守底线…………………………………………………（207）
科学把握村庄演进规律…………………………………………………（209）
美丽乡村建设的启示……………………………………………………（211）
防范大拆大建对农村的四重伤害………………………………………（213）
怎样做到谋事要实？……………………………………………………（215）
新农村建设要防止“五个替代” ………………………………………（218）
田园综合体让乡村更美好………………………………………………（221）
为乡村插上艺术的翅膀
——关于乡村艺术化问题的初步思考…………………………………（223）
田园综合体建设何去何从………………………………………………（230）

后　　记…………………………………………………………………（233）

第一篇

# 专题报告

乡村艺术化是经济社会发展的必然趋势，是新时代满足人们美好生活向往的客观需要，是乡村振兴的新课题。

它从乡村里面去挖掘独特的价值、寻找淳朴的品质、发现多样的美、剖析深刻的矛盾，进行多种形式的艺术再造，形成乡土的绘画、雕塑、建筑、音乐、舞蹈、文学等丰富多彩、雅俗共赏的艺术形式，建设富有诗情画意、各美其美的美丽乡村，打造各具特色的现代版“富春山居图”。以此增加农民的幸福感，满足市民的多样化需要，为美丽中国增光添彩。

这样的乡村艺术化是从乡村“长出来”的，带着浓浓乡愁，烙上农耕记忆，体现着农家情趣，充满着乡土气息，承载着乡村价值，寄托着田园梦想，有着乡村独特的“意味”，让人们诗意地栖居。

# 打造各具特色的现代版“富春山居图”
## ——推进乡村艺术化发展研究

**摘　要**：乡村艺术化是崭新的课题。习近平总书记提出打造各具特色的现代版“富春山居图”，就是要在乡村全面振兴中推进乡村艺术化，建设各美其美的美丽乡村。艺术化是经济社会发展到一定阶段的必然趋势，乡村艺术化是对新时代人们美好生活向往的回应。研究乡村艺术化，需要了解艺术，并重新认识乡村，用艺术“化”乡村。乡村艺术化要把艺术精神和乡村价值结合起来，对乡村进行艺术再造，建设各美其美的美丽乡村。乡村艺术化，可以形象地描述为自然山水、艺术田园、农耕体验、诗意栖居。四川自然本底好，文化底蕴深，多样性突出，可建设水墨乡村。应当把乡村艺术化纳入乡村振兴规划，注重与环境整治和农业园区建设结合，弘扬农耕文化，总结实践经验，培养专业人才。

**关键词**：乡村振兴；美丽乡村；乡村艺术化

乡村艺术是古老的实践，乡村艺术化则是崭新的课题。历史上保留下来的古村落、传统村落，都有着深厚的文化底蕴和丰富的乡土艺术，魅力独特，弥足珍贵[①]。即使普通村落，也有各自的乡土建筑、传统工艺、民间故事等，过年过节也会组织一些群众性文化艺术活动。但是，对乡村艺术化的自觉实践和系统研究，还没有真正起步。近几年，四川着力建设“业兴、家富、人和、村美”的幸福美丽新村，对乡村艺术化进行了初步的尝试，并且逐步开始了乡村艺术化的理性思考。本文集中研究新时代乡村艺术化问题，主要总结幸福美丽新村建设的相关经验，梳理乡村艺术化研究的初步成果，进一步研究乡村艺术化的基本问题，提出乡村振兴背景下乡村艺术化的构想及对策建议。

① 陈志华、李秋香，《中国乡土建筑初探》，清华大学出版社，2012年10月版，第1～4页。

## 一、乡村艺术化问题的提出

党的十八大以来，美丽乡村建设在全国各地蓬勃兴起，一些地方进行了多种形式的艺术下乡、艺术乡建、艺术介入乡村、艺术激活乡村、艺术助推精准扶贫以及乡村景观打造、农业公园建设等实践探索，为乡村注入了新的活力，但是，还没有上升到乡村艺术化发展的高度，乡村发展的巨大潜力还有待进一步激活。

### （一）关注

笔者对乡村艺术化的关注，主要源于四川幸福美丽新村建设实践。幸福美丽新村建设是党的十八大以后四川新农村建设的升级版，是美丽乡村建设在四川的探索与实践。实践中，提出了“业兴、家富、人和、村美”的新理念，明确了让农民群众“住上好房子、过上好日子、养成好习惯、形成好风气”的“四个好”目标，实施了扶贫济困、产业提升、旧村改造、环境整治、文化传承“五大行动”，创造了“小组微生”和藏区新居、彝家新寨、巴山新居、乌蒙新村等建设模式。到2018年年底，已建成幸福美丽新村29925个，占全省行政村总数的65%，形成了鲜明的四川特色，走在中国美丽乡村建设前列，带动了乡村旅游的发展，得到了习近平总书记的肯定。

正是在幸福美丽新村建设的实践探索中，笔者逐步用审美和艺术的眼光看乡村。2012年11月，笔者提出美丽中国“最美在乡村。乡村之美，美在山水，美在田园，美在淳朴”[①]。2013年3月，笔者系统总结乡村美的新兴元素“微田园”，写成《“微田园”彰显农村特色》一文，被中央农办《农村要情》印发全国，农业部部长在批示中肯定“做法好、路子对、带有方向性”。2015年3月，笔者在汉源县调研，认为汉源乡村的一个产业就是一个“田园景观系统”，在处理文稿的时候提出“对农业和农村要有审美的眼光”；11月，笔者在《农民日报》发表署名文章《新农村建设要各美其美》，从生态文明、文化灵魂、产业支撑、村庄差异、城乡交相辉映五个方面分析了乡村美。2016年上半年，笔者在天府新区正兴镇调研，提出发展都市农业“既要给农业插上科技的翅膀，也要给农业插上艺术的翅膀”。2017年8月，笔者提出田园综合体

① 董进智，《由生态文明想到的——学习十八大精神的一点体会》，新浪博客 blog.sina.cn，2013年1月31日。

的“一体一魂两翼”构想[①]，其中“两翼”指的是科技和艺术，认为艺术化将成为田园综合体的核心竞争力。当然，这些还只是零零碎碎的想法。

### （二）思考

笔者对乡村艺术化问题的系统思考，是从学习 2017 年 12 月召开的中央农村工作会议精神开始的。这次会议全面部署乡村振兴战略。实施乡村振兴战略是以习近平总书记为核心的党中央从党和国家事业全局出发、着眼于实现“两个一百年”奋斗目标、顺应亿万农民对美好生活的向往做出的重大决策，是民族伟大复兴的重要任务，目标是农业农村现代化，要实现农业强、农村美、农民富，体现了真善美的高度统一。习近平总书记在重要讲话中提出，打造各具特色的现代版“富春山居图”[②]。2018 年 3 月 8 日，习近平总书记在“两会”的山东代表团参加审议政府工作报告时，进一步强调，特别要保护好传统村落、民族村寨、传统建筑，以多样化美打造各具特色的现代版“富春山居图”[③]。笔者认为，这一重要指示，内涵丰富，寓意深刻。把这一要求领会好了，对乡村振兴便会有新的认识，实践中将会有新的探索和新的追求。

要领会打造各具特色的现代版“富春山居图”的精神实质，必须弄清楚“富春山居图”是什么。打开完整的世界艺术史特别是中国艺术史，我们就会看到“富春山居图”是我国古代的艺术精品，也是世界艺术发展史上的杰作[④]。原画为长 848 厘米、高 33 厘米的巨幅手卷，是元代四大画家之首黄公望，79 岁时以浙江富春江为背景，花了四年时间画的山水画。仔细看，画面上有山有水有村落，是用水墨神韵描绘的诗意般乡村。从相关研究来看，晚年的黄公望，经历入道、游方、隐居，不仅画艺炉火纯青，人生也步入了新的境界[⑤]。可以说，“富春山居图”凝结了黄公望 80 多年的人生智慧和艺术修养，

---

① 2018 年初，笔者进一步把这个构想补充完善为“两体一魂两翼”，即：田园为载体，农民为主体，文化为灵魂，科技和艺术为两翼。

② 习近平，《习近平关于“三农”工作论述摘编》，中央文献出版社，2019 年 5 月版，第 114～115 页。

③ 李珊珊，《习近平两会“话中画”》，央视网 www.cnr.cn，2018 年 3 月 24 日。

④ ［美］弗雷德. 克莱纳著，李建群等译，《加德纳艺术通史》（第 15 版），湖南美术出版社，2019 年 1 月版，第 1230 页；［英］迈克尔 · 苏立文著，徐坚译，《中国艺术史》，上海人民出版社，2014 年 4 月版，第 230 页。

⑤ 刘墨，《入山幽致叹无穷：黄公望“富春山居图”赏析》，文化艺术出版社，2010 年 11 月第 1 版，第 3、10～11、18～23 页。

寄托了他一生的梦想。用今天的话来说，“富春山居图”就是一名充满中国传统智慧的中国古代艺术家，用山水手卷这一中国传统艺术的独特形式，精心描绘的他心目中的“美丽乡村”。六七百年来，“富春山居图”经受住了历史的检验，成为中国十大传世名画之一。

习近平总书记由“富春山居图”这样一幅代表中国优秀传统文化、寄托着“美丽乡村”梦想的中国古代艺术杰作，提出对乡村振兴的要求。笔者理解，是要求各地按照“产业兴旺，生态宜居，乡风文明，治理有效，生活富裕”的总要求，在推进乡村经济、政治、文化、社会、生态文明和党的建设全面振兴，加快农业农村现代化进程，实现农业全面升级、农村全面进步、农民全面发展的过程中，把艺术和乡村融合起来，为乡村插上艺术的翅膀，推进乡村艺术化，建设富有中国特色的、各美其美的美丽乡村，让美丽乡村成为现代化强国的标志、成为美丽中国的底色，在全球化的大格局中形成中国美丽乡村的独特画卷。为解决城市化进程中普遍面临的“乡村病”，同时为探索农业农村现代化发展的新趋势，贡献中国智慧和中国方案。这是一个崭新的、崇高的境界，是新时代乡村振兴的内在要求和更高追求①，是农业农村现代化新的使命。

其实，习近平总书记早就对美丽乡村做过充满诗情画意的艺术化描绘。比如，2015 年 1 月，在云南省视察时就讲过：新农村建设一定要走符合农村实际的路子，遵循乡村自身发展规律，充分体现农村特点，注意乡土味道，保留乡村风貌，留得住青山绿水，记得住乡愁②。2017 年 12 月，习近平总书记在中央农村工作会上进一步强调，让美丽乡村成为现代化强国的标志、成为美丽中国的底色。把习近平总书记这两段话转化成图像，就能够看到，“农村特点”“乡土味道”“乡村风貌”“青山绿水”“乡愁”“标志”“底色”，正好绘就了一幅诗一般的美丽乡村新画卷。一个个这样充满诗情画意、各美其美的美丽乡村，正是一幅幅各具特色的现代版“富春山居图”，也正是农业强、农村美、农民富的重要标志。

### （三）交流

基于以上思考，笔者初步分析了乡村艺术化的必然性，描绘了乡村艺术化

① 董进智，《打造四川特色鲜明的现代版“富春山居图”——关于乡村艺术化的若干思考》，四川省社科院《天府智库》，2018 年第 25 期（2018 年 7 月 25 日）。

② 《习近平：坚决打好扶贫开发攻坚战加快民族地区经济社会发展》，新华网，2015 年 1 月 21 日。

的基本特征，研究了乡村艺术化需要注意的问题。2018 年 3 月初，形成《为乡村插上艺术的翅膀——关于乡村艺术化的初步思考》一文，得到了四川省委相关常委的肯定性批示，得到了中央党校张孝德、高宏存教授，中国社科院杜志雄教授，中国农大朱启臻教授，同济大学彭震伟教授，四川大学蔡尚伟教授等专家学者的好评，资中县还在县委中心组学习会上专题学习。3 月中旬，笔者将这篇论文提交四川省社科院、四川乡村振兴智库在汉源县举办的“山区县乡村振兴学术峰会”，并在分组讨论中做了交流。之后，原四川省委农工委《三农要情》、省委政研室《调查与决策》、省社科院《天府智库》印发了笔者的相关文稿，《农民日报》《中国文化报》《四川日报》《新城乡》《四川党的建设》等报刊从不同角度发表了笔者关于乡村艺术化的主要观点。应西南财大贾晋教授之约，笔者为《中国乡村振兴发展指数蓝皮书（2018）》撰写了《打造各具特色的现代版〈富春山居图〉》一章，还接受了《成都日报》的相关访谈。2019 年 3 月，笔者应邀参加了中国艺术研究院的“2019 中国艺术乡建论坛”并发表主旨演讲，《中华读书报》《中国民族报》报道了笔者的观点。

与此同时，2018 年 3 月中旬，张孝德教授在“山区县乡村振兴学术峰会”上预言，“未来的农业将是艺术家的产业”。4 月下旬，山东财大举办的乡村振兴国际论坛，把推进乡村艺术化作为了论坛的主题。11 月中旬，华中师大徐勇教授到成都村政学院参加“第六届村政论坛”，在微信中专门谈到“乡土社会的艺术化”问题，认为“这似乎象征未来乡村的最高境界是艺术化”。12 月下旬，中国艺术研究院牛克诚教授在中国艺术研究院、中华美学会、四川省社科院与泸州市委、市政府联合举办的“乡村文化振兴论坛”上，专题讲了《乡村振兴中的艺术担当》。据悉，中国美术学院的不少专家，正在研究相关问题。2018 年下半年以来，“乡村艺术化”这个理念逐步在一些艺术活动场合出现。目前，乡村艺术化发展已经提上成都市郫都区等一些地方实施乡村振兴战略的重要议程。

这说明，乡村艺术化思考源于美丽乡村建设实践，是实施乡村振兴战略的新要求，是农业农村现代化的新趋势，正在引起各方面的关注，值得研究。可以预料，不远的将来，乡村艺术化将成为乡村振兴的一个热门话题。

## 二、乡村艺术化的客观必然性

总体上讲，乡村艺术化不是天方夜谭，不是乌有之乡，它是经济社会发展到一定阶段之后的必然趋势，源于人类的天性。

## （一）从历史进程看

回顾历史，审美的动因、艺术化的追求至少是在工业化发展的过程中逐步形成的。工业革命之初，18 世纪 60—80 年代，英国在“中国热”影响下，兴起了造园热潮，庄园园林化大发展，乡村成为国家的景观标志[①]。19 世纪 80 年代起，面对早期工业化带来的人的“异化”等新问题，英国又掀起了追求神性、人工和自然整体的艺术与手工艺运动，倡导艺术和制造的结合，将艺术引入日常家居生活中[②]。随后这一运动走出欧洲，在日本就形成了民艺运动。20 世纪 30 年代，我国著名美学家朱光潜先生提出人生艺术化的主张，认为“情趣愈丰富，人生也愈美满”[③]。20 世纪 70 年代，当发达国家开始进入“后工业社会”的时候，美国社会学家丹尼尔·贝尔深入研究以美国为代表的资本主义的文化矛盾，指出审美动因是资本主义社会发展的基本动因之一[④]。到 20 世纪 80 年代末，英国美学家迈克·费瑟斯通进一步发现发达国家的“日常生活审美化”[⑤]。进入 21 世纪，随着“知识经济”“信息时代”的来临，法国学者奥利维耶·阿苏利做出发达国家已经进入审美资本主义阶段的判断，更加看重艺术的作用，认为“品味的问题涉及整个工业文明的前途和命运”[⑥]。2018 年诺贝尔经济学奖获奖人、美国经济学家保罗·罗默指出，一个增长模型必须考虑创意、制度、人口和人力资本的相互作用[⑦]。我国当代美学家高建平认为，生活的艺术化程度是文明的最高尺度[⑧]。如今，艺术设计已经覆盖到各个领域，审美、艺术性已经成为重要的竞争力。苹果手机在全球手机产品市场上形成的强大竞争优势，不仅取决于它持续不断的技术创新，还源于它简洁、大方、细腻、精美的艺术设计及其带来的视觉、听觉、触觉的体验效果。

---

① 吕明伟、黄生贵编著，《城乡重构：从田园城市理想到新城镇田园主义》，中国建筑工业出版社，2015 年 9 月第 1 版，第 17～22 页。

② 于文杰、黄玉婷，《英国 19 世纪早期手工艺运动的形成与传播》，《世界历史》（京）2008 年第 3 期。

③ 朱光潜，《谈美　文艺心理学（朱光潜全集·新编增订本）》，中华书局，2012 年 9 月第 1 版，第 91～98 页。

④ ［法］奥利维耶. 阿苏利著，黄琰译，《审美资本主义》，华东师范大学出版社，2013 年 8 月版，第 1～2 页。

⑤ 龚小凡，《日常生活审美化与后现代主义设计》，《艺术评论》，2010 年 12 期。

⑥ ［法］奥利维耶. 阿苏利著，黄琰译，《审美资本主义》，华东师范大学出版社，2013 年 8 月版，第 9 页。

⑦ ［美］保罗·罗默，《新卡尔多事实：创意、制度、人口和人力资本》，《比较》，2018 年 10 月，第 45 辑。

⑧ 高建平，《回到未来的中国美学》，黄山出版社，2019 年 10 月第 1 版，第 64 页。

## （二）从时代特征看

审视现实，进入新时代，我国社会的主要矛盾已经转化为人民日益增长的美好生活需要和不平衡不充分的发展之间的矛盾，解决这个矛盾需要艺术化发展。美好生活无疑应该是人们在满足基本需要的基础上的更高追求，它将逐步呈现出多样化、个性化等鲜明特征。这样的需要，将更加注重日常生活的审美性、艺术性、体验性。随着人们生活需要的不断升级，像艺术这样的精神产品，将逐步由富贵人家的奢侈品转化为寻常百姓的必需品。事实上，在边远山区、贫困地区，人们对文化、艺术的需要也在与日俱增。建设美丽中国、美丽城镇、美丽乡村，正是对人民群众美好生活需要的积极回应。以美丽乡村为例，浙江从2003年起实施“千村示范、万村整治”工程，2008年安吉县在深入实施这一工程中，按照“绿水青山就是金山银山”的重要理念，率先提出打造“中国美丽乡村”，2010年浙江在全省实施美丽乡村建设行动计划。自2003年起16年来，浙江“千万工程”从垃圾收集、村内道路硬化、卫生改厕、河沟清淤、村庄绿化，向面源污染治理、农房改造、农村公共设施建设拓展，从一处美向全域美、一时美向持久美、外在美向内在美、环境美向生活美转型，走出了一条示范引领、整体推进、深化提升、转型升级的农村人居环境整治、美丽乡村建设的新路径，造就了万千美丽乡村，增强了农民群众的获得感和幸福感，满足了人们对美好生活的需要。2018年9月，“千万工程”以扎实的农村人居环境整治工作、生态宜居的美丽乡村建设成就，获得联合国环保最高荣誉——“地球卫士奖”①。党的十八大以来，美丽乡村建设由浙江推广到全国各地，成为广大农民群众的共同向往，也是社会各界和公众关心的热门话题。四川的幸福美丽新村也正是以浙江“千万工程”为标杆开展起来的，也取得了显著成效。

## （三）从乡村发展看

应该说，乡村艺术化已经在路上，国内外都涌现了一批鲜活的成功案例。四川省汉源县提出“农业景观化、景观生态化、生态效益化”思路，规划建设方圆799平方公里、涉及6个乡镇42个村的“花海果乡”。他们以“农情四季、百里画廊”为主题，编制农旅融合等发展规划，绘就了乡村之画、历史之

---

① 求是科教编辑部、《今日浙江》杂志联合调研组，《“千万工程”造就万千美丽乡村》，《求是》，2019年第13期。

画、自然之画、田园之画、家园之画“五幅画卷”；梯次布局特色农业，建成甜樱桃、红富士苹果、黄果柑、金花梨、伏季水果五大水果基地，早春、秋延、高山三大生态蔬菜基地，花椒、核桃两大干果基地；打造“花香农居”“百里果蔬走廊”和“汉源红”特色农产品品牌，一个产业就形成一个“田园景观系统”；举办“梨花节”“品果节”“樱桃节”“桃花会”等会节，培育“春天是花园、夏天是林园、秋天是果园、冬天是庄园”的四季农业景观。目前，“花海果乡”已建成国家4A级景区，呈现出“家家有果园、户户住新居、处处是景观、村村奔小康”的美丽画卷。像“花海果乡”这样特色鲜明的乡村艺术化实践，正逐步在四川全省各地展开，有些地方还呈现出后来居上的追赶势头。在国外，值得关注的是日本越后妻有大地艺术节。“越后妻有”是从古文献中提取相关字眼取的名，包括新潟县南部十日町市和津南町市在内的760平方公里的地域。该区域距东京200多公里，受“经济至上主义”影响，放弃农业的人越来越多，村落凋敝。为了“让老爷爷老奶奶们开开心心”，当地出生的艺术家北川富朗联合国际上一批艺术家，于2000年在那里创办大地艺术节，每三年一届。艺术家发掘农村存在的意义，用艺术把各地的人们聚集过去，把梯田、农舍、雪景、山川及日常用具都作为艺术的元素与符号进行艺术创造，让艺术融入生活，激活了地方资源，唤醒了乡村活力。以2012年第五届越后妻有大地艺术节为例，51天内，就有44个国家和地区的310组艺术家参展，到场人数近49万人，新潟县内经济波及效果达46.5亿日元。①

### （四）往深层次看

就人的本性而言，审美、艺术是人的精神需要。达尔文曾经在一个荒岛上看见一群土著人光着身子在寒风中瑟瑟发抖。他便拿出一块红布要替他们遮挡。可他们却将红布撕成布条，舞起来。这让达尔文十分惊异，原来他们宁可没有衣服，也不能没有艺术②。当然，美的、艺术的需要，通常以吃饱穿暖为条件。按照美国心理学家马斯洛的需要层次理论，当基本需要大体满足以后，人们就会产生自我实现的需要，包括审美的需要。的确，“人文艺术是令人沉迷的。一旦你让故事、音乐、舞蹈以及那些词句连同思想进入你的生活，你就

---

① ［英］北川富朗著、欧小林译，《乡土再造之力：大地艺术节的10种创想》，清华大学出版社，2015年7月第1版，第246～247页。

② 许迪，《人民需要艺术，艺术更需要人民》，《解放军报》，2018年1月19日。

再也无法离开它们了”[①]。所以，德国著名哲学家尼采认为：“艺术是生命的最高使命和生命本来的形而上学活动。”[②] 法国雕塑大师罗丹也强调，“艺术是人类最崇高、最卓越的使命”[③]。我国著名美学家宗白华先生则把人生境界划分为主于利的功利境界、主于爱的伦理境界、主于权的政治境界、主于真的学术境界、主于爱的艺术境界、主于神的宗教境界六种，实际上把艺术境界作为普通人所能达到的最高境界。他还强调“艺术的境界，既使心灵和宇宙净化，又使心灵和宇宙深化，使人在超脱的胸襟里体味到宇宙的深境”[④]。不仅如此，有研究还进一步发现，在艺术鉴赏中人们还有着共同的审美偏好。1994—1997年，俄罗斯旅美艺术家马科和梅拉米德搞了一个“人民的选择”项目。通过一系列绘画，在亚洲、非洲、欧洲、美洲的14国家进行审美偏好调查。结果：人们喜欢蓝色，喜欢具象绘画，喜欢画面的山、水、树木、植物、人物、动物等。他们进一步指出，人们喜欢的绘画，最终差不多都可以归结到东非草原景观的原型上去[⑤]。也就是说，审美的、艺术的需要和偏好经过长期的进化，刻在了人类基因里面。

提到乡村艺术化，自然不能回避农村面临的“空心化”现象。有专家认为，“乡村衰落是一个全球性问题”[⑥]。由此，人们会问，未来的乡村是故园还是家园？还谈得上艺术化吗？有人认为，乡村越来越凋敝。有人则认为，未来30年中国的乡村将成为奢侈品。想象不能替代未来。从世界各国看，在现代化进程中，乡村必然要经历一场痛苦的蜕变和重生。的确，发达国家乡村在城市化中，一般都经历了由衰落到复兴的过程，转折点在城市化率50%的时候[⑦]。以欧盟为例，19世纪后期和20世纪初，乡村人口都大量“走失”。但是，随着城市化的推进，特别是第二次世界大战以后，乡村走向复兴，目前居住在农村和城乡接合地区的人口占到总人口的58%左右[⑧]，乡村呈现出繁荣美

---

① ［美］理查德·加纳罗、特尔玛·阿特休勒著，宋健兰等译，《艺术让人成为人》，清华大学出版社，2018年1月版，第4页。

② ［德］弗里德里希·尼采著，周国平译，《悲剧的诞生》，北京十月文艺出版社，2019年4月第1版，第45页。

③ ［法］奥古斯都·罗丹口述：葛塞尔记录，傅雷译，《罗丹艺术论》，中国青年出版社，2016年6月第1版，第21页。

④ 宗白华，《美学散步》，上海人民出版社，2015年1月第1版，第76页、97页。

⑤ 彭锋，《艺术学通论》，北京大学出版社，2016年10月版，第29～30页。

⑥ 《刘彦随，李玉恒在〈Nature〉发表论文“振兴世界乡村”》，中国科学院网，2017年8月17日。

⑦ 董进智，《科学把握村庄演进规律》，《农民日报》，2014年7月26日第3版。

⑧ 严恒元，《欧盟农村环境缘何不断改善》，《经济日报》，2013年11月4日。

丽景象[1]。2018 年，我国城市化率已经达到 60%。这表明，我国乡村正在蜕变和重生中。事实上，党的十八大以来，我国农业农村发展取得了历史性成就，正在加快农业农村现代化步伐。

可以断定，未来我国的广大乡村，是充满希望的田野，将成为农民幸福生活的美好新家园、市民休闲养老的理想桃花源，人们将在那里诗意地栖居。到那时，农业将成为有奔头的产业，农民将成为有吸引力的职业，农村将成为安居乐业的美丽家园。毋庸置疑，随着乡村走向振兴，乡村艺术化将逐步成为现实。

## 三、艺术精神和乡村独特的价值

当我们深入研究乡村艺术化的时候，就会找到它的理论依据。较为直接的，笔者认为有需要层次论、艺术反映论和乡村价值论。前面谈到了需求，这里谈艺术和乡村。

推进乡村艺术化，既要了解艺术，又要懂得乡村。而且，对乡村的认识不能用传统的眼光，必须有新的理念、新的立场和新的视角。在乡村艺术化实践中，只懂乡村不懂艺术，或者只懂艺术不懂乡村，都会走入误区，甚至会犯下颠覆性的错误。

### （一）先看艺术

据考古发现，七万年前人类祖先就在洞穴和岩石上刻上符号，这正是 18 世纪以来理论家、艺术家说的艺术[2]。18 世纪构建的艺术体系，包括音乐、诗歌、绘画、舞蹈和雕塑。通观古今中外各门艺术，不难看出它们通过形象的塑造，为人们营造一种精神氛围，把人们引入独特的意境，让人们沉浸其中，使人们受到愉悦、教育、启迪、唤醒、警示、净化。回到日常生活，我们看到，艺术不只在博物馆、艺术馆、展览馆、收藏家那里；它一步一步进入人们的饮食起居，诉诸人们的视、听、嗅、触等感官，深入人们的心灵，激发人们的情感，陶冶人们的情操，塑造人们的灵魂，成为人们共同的语言和精神的家园。

---

① 叶齐茂，《发达国家乡村建设考察与政策研究》，中国建筑工业出版社，2008 年 7 月版，第 51～57 页。

② ［英］史蒂芬·法辛主编，杨凌峰译，《艺术通史》，中信出版社，2015 年 10 月版，第 16 页。

人创造了艺术，而艺术也成就了人，让人成为人[①]。没有艺术的世界无法想象[②]。的确，现代人在摇篮里就听着儿歌和童话成长，一生的不同阶段都经常沉浸在绘画、雕塑、建筑、影视、文学、音乐等各种艺术氛围中。今天的艺术更是一个千姿百态、千奇百怪的世界。从艺术门类看，绘画、雕塑、建筑、书法、电影、戏剧、音乐、舞蹈、诗歌、文学、设计等共同组成现代艺术这个大家族，而且这个家族的成员总是开放着，总在增加着，并且形成不同的艺术流派。以艺术流派为例，20 世纪以来，西方就有野兽主义、立体主义、达达主义、表现主义、反形式主义、观念主义等[③]，主义“爆炸”，生生灭灭。仅仅 20 世纪上半叶就“经历了数百个艺术运动”，并且“每一个运动都有自己的宣言”，[④] 让人眼花缭乱。而且，似乎什么都可以成为艺术，小便池倒着一挂再签上艺术家的大名竟带来了艺术“革命”，大有艺术终结之势。人们不禁要问，何为艺术，艺术又为何？

对于艺术是什么，学者、艺术家众说纷纭。亚里士多德说艺术是模仿，席勒说艺术是游戏，别林斯基说艺术是生活，克罗齐说艺术即直觉，杜威说艺术即经验，贝尔说艺术是有意味的形式，朗格说艺术是表现情感的形式，冈本太郎说艺术是大爆炸……有学者则反对给艺术下定义，认为艺术根本就没有共同的本质，只有家族相似性。所以，美国现代最重要的艺术批评家之一克莱门特·格林伯格说“艺术难以定义，难以描述”[⑤]，连英国艺术史权威恩斯特·贡布里希在对人类几千年的艺术史进行了长达六七十年的研究之后，也不得不叹息“没有艺术这回事，只有艺术家而已”[⑥]。但是，正如北京大学教授陈旭光所说：“艺术是什么？或许，这是一个艺术理论永恒的难题。但是艺术与我们同在！”[⑦] 的确，从目前探知的人类历史看，在已知的社会中，“没有一个不

① ［美］帕特里克·弗兰克著，俞鹰、张妗娣译，《艺术形式》第 11 版，中国人民大学出版社，2016 年 11 月版，第 4 页。

② ［美］罗伯森，迈克丹尼尔著，匡骁译，《当代艺术的主题——1980 年以后的视角艺术》，江苏凤凰美术出版社，2012 年 11 月版，第 8 页。

③ 周宏智，《西方现代艺术史》（第 2 版），中国建筑工业出版社，2016 年 6 月版，第 1~7 页。

④ ［美］阿瑟·C·丹托著，王春辰译，《美的滥用：美学与艺术的概念》，江苏人民出版社，2007 年 4 月第 1 版，第 5 页。

⑤ ［美］克莱门特. 格林伯格著，陈毅平译，《自制美学：关于艺术与趣味的观察》，重庆大学出版社，2017 年 5 月版，第 215 页。

⑥ 陈旭光，《艺术的本体与维度》，北京大学出版社，2017 年 1 月版，第 1 页。

⑦ ［英］E·H·贡布里希著，范景中、杨成凯译，《艺术的故事》，广西美术出版社，2008 年 4 月版，第 15 页。

是与某种形式的艺术共存的”[①]。一些理论家、艺术家甚至主张艺术与生活互换，“人人都是艺术家”。这些对我们都很有启发，让我们看到了更多的可能、更多的希望。就乡村艺术化来讲，我们既要打开眼界，以宽广的胸怀面对新理念、新内容、新媒介、新风格、新流派，拥抱现代艺术、外来艺术，也要坚持马克思主义艺术观，辩证地处理好艺术与社会实践、社会生活的关系，坚持以人民为中心的导向，牢固树立社会主义核心价值观，充分看到艺术源于生活、反映生活、高于生活，是人类的共同语言和精神家园，着力用艺术温润心灵、启迪心智、丰富生活、提升品质。换句话说，我们应当在乎的是艺术自身的存在、艺术世界的开放性和多样性、艺术对人们的意义，以及怎么让艺术服务人民、满足人们日益增长的对美好生活的需要。唯其如此，乡村艺术化才会方向正，才有强大的活力和持久的生命力。

这里还涉及一个美和艺术的关系问题。从西方艺术的演变来看，艺术主要源于原始巫术，原始艺术似乎与审美没有多少关系。古希腊时代，艺术转向美的追求，美成为“造型艺术的最高法律”[②]。进入中世纪，艺术又成为宗教的奴仆[③]，绘画、雕塑、建筑艺术等都服从于“上帝”。到了文艺复兴时期以后，艺术家让艺术和美走到一起，美学成了艺术哲学[④]。19 世纪末 20 世纪初以来，“艺术不再必须与美有关，它更多地关乎理念”[⑤]，“不美之物可以是艺术是 20 世纪伟大的哲学贡献”[⑥]。当然，传统艺术、民间艺术、实用艺术继续着它的美的追求。未来，艺术能否回归美学?[⑦] 有人呼吁，但没人知道。尽管如此，人们还是能够看到，艺术与审美有着不解之缘，艺术在总体上总是表现着秀美与崇高。而且，没有听到任何人说，在丰富多彩的艺术世界里，美的艺术不是艺术。不仅如此，艺术家甚至认为进步的概念不适用于艺术领域，“万物有进

---

① ［美］马克·盖特雷恩著，王滢译，《认识艺术》，世界图书出版公司，2014 年 5 月第 1 版，第 4 页。

② ［德］莱辛著、朱光潜译，《拉奥孔》，商务印书馆，2016 年 5 月，第 15 页。

③ ［美］克莱门特·格林伯格著，陈毅平译，《自制美学：关于艺术与趣味的观察》，重庆大学出版社，2017 年 5 月版，第 93 页。

④ ［德］黑格尔著、朱光潜译，《美学》第 1 卷，北京大学出版社，2017 年第 11 月第 1 版，第 2 页。

⑤ ［英］威尔·贡培兹著，王烁、王同乐译，《现代艺术 150 年：一个未完成的故事》，广西师范大学出版社，2017 年 3 月版，第 392 页。

⑥ ［美］阿瑟·丹托著，夏开丰译，《何谓艺术》（未来艺术丛书），商务印书馆，2018 年 1 月版，第 23 页。

⑦ 彭锋，《艺术学通论》，北京大学出版社，2016 年 10 月版，第 369 页。

步，独艺术无之”[①]，像古希腊雕塑、罗马建筑、唐诗宋词、文艺复兴绘画等美的艺术都不可超越，古典艺术之美有着永恒的魅力。从乡村艺术化实践考虑，应当弘扬古典艺术的精神，在真善美的统一之中，去追求和展示乡村的自然之美、生活之美、心灵之美，用艺术化来营造美好新家园，让乡村靓丽起来，美得有“意味”、有品位、有韵味、有魅力！

### （二）再看乡村

提起乡村艺术化，容易让人想入非非，比如，想到艺术下乡、艺术介入等。难怪，一些艺术界人士、城市设计师、旅游规划师苦心经营，搬来西方达达艺术、波普艺术、装置艺术、观念艺术等现代、后现代艺术理念，把城里的废电视机、破自行车、旧汽车轮胎等城市生产生活的废旧物品搬到乡下去，为乡村植入“艺术”，打造旅游景区景点。这是值得注意的。推进乡村艺术化、建设美丽乡村，当然需要积极的实践探索，包括艺术家的各种艺术介入试验。但是，必须防止抄袭模仿、千篇一律或追求奢华、过度包装、炫富摆阔或搜奇猎艳、一味媚俗、低级趣味。当心，不能以乡村艺术化的名义，把乡村变成城市的垃圾场！乡村当然需要城里的艺术，需要借鉴人类所有的艺术创造，包括现代艺术、后现代艺术的理念、媒介和手法。问题是，乡村与城市不同，乡村艺术化不能简单等同于艺术下乡或乡村美化[②]。从历史的逻辑来看，艺术与乡村有着天然的联系[③]，或许可以说乡村是艺术之母，乡村艺术化在一定意义上正是艺术回归乡村。

这就意味着，乡村艺术化必须读懂乡村，读懂乡村价值。过去，一般习惯于讲农村，很少提到乡村。这几年建设美丽乡村，往往也只是把乡村作为农村的另一种称谓，并且常常把城市与农村对立起来，认为城市代表着先进，是现代文明的集中展示，农村则是落后的代名词，代表着正迅速被抛弃的传统社会，城市化就是要用城市来取代农村。随着对乡村振兴研究的深入，人们开始跳出传统工业化、城市化的思维，用生态文明、文化多样性、审美、艺术鉴赏的眼光重新审视乡村，重新看待城市与乡村的差异。人们已经逐步意识到，乡

---

① ［法］奥古斯都·罗丹口述，葛塞尔记录，傅雷译，《罗丹论艺术》，中国青年出版社，2016年6月版，第239～240页。

② 董进智，《打造各具特色的现代版“富春山居图”——关于乡村艺术化的几点思考》，《四川农业科技》，2018年增刊（2018年11月）第3页。

③ 牛克诚，《乡村振兴中的艺术担当》，在中国艺术研究院、中华美学会、四川省社科院与泸州市委、市政府联合举办的“乡村文化振兴论坛”（2018年12月25日·中国·尧坝）上的主旨演讲。

村是具有自然、社会、经济特征的地域综合体，兼具生产、生活、生态、文化等多重功能，与城镇互促互进、共生共存，共同构成人类活动的主要空间①。与城市相比，乡村更宽广，与自然更和谐，更有传统韵味，是充满希望的田野，是干事创业的广阔舞台，是生产生活的诗意空间。放眼国外，尽管也没有对乡村标准的概括②，但乡村价值却没有被低估。美国城市社会学家刘易斯·芒福德曾经说过，城与乡，同等重要……如果问城市与乡村哪一个更重要的话，应当说自然环境比人工环境更重要③。这里所谓“自然环境”，显然不是城市里的“水泥森林”，而是乡村的山水、田园和与之相协调的乡村生活。芒福德的言外之意，似乎在提醒我们，从整个人类文明的进程看，必须重视乡村的发展。

人们对乡村存在的价值，确实有一个认识的过程。在城市化加速发展的阶段，人们带着城市理想，急于进城，通常顾不上乡村，更谈不上对乡村价值的认识；只有当人口拥挤、交通堵塞、空气污染、各种社会问题等“城市病”困扰着人们的时候，人们才会重新认识乡村，看到乡村“风景这边独好”，发现乡村的多重价值。以英国为代表的发达国家，因为城市化开始得早，在 19 世纪末 20 世纪初就看到了乡村独特的价值，因而注重保护乡村的生态环境、田园风光、传统文化。不仅如此，这些国家还试图用乡村价值来解决城市问题，提出了“田园城市”④ 的理念。我国因为城市化起步迟，更因为近三四十年城市化发展太快，人们还来不及去研究乡村价值，以至于简单地把城市的办法套用过来解决乡村的问题。近年来，反思新农村建设、美丽乡村建设的经验教训，学者逐步开始重新认识乡村价值⑤，并用以指导美丽新村建设实践。

今天，人们已经认识到，乡村有着城市替代不了的重要价值。2017 年 12 月 28 日，习近平总书记在中央农村工作会的重要讲话中指出：“随着时代发展，乡村价值要重新审视。……乡村越来越成为人们养生养老、创新创业、生活居住的新空间。人们向往田园风光、诗意山水、乡土文化、民俗风情、农家

---

① 《中共中央国务院印发〈乡村振兴战略规划（2018—2022 年）〉》，《人民日报》，2018 年 9 月 27 日。

② ［英］尼克·盖伦特等著，闫琳译，《乡村规划导论》，中国建筑工业出版社，2015 年 9 月版，第 6～12 页；［美］杜威·索尔贝克著，奚雪松等译，《乡村设计：一门新兴的设计学科》，电子工业出版社，2018 年 7 月版，48～52 页。

③ 严瑞珍、罗丹、孔祥智、陈洁，《未来十年农业农村发展展望》，中国农业出版社，2014 年 8 月版，第 118 页。

④ ［英］埃比尼泽·霍华德著，金经元译，《明日的田园城市》，商务印书馆，2000 年 12 月版，第 12～13 页。

⑤ 朱启臻，《留住美丽乡村——乡村存在的价值》，北京大学出版社，2014 年 12 月版，第 49～63 页。

美食，追求与自然和谐相处的乡村慢生活成为时尚。……田园变公园，农房变客房，劳作变体验，乡村优美环境、绿水青山、良好生态成为稀缺资源，乡村的经济价值、生态价值、社会价值、文化价值日益凸显。”[①] 这就是说，乡村的独特价值体现在乡村的经济、政治、社会、文化、生态等各个方面。

进一步看，在生产上，乡村离不开农业，而农业作为经济再生产同自然再生产经常交织在一起的特殊产业，直接或间接同有生命的动物、植物、微生物打交道，这些生命过程都呈现出多样性、鲜活性、微妙性、随机性，其乐无穷，所以城里人一下到田里就会开心到忘乎所以。在生活上，乡村相对宁静，富有诗意，“采菊东篱下，悠然见南山”，给人以浪漫的体验，这正是文人们描绘的田园牧歌，难怪美国著名思想家、作家亨利·戴维·梭罗到瓦尔登湖一待就是两年。在生态上，乡村以山水自然为底色，贴近自然，友好自然，融入自然，天人合一，正因为如此，英国等欧洲发达国家在村庄更新、改造、建设中，实行严格的用地管理和空间管控。在文化上，乡村淳朴、互助、和谐，带着浓浓的乡愁，长期拼搏在都市里的人一走进乡村就会有一种回归的感觉。随着经济社会发展，特别是在城市化水平超过50%以后，乡村的经济价值、文化价值、社会价值、生态价值将日益凸显[②]。近年来，全国各地乡村旅游蓬勃兴起，城里人涌入乡村观光、休闲、体验、度假、养老，乡村旅游收入成为农民增收的重要增长点，正是乡村价值的具体体现。乡村艺术化必须认识乡村价值、彰显乡村价值，让乡村展示独特的艺术魅力。

由艺术精神和乡村价值，人们可以想象，当两者相遇、相融合，一定会产生神奇的力量，激发出乡村的生机和活力。这正是人们追求的乡村艺术化。从乡村振兴角度讲，乡村艺术化的实践探索，集中到一个字就是：化。用艺术来“化”乡村，给乡村注入活力，让乡村走向诗和远方。以此增加农民的幸福感，满足市民的多样化需要，为美丽中国增光添彩。

## 四、乡村艺术化的基本要求

乡村艺术化自然有它的特殊性，它必须源于乡村，彰显乡村价值。推进乡村艺术化，必须把艺术精神同乡村价值结合起来，科学把握它的内在要求，这

---

① 习近平，《习近平关于“三农”工作论述摘编》，中央文献出版社，2019年5月版，第99～100页。

② 董进智，《未来乡村啥模样?》，《四川农村日报》，2017年3月8日第1版。

是基本前提和根本要求。

近年来不少地方兴起的大地艺术节、艺术乡下、艺术植入等艺术乡建活动，无疑是推动乡村艺术化的有益尝试。而且，从华侨城集团有限公司、中国艺术人类学学会联合主办的“中国艺术乡村建设展·深圳”（2019 年 10 月 16 日—11 月 5 日）中，我们看到广东青田、浙江松阳、四川安仁、甘肃石节子等一些艺术乡村建设实践正在走向乡村艺术化。主要表现在：绘画、雕塑、建筑、工艺、舞蹈、诗歌、音乐等众多艺术门类的协同，呈现出融合发展趋势；大地艺术、装置艺术、观念艺术等现代艺术与传统艺术、民间艺术“同台共舞”，交相辉映、相得益彰；艺术对乡村经济、政治、文化、社会、生态文明的全面融入，正在激活乡村沉睡的资源；注重彰显乡村生产、生活、民俗、环境等各方面独特的价值，逐步体现出乡村韵味；当地村民受到启蒙正在陆续入场，将逐步成为乡村艺术化的主角。乡村艺术化应当充分吸纳艺术乡建的经验和智慧，进行系统化的研究和设计，逐步形成一套乡村艺术化理论，以指导实践。

总结从艺术乡村建设到乡村建设艺术化的实践探索，笔者认为，我国的乡村艺术化要站在实施乡村振兴战略的高度，跳出传统工业化、城市化的思维，从生态文明、文化多样性、审美判断、艺术鉴赏的思维和视角重新审视乡村；按照城乡融合发展的要求，顺应人民对美好生活的日益增长的需要，弘扬优秀传统文化，借鉴先进的艺术理念、艺术媒介和艺术手法，唤醒和激发村民的主体性和创造性，并在与城市空间的对比中，从乡村的山水、田园、生产、生活、民俗、文化中去挖掘独特的价值、寻找淳朴的品质、发现多样的美、剖析深刻的矛盾；在此基础上，依据乡村价值，遵循艺术内在的精神和艺术创作的规律，进行多种形式的艺术再造，形成乡土的绘画、雕塑、建筑、书法、电影、摄影、戏剧、音乐、诗歌、舞蹈、文学、工艺等等丰富多彩、雅俗共赏的艺术形式①，建设各美其美的美丽乡村，打造各具特色的现代版“富春山居图”。从近年来形成的年画村、陶艺村、竹艺村、匠人村、花海果乡、摄影天堂、音乐小镇、诗歌之乡等，可以看出各美其美的艺术化美丽乡村的一些雏形。当源于乡村生活、承载着乡村价值、展示乡村美丽、揭示乡村矛盾和困惑的乡土味艺术涵盖乡村经济、政治、文化、社会、生态各个方面，艺术化美丽乡村转化为常态，并且成为乡村发展的重要动因的时候，乡村就基本实现艺术

---

① 董进智，《打造四川特色鲜明的现代版“富春山居图”——关于乡村艺术化的若干思考》，四川省社科院《天府智库》，2018 年第 25 期（2018 年 7 月 25 日）。

化了。

如果说大地艺术节、艺术下乡是艺术“植入”的话，那么乡村艺术化则注重艺术“长出”，让艺术从田园里面、从乡村里面长出来。英国科茨沃尔德充满诗情画意，它的建筑之美、园林之美、田园之美都是内生的，而不是现代艺术家给它植入的。德国众多的施雷勃田园、法国阿尔布瓦、荷兰的羊角村、日本的白川乡合掌村，以及我国福建泉州樟脚村、浙江省衢州大陈村、安徽黟县宏村、四川丹巴县甲居藏寨、云南泸西城子古村、新疆喀纳斯图瓦村，等等，这些村庄和田园的建筑艺术、民间艺术，也是这样经年累月形成的。这样的乡村艺术化，带着浓浓乡愁，烙上农耕记忆，体现着农家情趣，充满着乡土气息，承载着乡村价值，寄托着田园梦想，才是真正有着乡村独特“意味”的形式[①]，可以形象地描述为“自然山水，艺术田园，农耕体验，诗意栖居”[②]。

### （一）自然山水

山水林田湖草是一个生命共同体，有着内在的和谐之美。法国杰出现实主义雕塑家奥古斯特·罗丹说：“在自然中，一切都是美的。”[③] 自然山水，是要牢固树立尊重自然、顺应自然、保护自然的理念，在生态的治理和恢复上下功夫，保护乡村优美的自然环境，保护乡村的生物多样性，在此基础上通过艺术设计进行必要的布局和结构的优化，让乡村处处天蓝地绿、山青水碧、风清气爽、鸢飞鱼跃、蛙鸣鸟叫，逐步还原乡村的自然之魅。这是乡村艺术化的天然底色。浙江省湖州市安吉县天荒坪镇余村，曾经是安吉县的石灰岩开采区。20世纪八九十年代，凭借三座矿石山及一座水泥厂成为安吉县的“首富村”，其代价则是生态遭到破坏、环境严重恶化。2005年，时任浙江省委书记的习近平同志到余村考察，提出“绿水青山就是金山银山”，余村因此成为“两山”理论的发源地。从那时起，余村牢固树立并坚定践行“两山”理论，以创建“生态旅游村”为目标，大力修复绿水青山，积极调整产业、规划村庄、美化环境、发展生态旅游，率先建设美丽乡村。如今的余村，已经建成国家3A级旅游风景区，民宿、漂流、采摘等休闲旅游蓬勃兴起。当地村民自豪地说：“在千年古银杏树下，躺在竹椅上看星星，小溪流水潺潺，天籁之音绕耳，您

---

① 董进智，《打造四川特色鲜明的现代版“富春山居图”——关于乡村艺术化的若干思考》，四川省社科院《天府智库》，2018年第25期（2018年7月25日）。

② 董进智，《为乡村插上艺术的翅膀》，《农民日报》，2018年3月28日第3版。

③ ［法］奥古斯都·罗丹述，（法）葛塞尔著，傅雷译，《罗丹艺术论》，中国青年出版社，2016年6月版，第150页。

会充分体验到被大自然怀抱的感觉。”① 或许有人会质疑，艺术是人工的，自然山水怎么谈得上艺术化呢？其实，自从有了人类，山山水水就逐步留下了人的足迹。在人与自然的互动中，乡村的山水已融入了人类的劳动、智慧、审美观念等，成了马克思说的“人化的自然”。这正是自然之美、和谐之美，有着无穷的魅力。

### （二）艺术田园

用审美的眼光看，乡村的田园、设施、业态本身就带有丰富的艺术性。艺术田园，是要保护基本农田，将山水林田路房结合起来搞好农田水利设施建设，因地制宜、因时制宜地种植农作物、饲养家禽家畜、培育食用菌，并优化种植和养殖结构，注重种养循环发展，在专业化、标准化的基础上融入文化、艺术元素搞好创意设计，推行科学的精耕细作，发展现代创意农业、精致农业，把一个农业产业建设成为一个特色鲜明的“田园景观系统”，让各具特色的田园景色随区域、季节而变幻，让充满魅力的美丽田园成为乡村独特的风景线。这是乡村艺术化的鲜明特色。云南哈里梯田，布满红河谷高高矮矮、大大小小的山坡，蔚为壮观，法国人类学家欧也纳博士称之为真正的大地艺术。其实，村民房前屋后的“微田园”，也充满艺术的韵味。从空间上看，家家户户会种植不同的瓜、果、豆、菜，同一户人家在房前屋后同一块小菜地里，一般也会葱子、蒜苗、萝卜、白菜间种、套种、混种，有的还会做一些创意农业；从时间上看，一年四季，人们会根据农时轮回，种植各种时令蔬菜。这样，在时空上就呈现出作物景观的多样性，并且能一天天看着它们生根、发芽、开花、结果。多姿多彩，生机勃勃，让人乐在其中。“微田园”已经成为四川乡村之美的靓丽景象，并作为重要案例进入了省部级干部乡村振兴教学课堂②。

### （三）农耕体验

农业生产、农耕文化都具有较强的体验性，在一定意义上是带着泥土味的文化活动，更是一种审美和艺术的体验。农耕体验，一方面，要发展现代农业，让人们通过农业劳动与动植物打交道，把农业劳动变成农事体验，从休闲、观察、参与、体验、分享中品味人生无穷的乐趣；另一方面，要保护几千

---

① 李方存、余敏，《绿水青山十年路：从矿山到青山的安吉余村》，新蓝网・浙江网络广播电视台，2015 年 4 月 15 日。

② 惠双民、张孝德、高宏存，《“微田园”谱写大乐章——成都都江堰乡村振兴案例研究》，国家行政学院，2018 年 3 月。

年形成的农耕文明，挖掘一代一代传承下来的传统手工艺，培育以各种文化传人为代表的民间艺人，改造提升地方特色产业，包括开发传统的、民族的乡村美食，让外地人、城里人等不同群体的人们能够充分分享活生生的农耕文化。这是乡村艺术化的文化标识。中国台湾地区南投县“梅子梦工厂”，依托梅子种植，用文化创意理念延伸梅子产业链，成为有名的休闲游览区，给人以乡村艺术的体验。四川省都江堰市石羊镇以“品农业文化遗产、观稻鱼共生系统、体禅养川芎技法、玩转农耕文化”为主题，组织川西农耕文化与乡村旅游体验活动。其中，本乡本土的“稻鱼共生系统”和“川芎禅养技法”，体现了都江堰水文化和自流灌溉的精髓。他们围绕稻鱼共生组织镰刀割谷子等农耕体验，开展徒手稻田捉鱼比赛等乡土竞赛活动，再现活态农耕文化景观；用原生态稻草造型，营造静态乡土文化景观。来自四面八方的游客从中获得了体、学、养、娱等丰富的体验，释放了城市工作和生活的压力，让心灵获得了自由。

### （四）诗意栖居

村落里面的民居、牌坊、祠堂、庙宇等，本身就是建筑艺术，乡村还有丰富的民间艺术、环境艺术。诗意栖居，旨在保护乡村肌理，传承优秀传统文化，科学规划设计村落，着力改善路水电等基础设施，合理改善民居功能，多样化、个性化展示村落民居风貌，标准化、系统化配套公共服务和商业服务，组织好特色民间文化、艺术活动，优化乡村人居环境，让人们“诗意的栖居在这片大地上”。这是乡村艺术化的综合体现。荷兰的羊角村，运河与湖泊交织。就地取材用芦苇席卷铺的屋顶风格独特，形成了如诗如画的村落。在四川省汶川县萝卜寨、北川县石椅村这样的藏羌民族村寨，白天，走在林间小路上，看蓝天白云，吸清新空气，听鸟儿高歌，让人浮想联翩；下到庄稼地里，摘水果，拔萝卜，捉蚯蚓，其乐无穷；走村串户，那些壮观的碉搂、独特的民居、好客的村民，让您流连忘返。傍晚，进入村民家中，一起烧火煮饭、分享乡土美食、聊民间轶闻趣事，让人终生难忘；月亮升起的时候，出门望月，数星星，找萤火虫，把您带入哲学沉思；倘遇节假日，还可与原住民、八方游客一起唱起来、舞起来，让人身心自由。困了，回到整洁、清静、温馨的房间，冲个热水澡，轻轻闭上眼睛，回味着白天的故事，慢慢地进入梦乡。当您自然醒来，会看到多情的鸟儿站在窗台上，似乎在向您说，太阳出来啦，新的一天又开始了。2019 年火起来的李子柒视频，其成功之处，也正在于用诗意展示了乡村的诗意。

“自然山水、艺术田园、农耕体验、诗意栖居”，仅仅是对乡村艺术化的初步的、粗略的、不完整的描述。随着乡村艺术化研究的深入，会不断形成新的认识、做出新的甚至完全不同的概括和描述。不管今后的认识发生怎样的变化，但就目前的尝试来看，可以认为，自然山水、艺术田园、农耕体验、诗意栖居，基本构成了如诗如画的美丽乡村画卷，反映出乡村艺术化的本质和特征①。让城市去疯狂吧！乡村要留住淳朴，留住传统，留住美丽，留住乡愁，让艺术在乡村回归美学！

## 五、乡村艺术化的构想与对策

乡村艺术化是一个新课题，更是一篇实践性很强的大文章，必须站在实施乡村振兴战略、加快推进农业农村现代化的高度，紧密结合实际，坚持问题导向，进行科学规划，有序推进。

### （一）初步构想

我国乡村地域辽阔，村落千差万别，不同区域的经济、政治、文化、社会、生态等基础和条件各具特色，乡村艺术化必须分类指导、因村制宜、精准施策、各美其美，以多样化美打造各具特色的现代版“富春山居图”。

以四川为例，乡村艺术化条件得天独厚。比较突出的至少有四个方面：一是自然本底好。四川地处我国大西南地区，地形地貌复杂，名山大川众多，且四季分明，生物多样，物产丰富，以天府之国、农业大省著称。二是文化底蕴深。有都江堰世界文化遗产、夹江县东风堰世界灌溉工程遗产，有蜀绣、川江号子、火把节（彝族火把节）、弦子舞、巴山背二歌、川北薅草锣鼓、郫县豆瓣、夹江竹纸、绵竹木版年画、新繁棕编、江安竹簧等国家非物质文化遗产，有都江堰市柳街镇农民诗歌之乡、“中国民间文化艺术之乡——书画纸之乡”等称号这样一些金字招牌，还是李白故里、苏东坡故里、张大千故里。三是村庄多样化。不仅在平原、丘陵、山区、民族地区等不同区域呈现出多样性、丰富性，而且在同一个区域内，不同的村落还有着鲜明的个性特征。比如在成都市郫都区，仅从一些侧面看，唐昌镇战旗村聚集蜀绣、唐昌布鞋、郫县豆瓣等传统手工艺，形成乡村十八坊，正在营造相应的艺术氛围；安德镇广福村是韭黄之乡，不仅形成了韭黄特色产业链，还启动了韭黄文化的艺术试验，安龙村

① 董进智，《打造四川特色鲜明的现代版“富春山居图”——关于乡村艺术化的若干思考》，四川省社科院《天府智库》，2018年第25期（2018年7月25日）。

则形成了小微盆景园；古城镇指路村在过去竹编、棕编、草编的基础上发展起鸟笼产业，正在打造匠人村。四是幸福美丽新村建设奠定了一定的基础，已经建成了彭州市宝山村、丹棱县梅湾村等一批走在前列的美丽乡村。四川如此，其他省市自治区同样都有自己的优势和特色。由此看来，推动乡村艺术化大有作为。

基于乡村艺术化的本质要求，综合分析四川乡村艺术化的基本条件和相关因素，笔者曾经提出打造四川特色鲜明的现代版“富春山居图”的构想：建设山水自然、特色农业、田园生活、农耕文化、现代文明有机融合，如诗如画的水墨乡村或水墨村寨。这里，“水”，山水，代表自然，代表四川的东西南北中的山山水水；“墨”，书写，代表文化，特别是以都江堰、东风堰、川西林盘为代表的农耕文化。“水”“墨”融合起来便像国画，便是艺术，便是艺术化的乡村。成都平原地区、川中丘陵地区、盆周山区、高原藏区、大小凉山彝区五彩缤纷、千姿百态的水墨乡村，从空中鸟瞰，正是一幅具有鲜明四川特色的现代版“富春山居图”①。这样一幅美好的图景当然不可一蹴而就，更不能坐等天上掉下馅饼，而是需要几十年的奋斗。按照乡村振兴的战略部署，只要一张蓝图绘到底，可以预料，随着农业农村现代化的加速推进，到21世纪中叶，到新中国成立一百周年的时候，四川的乡村将因艺术化发展而呈现出崭新的面貌。

应当看到，水墨乡村已经有了一批雏形。都江堰市柳街镇，保护川西林盘，弘扬诗歌文化，整治散居院落，发展文化民宿，组织国学体验和文化艺术活动，成为远近闻名的“七里诗乡”。蒲江县甘溪镇明月村，保护修复“明月窑”，坚持权力不能任性、资本不能任性、村民不能任性，引进艺术家、设计师，发展陶艺、草木染等文创项目，成为“国际陶艺村”。绵竹市发挥“民间年画”的品牌优势，将绵竹年画南派掌门人陈兴才的家乡射箭台村和相邻的大乘村合并，培育年画传人、发展年画产业、打造充满文化内涵和民俗风情的艺术馆，建成了名副其实的年画村。宣汉县创办大巴山花田艺穗节，旨在以文化创意的当代观念激活当地资源，实现文化遗产、文学艺术、文化传媒与文化创意的可持续开发，力争建成全国巴文化高地。康定市新都桥镇，保护原生态的草原，传承丰富的藏族文化，治理乡村环境，发展特色产业，让蓝天白云、青山绿水、民族风情构成美丽画卷，被誉为“光与影的世界”“摄影家的天堂”。

---

① 董进智，《推进乡村艺术化打造四川特色的现代版“富春山居图”》，《四川日报》，2018年4月11日第6版。

西昌市安哈镇长板桥村，注重民族文化符号和自然生态，保持依山就势、错落有致的村落格局，建成特色鲜明的彝家新寨。他们共同的经验是，遵循乡村发展规律，处理好乡村与城市、艺术与自然、艺术与经济、艺术与科技、艺术与文化、艺术与审美、艺术与时代等诸多关系，彰显乡村自身价值，让乡村美得有韵味、有品位。

### （二）值得注意的问题

更要看到，作为一个崭新的课题，乡村艺术化必然会遇到不少新的问题。反思美丽乡村建设出现过的问题，对搞好乡村艺术化是有益的。比如，一些地方曾经热衷于大拆大建，动辄投资数千万，把一栋栋农房拆掉，把一片片村庄推倒，建大马路、大广场、大草坪、大洋房，破坏了生态，捣毁了文化，浪费了资源，还造成千村一面的现象①。这样的问题，在探索乡村艺术化的实践中就特别值得注意。问题是最好的老师。从这些年各地美丽乡村建设中的诸多现象来看，当前应当注意把握好以下五个问题②：

其一，要研究乡村之美，防止城市景观化。福建省住建厅曾经公布过一批美丽乡村建设负面典型，引起了不小的反响，其中一个突出表现是把城市美化的一些做法搬到乡下去，建设大亭子、大牌坊、大公园、大广场③，结果是农村不像农村、城市不像城市。类似情况，全国各个地方都不同程度出现过，有的地方还在继续，反映出我们对乡村艺术和乡村美在认识上的误区。必须看到，乡村不同于城市，不能跟着城市去追求“高大上”，不能去打破人与自然的和谐状态。余村、元阳梯田、羊角村等国内外乡村艺术化的实践表明，乡村之美，离不开乡村的自然、经济、社会、文化，它美在山水、美在田园、美在农耕、美在体验、美在浓浓的乡愁。正因为这样，美丽乡村才能与美丽城市交相辉映，相得益彰。因此，乡村艺术化一定要体现乡村自身的特点，切忌照抄照搬城市美化的做法。

其二，要着力张扬个性，防止千村一面。笔者下乡调研，特别是参观各地打造的一些样板村的时候，走到一村又一村，每一个参观点孤立起来看都像模像样的。但是，一对比起来都差不多，看得越多越给人以单调乏味的感觉，让人产生“审美疲劳”。其问题在于缺乏个性，张三把旧猪圈改成猪圈咖啡，李

---

① 董进智，《防范大拆大建对农村的四重伤害》，《农民日报》，2016年2月3日第3版。

② 董进智，《为乡村插上艺术的翅膀》，《农民日报》，2018年3月28日第3版。

③ 唐学伟，《福建公布一批美丽乡村建设负面案例》，闽农网 www.8yp.com，2017年5月28日。

四没有猪圈先建个猪圈再改成猪圈咖啡。事实上，不同的村庄，其自然条件、经济条件、历史文化都不一样。四川的巴山新居、乌蒙新村、藏区新居、彝家新寨，都具有各自鲜明的地域特色和民族特色。乡村艺术化必须体现各自的地域特色、产业特色、民族风格、民俗风情和民居风貌，村与村之间一定要有不同的个性，同一个村庄也应当让户与户之间有所差异。只有充分尊重个性，看到差异性、用好差异性，下功夫做出特色来，乡村艺术化才能绘织出多姿多彩的村庄“脸谱”，各美其美。

其三，要发展美丽经济，防止中看不中用。根据网友反映，2014 年 7 月，笔者曾就“新村变鬼村”问题做过专题调研，发现有的新村聚居点确实入住率不高，缺少人气，甚至空心化。应当说，那些地方看上去也很美，问题就在于没有处理好艺术化和经济发展的关系，没有把乡村艺术化融入经济发展，而是把它变成乡村摆设，产业没有发展起来。从国内外诸多成功案例来看，像日本岐阜县白川乡合掌村那样的美丽乡村，都凭借它们的艺术化促进了当地经济的发展，老百姓人人有事干、有钱赚。总结吸取现实的经验教训，在推进乡村艺术化过程中，必须转变观念，打开眼界，把美丽、艺术化作为乡村经济发展的宝贵资源，并使之变成资本，发展观光农业、休闲农业、体验农业、民宿经济等乡村旅游产业，促进农村一二三产业融合发展，推动产业大升级，实现产业兴旺，让农民群众在艺术化发展中共同富裕起来。

其四，要注重乡村设计，防止建设性破坏。如果说美丽乡村建设规划仍然滞后的话，那么设计就还没有真正起步。一些村子到处都堆满仿古建筑、长廊、亭子、假山、雕塑、名贵树木等“艺术品”，墙上也画了很多东西，投入巨资，结果只是热闹一阵子，昙花一现，与它们缺少设计、不伦不类有很大的关系。没有设计或不讲科学的设计，通常会带来建设性破坏，有的把两三百年的老房子拆了，把成百上千年的老村子推了，付出了沉重的代价；有的堆满旧轮胎，成为工业文明的垃圾场。实践告诉我们，乡村艺术化离不开艺术设计，必须注重设计，强调设计在前，坚持用科学设计去提升乡村艺术化水平。当然，设计是一门学问，现在懂这门学问且有丰富设计经验的人还比较稀缺，一些区位优、条件好、文化底蕴深、个性特色鲜明的村，一定要请高水平的专业人士，在深入调查研究、广泛听取意见的基础上，整体进行科学设计。

其五，要坚持分类指导，防止化妆运动。一哄而起是我们的老毛病，新农村建设中的风貌改造，就曾经在一些地方的场镇和主要公路沿线变成粉墙运动、化妆运动，个别地方政府甚至不惜血本，负债改造。乡村艺术化一定要吸取教训，从实际出发，分步实施，注重实效，有序推进。首先要考虑区位、资源、经济、文化等条件好，美丽乡村建设有基础，干部群众积极性高的地方，从这些地方入手实施乡村艺术化。在实施过程中，应当充分考虑现有基础，精心设计，不能脱离现实基础，更不能借此机会大拆大建。同时也要处理好局部和整体、当前和长远的关系，不能顾此失彼、因小失大，不能急功近利、急于求成。条件暂不具备的地方，切不可盲动。当然也要有乡村艺术化发展的意识，在规划设计和建设过程中，注意并学会“留白”，为今后的提升留下空间。

### （三）几点对策建议

乡村艺术化是一个长期的过程，不可一蹴而就，只能一步一个脚印，稳扎稳打，循序渐进。现阶段，应当按照实施乡村振兴战略的总要求，以幸福美丽新村建设为综合载体，做好六件事：

1. 把乡村艺术化纳入乡村振兴规划。乡村艺术化作为实施乡村振兴战略的一个新的要求，应当纳入乡村振兴战略的整体安排。当前，各级都在根据中央和各省出台的乡村振兴规划，制订具体规划或方案。有条件的地方，应结合实际，研究提出乡村艺术化的基本思路、工作重点和实施步骤，并将其纳入乡村振兴规划和方案。已经出台相关规划和方案的，可根据实际需要，进行修订和完善。只有把乡村艺术化问题纳入乡村振兴规划，才能得到有效的保证。同时，要逐步开展乡村艺术设计，提升乡村艺术化发展水平。在乡村艺术化的规划、设计、建设中，应当像成都市郫都区乡村振兴博览园“一村一大师”那样，组织相关专家，加强艺术指导，严格遵循乡村艺术化的客观规律，避免长官意志、技术专政、资本诱惑和经验主义①。

2. 注重与农村人居环境综合整治相结合。深入推进农村人居环境综合整治，是实施乡村振兴的第一仗。浙江“实施‘千万工程’造就万千美丽乡村”的实践表明，农村人居环境综合整治是建设美丽乡村的基础工程、重要抓手和有效途径，可以由此走上乡村艺术化的发展路子。学习浙江“千万工程”的基本经验，四川在实施农村人居环境综合整治三年行动方案、建设生态宜居乡村的工作中，应当坚持分类指导、因村制宜、精准施策。成都、德阳、绵阳、泸州、眉山等市，应当把农村人居环境综合整治同乡村艺术化发展衔接起来，选择部分县市区进行艺术设计，制订可行方案，精心组织实施，把乡村整体风貌提升到更高的层次。德阳市罗江区在农村人居环境综合整治中，用文化、艺术提升乡村风貌的做法，正是这方面积极有效的探索。

---

① 董进智，《编制乡村振兴规划应注意四种倾向》，《农民日报》，2019 年 2 月 16 日第 3 版。

3. 注重与现代农业园区建设相结合。乡村艺术化实践表明，田园有着独特的艺术魅力。目前，四川在推动农业大省向农业强省跨越的实践中，正在大力实施现代农业园区建设工程，这是推进乡村艺术化的又一有效载体和重要平台。应当把乡村艺术化的理念和要求，融入农业园区建设的全过程。对现代农业园区进行整体艺术设计，在不影响园区基本功能的前提下，增加艺术元素，推进园区的美化。培育创意农业，把文化、艺术元素同农业科技结合起来，植入农业生产的各个环节和各个方面，发展观光农业、休闲农业、体验农业。创办田园艺术节，搭建艺术家参与乡村艺术化的平台，展示乡村艺术化成果，聚集乡村人气。雅安市名山区牛碾坪茶园，已经以其文化、艺术创意，初步展示了田园的独特魅力，吸引了各地游客。

4. 弘扬乡村源远流长的农耕文化。文化是乡村振兴的灵魂，更是乡村艺术化的灵魂。乡村艺术化应当弘扬中国精神，在农耕文化上下大功夫。以四川为例，应对都江堰、东风堰、茶马古道、川西林盘、蜀绣这样的乡村物质文化遗产和非物质文化遗产进行全面调查和分类梳理，研究具体的保护、利用措施，尽可能让其活化，转化为乡村艺术化资源。当前，应当抓紧保护传统村落，争取国家支持，探索省级、市级、县级传统村落保护办法，结合做好川西林盘保护。抓紧保护传承传统工艺，把竹编、制茶、棕编、刺绣等传承下去①。加紧开发传统乡村美食，充分展示灯影牛肉、达达面等传统美食的特色。同时，以农民丰收节、农业博览会等节会为平台，组织花灯、书画、山歌、歌庄等群众性文化艺术活动，让乡村活跃起来。

5. 总结推广乡村艺术化实践的好经验。近年来，蒲江县甘溪镇明月村、康定市新都桥镇等不少地方在幸福美丽新村建设、乡村旅游发展中，注重文化、艺术元素的植入，快速走上乡村艺术化的发展路子，其经验值得总结，教训更加珍贵。松阳县尝试打造国际艺术创作交流胜地，逐步形成永不落幕的乡村民俗文化节、永不闭馆的乡村博物馆、永不停歇的乡野运动场三大文化品牌。他山之石可以攻玉。应对不同区域、不同类型的乡村艺术化实践进行全面系统的剖析，不仅帮助他们完善思路和提升水平，同时有必要通过电视、报刊、网络等多种媒体，广泛进行宣传推介。条件好的地方，可组织相关部门在有一定基础的乡村中，选择一批特色鲜明、代表性强的，从艺术设计入手，进行试点探索，积累经验。还应打开视野，学习省外甚至发达国家的成功经验，打造四川乡村艺术化品牌。

---

① 董进智，《统筹规划　让乡村传统手工艺服务乡村》，《农民日报》，2019 年 7 月 20 日第 3 版。

6. 加快培养乡村艺术化所需各类人才。乡村艺术化，人才是关键。应当立足长远，大力培养不同层次、不同类型的乡村艺术人才。一方面，在各种艺术类专业，特别是职业技术学院的艺术类专业中，增加乡村振兴课程或专题，让学艺术的学生了解乡村、热爱乡村，增强服务乡村的意识，自觉把艺术知识运用到乡村振兴中去。另一方面，在与乡村振兴相关的各类专业中，普及艺术方面的知识，培养学生的艺术意识和“艺术细胞”，让他们走上工作岗位或回到乡村后，能够把实际工作同艺术结合起来考虑，增强乡村艺术化的自觉。同时，挖掘和培养民间文化艺术传人，在乡村艺术化过程中，把优秀传统文化、传统艺术传承下去。还应对村组干部和中青年农民进行艺术启蒙，引导他们热爱艺术，用艺术建设家乡，提升生活品质。

总之，通过初步的分析研究，我们可以清楚地看到，艺术化是经济社会发展的必然趋势，源于人的天性。在城市化过程中乡村有一个衰落到复兴的过程，艺术化是乡村的未来，未来的乡村将因艺术化而成为人们的诗意栖居之地。乡村振兴需要插上艺术的翅膀，推进乡村艺术化发展，建设富有诗情画意、各美其美的美丽乡村，让美丽乡村美得有韵味、有品位、有魅力。

（本文为社会科学文献出版社2019年5月出版的《四川蓝皮书·四川农业农村发展报告（2019）》专题文稿，在原稿基础上做了大量补充。缩写稿于2019年11月16日在“2019三星堆·南丝路文化峰会”上交流，其要点发表在《中国文化报》2019年11月23日第3版。第五部分的部分内容以《推动四川乡村艺术化的几点建议》为题发表在《四川农村日报》2019年6月19日第5版。）

# 让人们诗意地栖居

## ——关于田园综合体建设的若干思考

党的十九大提出实施乡村振兴战略。习近平总书记在报告中强调："要坚持农业农村优先发展，按照产业兴旺、生态宜居、乡风文明、治理有效、生活富裕的总要求，建立健全城乡融合发展体制机制和政策体系，加快推进农业农村现代化。"笔者认为，田园综合体建设正是实施乡村振兴战略的有效载体。

## 一、田园综合体的背景和由来

2017 年中央一号文件指出：支持有条件的乡村建设以农民合作社为主要载体、让农民充分参与和受益，集循环农业、创意农业、农事体验于一体的田园综合体，通过农业综合开发、农村综合改革转移支付等渠道开展试点示范。

这里，吸引人们眼球的是"田园综合体"这个概念。据查，该概念于 2012 年 3 月首次出现在北京大学 EMBA 学员张诚的一份题为《田园综合体模式研究》的毕业专题报告中。有趣的是，"田园综合体"这一新概念，并不是我们乡村建设者提出来的。张诚是东方园林产业集团总裁，1993 年东南大学建筑系毕业，建筑学硕士，曾任万达集团副总裁，2011 年入东方园林集团。他带着美好憧憬，期望看到一幅富饶、恬静和美丽的乡村画卷，为忙碌的城里人开辟一片桃花源。[①] 当然，作为商界精英，他心里不只装着一片桃花源，还有着他更多的梦想，更大的追求。

田园综合体的提出，有着深刻的社会经济背景。当前，城镇化发展进入新阶段。2016 年，我国城市化水平已达 57%，并且正在由物的城镇化向人的城镇化转变，城与乡逐步走向互动融合的一体化发展轨道，乡下人需要进城去寻

① 张诚，《田园东方的新田园主义梦想与实践》，《古村说》第 4 期，2016 年 9 月 12 日。

求新的发展空间，城里人则梦想着乡下的一片桃花源。全民休闲时代已经来临。[①] 在2012年，我国人均GDP已达到了6100美元。据国际经验，一国人均GDP越过6000美元，便开始向休闲型转变。近几年旅游业发展表明，人们有了闲钱、闲暇、闲心、闲情，休闲正在成为一种刚性需求，乡村正在成为休闲度假的重要目的地。同时，美丽乡村建设丰富了乡村的功能定位。目前，广大乡村正在成为留得住青山绿水、记得住乡愁的宜居宜业宜游空间，新的村民、新的业态、新的建设模式、新的发展机制、新的生活方式将成为未来乡村的新常态。田园综合体正是在这样的背景下应运而生的。

从田园综合体被提出来之后，直到2016年年底，在主流媒体上均很难见到。2017年，它的"横空出世"，引起专家学者、实际工作者、新闻媒体人士等的热议。人们普遍认为，它是农业农村发展的一种新的综合模式，意义重大。

笔者全身心投入"三农"工作已近十二年，对乡村建设情有独钟，也有一些个人独立的思考。最近几个月，一直在关注、琢磨、交流、讨论田园综合体问题。笔者感到，田园综合体能够被浓墨重彩写入中央一号文件，说明它不仅有存在的客观必然性，而且其发展一定带有明显的方向性，必须引起高度重视。目前能够看到的田园综合体还是幼苗，难免存在各种各样的问题，有的甚至是原则性问题，但从其理念、做法和初步效果中，我们不难发现，田园综合体与一般意义上的美丽乡村不同，其意义不可低估。可以说，它把农村的建设和发展同城市的需求和资源对接起来了，促进了农村一二三产业融合发展，催生着农村的新产业、新业态，培育着农村的新型社区，正在形成一种新的乡村综合发展模式，其建设将改变农村发展大格局，有助于形成城乡融合发展的新格局。

根据中央一号文件的部署，2017年上半年，财政部确定在河北、山西、内蒙古、江苏、浙江、福建、江西、山东、河南、湖南、广东、广西、海南、重庆、四川、云南、陕西、甘肃18个省（自治区、直辖市）开展田园综合体建设试点。中央财政从农村综合改革转移支付资金、现代农业生产发展资金、农业综合开发补助资金中统筹安排，每个试点省（自治区、直辖市）安排项目1个或2个。通过规划评审，首批启动了15个国家级田园综合体建设试点项目。四川参照财政部的办法，在成都市、绵阳市、广安市启动了省级试点。目前，四川的国家级和省级田园综合体试点，分别在都江堰市和新建县、绵阳市

① 魏小安，《休闲时代：创造未来文化遗产》，魏小安的博客，2015年3月8日。

涪城区、武胜县组织实施。

最近，我们到各地调研都看到，人们越来越对田园综合体充满憧憬，充满期待，田园综合体建设的脚步声越来越响。

## 二、田园综合体的内涵和特征

田园综合体作为新生事物，自然有一个实践、认识、再实践、再认识的过程。

目前，人们对田园综合体的认识见仁见智，还有着诸多的困惑和分歧。据媒体资料初步分析，笔者认为，大体有三种不同的认识：[①] 一种主张认为，田园综合体主要是农业产业转型升级的模式，有的干脆把它定位于园区农业、休闲农业的升级版；另一种主张把它定义为“农业＋文旅＋地产”，有点像城市郊区化与现代都市农业组合而成的特色小镇；再一种主张则强调循环农业、创意农业、农事体验加新型社区或田园社区四位一体，把它看作美丽乡村建设的一种前瞻性的综合发展模式。应当看到，在这些不同的主张中，有些认识差异带有原则性、方向性，比如田园综合体的主体问题、事实上的房地产开发问题，急需从理论上、政策上做出回答。

笔者坚持第三种主张。在我看来，循环农业是基础。它利用物质循环再生原理和多层次利用技术，兼顾生态效益、经济效益和社会效益，实现资源利用效率最大化、废弃污染最小化，确保农业的可持续发展。创意农业是关键。它将农业的产前、产中和产后环节连结为完整的产业链条，将农产品与文化、艺术创意结合起来，促进产业融合。农事体验是活力。它将农业生产、农耕文化和农家生活变成商品出售，让城市居民身临其境体验农业、农事，满足愉悦身心的需求，形成新业态。同时，田园综合体不能见物不见人，它离不开新型社区，有的称之为田园社区。田园社区在城乡互动融合中，除了留住原住民外，还会带来创业、就业、生活、养老的新村民，并能吸引观光、休闲、体验、度假的游客群体。循环农业、创意农业、农事体验、田园社区有机结合，四位一体，具备多种功能，宜居宜业宜游的美丽乡村新形态，才能称之为田园综合体。

田园综合体的多种功能，主要体现在农业生产、文明生活、休闲旅游和综

---

① 董进智，《循环、创意、体验、社区四位一体——一个美丽乡村工作者眼中的田园综合体》，新华网，2017 年 6 月 5 日。

合服务等方面。生产方面，田园综合体的产业，首先是农业，但不是传统农业。在此基础上发展新产业，培育新业态，形成多元一体的产业体系。生活方面，在田园社区里，原住民、新村民既分享阳光、亲密交往，过着田园生活，又看着电视、上着网络，享受着现代文明。旅游方面，让游人参与农事活动，体验农业生产的乐趣，同时可开展生态农业示范、农业科普教育示范和农业科技示范。文化方面，以社会主义核心价值观为指导，挖掘、弘扬优秀的农耕文化、地域文化。服务方面，田园综合体必须具备社区的教育、医疗、文化、治安等公共服务和金融、商业、餐饮等生产生活服务。据此，相关人士把田园综合体划分为农业生产区、景观吸引核、休闲聚集区、居住发展带、社区配套网等不同的功能区。笔者认为这样简单的功能区划分是不妥的，田园综合体的各种功能应当是相互融合的。

田园综合体作为一种新的乡村建设发展模式，必然有自身的鲜明特征。田园综合体的特征，可以从不同的视角去分析把握。与普通的美丽乡村相比，其最基本的特征，笔者认为，在于一个“融”字，就是融合性。这种融合性体现在许多方面，不一定是新产生的融合，但至少是各种融合的集合。多方面的融合，自然会形成新的形态、新的格局。进一步看，在田园综合体当中，农村一产业与二、三产业的融合，形成观光农业、休闲农业、农事体验等农村经济发展的新产业、新业态；现代农业科技与艺术、文化、田园的融合，形成农村经济社会发展的新构架；现代城市文明与传统乡村文明的融合，形成城乡一体化发展的新格局；原住民与新村民的融合，形成多元互动的新型农村社区。正是多方面的融合发展，使田园综合体成为美丽乡村的高级形态。与城市综合体相比，田园综合体最本质的特征，在于一个“农”字，就是以农业为产业基础，以农民为建设主体，以农村为广阔天地。①

基于对田园综合体的初步理解，试提出田园综合体建设的“两体一魂两翼构想”②。简单说来，就是指田园综合体应当以田园为载体，以农民为主体，以文化为灵魂，以科技和艺术为两翼。田园，包括山水林田湖草，是一个生命共同体，田园综合体的生产、生活、交往等各项活动都必须在广阔的田园里面展开，离开田园，田园综合体建设无从谈起。农民，不只是身份意义上的，还包括新型职业农民，田园综合体包容各种新村民，但其主体必须是农民；忽略了广大农民、让农民边缘化，田园综合体建设就可能犯颠覆性错误。文化，主

---

① 董进智，《田园综合体建设要突出“融合性”》，《农民日报》，2017 年 8 月 26 日第 3 版。

② 董进智，《积极试点探索建设田园综合体》，《四川农村日报》，2017 年 8 月 2 日第 5 版。

要指源远流长且富有地域特色和民族特色的农耕文化，田园综合体建设必须充分挖掘本乡本土带着泥土味的农耕文化底蕴，把它融入每一个方面、每一个环节，使之传承和发扬开来，记住乡愁。没有文化的田园综合体必然会迷失，最终失去生命力。科技的力量已经毫无疑问，只是在推广的时候，既要追求先进，也要兼顾适用。艺术，在于使农业景观化、村落景区化，满足人们的审美需求。随着物质需求的满足，人们的审美需求越来越强烈，艺术化将成为田园综合体核心竞争力的重要因素。

## 三、田园综合体的理论支撑

认识新事物，人们习惯于从理论上去找答案。怎么从理论上去分析田园综合体，还是一个尚未引起足够关注的问题。回归一些理论常识可以给我们一些帮助。

比如城乡融合论。较早提出城乡融合思想的是马克思和恩格斯[①]，他们指出了城乡关系演变的历史大方向。现在，城乡融合发展思想已经得到实践的检验，成为人们的共识。一般认为，城乡关系大体要经历一个由同一到对立，最终走向融合的客观历史过程，主张“城市和乡村必须联姻”，并且断定这种结合将迸发出新的希望、新的生活、新的文明[②]。近几年，在学习习近平总书记关于新农村建设的重要论述，观察思考乡村演进发展中带规律性的现象时，笔者特别注意城乡之间的互动。大量现象让我们看到，城乡之间的互动是一个自然的历史进程，不同阶段的情形是不一样的。大体上，到城镇化50%左右的时候，城乡之间开始融合，乡村也随之开始复兴。这应该带有规律性。[③] 笔者认为，田园综合体符合发展规律，正是“城市和乡村联姻”迸发出的一种“新的希望、新的生活、新的文明”。

又比如农业多功能论。人类很早就认识到农业具有多种功能，但是对农业多功能的系统归纳和明确阐述是进入现代社会以后。尽管对农业多功能的认识曾经因为国际农业贸易问题而引起一些抵触，但事物内在的客观性是不因人的意志而转移的，更不会在争论中消失。进入21世纪以来，人们对农业多功能性形成了越来越多的共识。在我国，十年前已经把开拓农业多种功能写进中央

---

① 刘建立，《马克思恩格斯“城乡融合”思想及当代启示》，《理论界》，2012年第8期。

② （英）埃比尼泽·霍华德，《明日的田园城市》，金经元译，商务印书馆，2010年10月版，第9页。

③ 董进智，《科学把握村庄演进规律》，《 农民日报 》，2014年7月26日第3版。

一号文件。今天，人们普遍认识到，不能再用狭义的纯粹的经济产业的观念来定位农业，而应当用更广义的经济与社会、物质与非物质、生态环境、文化传统等全新的视角来定位农业。我们看到，现代农业不仅有传统的农产品供给、劳动就业等功能，还有文化传承、观光休闲、生态保育等多种功能。[①] 农业多功能正是田园综合体实现农村产业融合、培育新产业新业态的基础。

还比如乡村价值论。英国在20世纪初就开始重视乡村价值，并且兴起对乡村文化、田园风光、自然景观的保护。[②] 近年来，我国学者逐步重视对乡村价值的研究。[③] 人们发现，乡村在生产、生活、社会、文化、环境等多方面，都有城市不可替代的独特价值。乡村生产，无农不成村，农业直接或间接同动植物、微生物打交道，多样性、鲜活性、微妙性、随机性，其乐无穷。乡村生活，宁静，诗意，浪漫，演绎出一曲曲田园牧歌。乡村环境，以自然为底色，贴近自然，友好自然，融入自然，呈现出天人合一的景象。乡村文化，淳朴，互助，和谐，带着浓浓的乡愁。城市和乡村因各自独特的“同等重要的价值”而交相辉映，相得益彰。当然，这些价值要在城市化进入相当水平且“城市病”充分暴露之后，才能逐步展现。[④] 田园综合体，正好把城乡各自独特的价值结合起来了。

近几年，又有人提出“新田园主义”。“新田园主义”倡导十大主张，如强调用可复制、可推广的商业模式来实现乡村发展的理想；鼓励与“三农”发生关联，实现“三农”富强美的发展目标；鼓励城市人来乡村消费、创业、旅居、定居；项目必须包含教育和文化设施，容纳对接并且开展社会公益事业；项目模式载体是田园综合体，必须对原住民、新移民和旅居的人带来真正的价值；田园综合体产品是人文性质的，是一种强烈的、一贯的人文主义品牌下的产品体现，等等。[⑤] 目前，“新田园主义”主张还缺少讨论。不过，无论“新田园主义”成立与否，都会对田园综合体建设有所启迪。

掌握城乡融合论、农业多功能论、乡村价值论以及“新田园主义”，能够

---

① 杜志雄等，《世界农业：格局与趋势》，中国社会科学出版社，2015年11月版，第227～255页。

② （英）尼克·盖、梅丽·云蒂、苏·基德、大卫·肖著，闫琳译，《乡村规划导论》，中国建筑工业出版社，2015年9月版，第30～51页。龙花楼、胡智超、邹健，《英国乡村发展政策演变及启示》，《地理研究》，2010年8月第8期。

③ 朱启臻，《留住美丽乡村——乡村存在的价值》，北京大学出版社，2014年12月版，第1～3页。

④ 董进智，《未来乡村啥模样?》，《四川农村日报》，2017年3月8日第1版。

⑤ 张诚，《田园东方的新田园主义梦想与实践》，《古村说》第4期，2016年9月12日。

帮助我们打开思维空间，不断深化对田园综合体的认识，让我们更好地开展田园综合体建设。

## 四、田园综合体的实践探索

戴着新的眼镜看四川，笔者认为我们的幸福美丽新村建设，已经为探索建设田园综合体奠定了坚实基础。

党的十八大以来，四川省总结过去多年新农村建设的实践探索经验，坚持与新型城镇化有机结合，与全面小康目标紧密衔接，注重“留得住青山绿水，记得住乡愁”和“不落下一户一人”，全面开展“四好村”创建，大力实施扶贫解困、产业提升、旧村改造、环境整治、文化传承“五大行动”，走上了建设“业兴、家富、人和、村美”的幸福美丽新村的新路子。截至2016年年底，已建成幸福美丽新村16282个。中农办认为，四川的理念和做法，或许就是城镇化发展到一定程度之后的“返璞归真”，可能就是今后新村建设的“理想模样”。《人民日报》头版称赞：《四川：四好村棒棒哒》。[①]

与田园综合体相似度极高的是幸福美丽新村中的新农村综合体。早在2010年8月，四川省就根据党中央提出的城乡一体化发展新要求，基于全省经济社会发展进入“两化”互动发展加速期和新农村建设进入成片推进新阶段的新判断，在总结“5·12”汶川特大地震灾区农村灾后重建经验、推进全省新村建设时，受城市综合体建设的启发，从区位条件优、经济基础好的场镇周边入手，探索建设新农村综合体。2012年，四川省委办公厅、省政府办公厅专门出台了新农村综合体建设的指导意见，明确了新农村综合体建设的总体要求、目标任务、指导原则、建设重点和保障措施，提出到2020年要建成新农村综合体2000个。

四川在建设新农村综合体中，创造了具有广泛适应性的“小组微生”建设模式。其主要特点：一是小规模聚居，控制建设规模。坚持尊重农民意愿、方便生产生活的原则，合理控制建设规模，新村规模一般30户至300户不等，防止脱离农村实际搞大集中、赶农民上楼。二是组团式布局，优化空间形态。遵循原有村落格局，形成若干5至10户的小组团，既适当组合集中，又相对独立，形成你中有我、我中有你、交相辉映、层叠环绕的新村格局。三是微田园指向，彰显乡村特色。规划出前庭后园，让老百姓在房前屋后和其他可利用

① 刘裕国、张文，《四川：四好村棒棒哒》，《人民日报》，2017年6月17日第1版。

空间，因时制宜地种植瓜果豆菜，既方便群众生活，又优化土地利用，更体现农村特色和乡土味道，深受老百姓欢迎。四是生态化建设，保护自然环境。遵循“绿水青山就是金山银山”的发展理念，充分利用地形地貌，严格保护优质耕地、保护林盘，打造林院相依、院田相连、山水相融的田园风光。

对新农村综合体，各方面的认识不尽一致。一般认为，新农村综合体是指以一定的聚落空间为基础，将村落民居、产业发展、基础设施、公共服务、社会建设等生产生活要素集约配置在一起，聚居适度、产业优化、功能完善、城乡融合、环境优美、管理民主、社会和谐的新型农村社区。它具有人口的聚居性、设施的配套性、功能的复合性、产村的相融性、城乡的融合性等特征。我认为，新农村综合体是新村的高级形态，是新型城乡体系的一个新的环节，自然也是城乡一体化发展的有效载体。① 有的地方，曾经掀起新农村综合体大会战，也有人把新农村综合体建设同大拆大建联系起来，这些现象令人担忧。近几年，各地对新农村综合体建设的认识趋于冷静。目前，全省各地都建成了一批各具特色的新农村综合体。

成都市温江区万春镇幸福村的幸福田园，正是比较有代表性的新农村综合体。同被称为“第一个田园综合体”的无锡市惠山区阳山镇田园东方相比，两者都借鉴了城市综合体的理念，综合了现代农业、文旅和农村新型社区建设，是综合性建设发展模式；都注重培育新产业、新业态，促进了产业的多元化和大融合，乡村旅游都发展成为主导产业；都体现了城乡一体化发展要求，既把城市公共服务和文明生活延伸到了农村，又保护了乡村的自然生态、田园风光和农耕文化。不同的是：田园东方是东方园林产业集团投资 50 亿元建设的，其运作是典型的商业模式；幸福田园则是幸福村群众采取以“小规模、组团式、微田园、生态化”为主要特征的“小组微生”建设模式，自主发起、自主建设、自主管理，展示了四川特色，体现了农民主体。

可以认为，新农村综合体同田园综合体一样，都是城乡一体化发展的新探索。四川应当根据中央的有关精神，特别是习近平总书记关于新农村建设的精辟论述，用田园综合体建设的理念、思维、要求来审视新农村综合体，完善“小组微生”建设模式，探索建设具有鲜明四川特色的田园综合体。

---

① 董进智，《新农村综合体建设若干问题的思考》，四川县域经济网 www. ddxyjj. com，2012 年 9 月 5 日。

## 五、田园综合体的试点建议

当然，想象不能替代事实。这些年一些地方新农村建设存在这样那样的问题，原因在于主观愿望替代事物本质、行政权力替代市场法则、政府意志替代建设规律、领导热情替代农民意愿、理想蓝图替代现实选择。①

要回答好田园综合体是什么、怎么建的问题，必须防止“五个替代”，脚踏实地到实践中去找答案。2017 年 5 月，财政部发出《关于开展田园综合体建设试点工作的通知》，明确了指导思想、基本原则，确定了重点建设内容，规定了试点立项条件，给出了扶持政策，提出了有关工作要求，正式启动田园综合体试点。目前，试点工作总体紧张有序，但值得注意的是存在一些问题，如规模过大，动辄三五个乡镇，几十平方公里；投入太多，热衷于“大项目”，一算就需几十个亿；产业非粮化，不少都是种植花果之类，种植粮食作物的不多；服务高端化，只为城市“高端群体”而设计，似乎与普通老百姓关系不大；主体资本化，一心引进“大老板”，有的试点规划，一家公司的投入就占整个投资预算的 80%左右，有的甚至是一家公司在那里封闭建设。

从四川省实际出发，当前应当继续扎实推进幸福美丽新村建设。全面开展“四好村”创建，增强农民群众的内生动力。深入实施扶贫济困、产业提升、旧村改造、环境整治、文化传承“五大行动”，促进全域推进。注重分类指导与分层次指导相结合，在大力推进幸福美丽新村建设与脱贫攻坚深度融合的同时，择优支持一部分村建设特色村、精品村，提升建设水平。进一步总结完善推广“小组微生”建设模式，创造四川经验。这是田园综合体建设的基础。在此基础上，主要依托新农村综合体，积极有序地进行探索。具体讲，应当认真做好五件事：②

一是积极组织开展试点。突出农业生产体系、涉农产业体系、农业经营体系、乡村生态体系、公共服务体系和管理运行体系六大体系建设，科学规划，高标准建设，高水平管理，组织好国家级和省级田园综合体试点。可在大中城市郊区、大型农业园区、农业生产条件好的旅游景区周边，选择近年来美丽乡村建设基础好、有特色、潜力大的地方，开展市级试点。通过试点探索，总结积累经验。暂不宜搞县级试点，避免一哄而起。

---

① 董进智，《新农村建设要防止“五个替代”》，《农民日报》，2017 年 6 月 10 日第 3 版。

② 董进智，《关于田园综合体建设的初步思考》，《四川村镇建设》，2017 年第 3 期第 8～9 页。

二是做好融合这篇文章。以农为基，充分运用现代科技、艺术、文化，促进一二三产业的融合发展，培育创意农业、观光农业、休闲农业、农事体验、乡村康养、民宿度假等新产业、新业态，把产业做实、做新、做亮、做火。以人为本，坚持产村相融，充分借鉴城市社区建设经验，创新管理理念、模式和机制，开展丰富多彩的文化活动，促进原住民、新村民、各类游客的互动、融合，建设城乡一体化的新型农村社区，让人气聚起来、活起来。

三是在特色上下硬功夫。田园综合体，从规划设计，到建设管理，都应当从不同区域的自然条件、经济条件、社会条件和生态环境出发，充分考虑地域的、民族的、文化的、产业的特色，做到与众不同、各美其美，防止一个模式、一张面孔。吸取这些年各地在美丽乡村建设、乡村旅游发展中的经验教训，特别是要坚持以文化为灵魂，下功夫挖掘独特深厚的历史文化资源，把这些历史文化资源培育转化成为不可复制的核心竞争力。

四是发挥农民主体作用。念好“尊重、引导、激励、支持、组织、维护”“十二字诀”，处理好政府、农民和企业的关系。今后一个时期，应积极发展农村新型集体经济，增强村民自治的能力；引导支持农民走新型合作的路子，通过各种形式的合作，把农民群众组织起来，发展生产、供销、信用三位一体综合合作社，形成合力，让农民充分参与和受益；同时，规范鼓励各种社会力量包括工商资本有序参与田园综合体建设，增强农村建设发展的活力。

五是坚守法律政策底线。针对新农村建设中带倾向性、普遍性的问题，当前和今后一个时期，必须加强基本农田的保护，把“农”字写活，促进农村一二三产业融合发展，防止农用地特别是基本农田非农化；必须铭记“慎砍树、禁挖山、不填湖、少拆房”，防止大拆大建；必须强化集体建设用地的管理，严禁违法违规开发房地产或建私人庄园会所；必须依法依政策保护农户和农村集体经济组织的权利，防止集体资产被外来资本控制。

## 六、田园综合体的展望和遐想

美丽乡村是美丽中国的重要组成部分，美丽中国最美在乡村；乡村之美，美在山水，美在田园，美在浓浓的乡愁。作为美丽乡村的高级形态，田园综合体充满希望。

让我们重温习近平总书记有关重要指示精神吧。2013 年 12 月，习近平总书记在中央农村工作会议上指出：中国要强，农业必须强；中国要美，农村必须美；中国要富，农民必须富。2015 年 1 月，习近平总书记在云南调研时指出：新农村建设一定要走符合农村实际的路子，遵循乡村自身发展规律，充分体现农村特点，注意乡土味道，保留乡村风貌，留得住青山绿水，记得住乡愁。2015 年 7 月，习近平总书记在吉林省调研时强调：努力建设美丽乡村和农民幸福家园。

四川是天府之国，是农村改革之乡，幸福美丽新村建设已有坚实基础，并且正在由农业大省向农业强省跨越。我们相信，随着农业供给侧结构性改革的深入，四川的田园综合体建设，一定能干出特色，走在前列。

这里，可以看看都江堰市国家农业综合开发田园综合体建设试点项目“天府源田园综合体”（2017—2019 年）。该项目包括都江堰市胥家镇和天马镇的 13 个社区，耕地面积 32766 亩。项目以“山水田园、猕果花香”为规划定位，以粮油蔬菜产业为基础，以红阳猕猴桃为特色，以都江堰深厚的水文化、道文化、农耕文化为支撑，依托都江堰突出的旅游资源优势和生态环境优势，政府搭台、市场化运作，围绕“村庄美、产业兴、农民富、环境优”的总体目标，着力打造面向中心城市的优质高效农业供给、农村文旅体验展示、城乡要素市场支撑、城乡一体公共服务四大体系，实现农村生产生活生态“三生同步”、一二三产业“三产融合”、农业文化旅游“三位一体”，探索城市现代化顶层战略下的城乡一体化发展新机制、新路径，把项目区建成多彩乡韵的展示区、产业融合的示范区、农村改革的先行区、绿色农业的典范区，在全省发挥田园综合体示范引领作用。①

2017 年 7 月上旬，笔者参加了四川 3 个竞争财政部田园综合体试点的项目评审。评审结束时，笔者对拟任选的都江堰市田园综合体试点项目提出了五条建议：

一、加强对田园综合体的理论和政策研究。抓紧组织一次小型理论务虚会，邀请相关领域的专家，花一两天时间，结合都江堰实际，研究田园综合体的理论和政策，完整、系统、准确把握田园综合体的内涵、特征、方向、要求。

二、重新审视规划区域的突出优势和特点。从全国乃至更宽广的视角，深入分析以世界文化遗产都江堰为代表的深厚的农耕文化，以“5·12”特大地震抗震救灾、灾后重建为重大背景的感恩文化，把文化灵魂这篇大文章做好。

---

① 阮蓓，《都江堰市试点建设国家农业综合开发田园综合体》，《农民日报》，2017 年 8 月 30 日第 2 版。

三、进一步凸显成都平原独特的田园风光。稻田、林盘、农家，应该是川西坝子带着浓浓乡愁的美丽的乡村画卷，有着独特的魅力。应当充分借鉴英国、德国、日本等发达国家的经验，保护好、利用好这些弥足珍贵的乡村景观。

四、重视城乡一体化的新型农村社区建设。田园综合体不只是园区农业、休闲农业的升级版，社区建设同样重要。三个场镇建设不能替代整个农村社区建设。社区建设中，应研究原住民、新村民之间和谐、共享的机制和办法。

五、梳理总结集成四川特别是成都的创新。比如‘小组微生’的建设模式，源于成都，全省推广，全国关注，被中农办称为城镇化发展到一定水平之后的返璞归真、未来新村建设的理想模样。应当用这个模式，对村落进行改造。

这五条建议，作为专家意见，完整反馈给了都江堰市。现在，该项目正扎实推进。

写到这里，一幅幅充满诗意的田园综合体的美妙画卷，隐隐约约地呈现在我们眼前。看，在那蓝天白云下，她正从一片片绿色的田野上，徐徐展开：[①]

——那是一个和谐的地方。在那里，既能听见现代文明的交响乐章，又能闻到大自然的蛙鸣鸟叫，还能编织出一个个男耕女织的浪漫故事。

——那是一个火热的地方。在那里，农业载着文化，插上科技和艺术的翅膀，焕发出勃勃生机；乡村旅游业带着浓浓泥土味，迎来八方客，各种肤色的男女老幼，尽情地参与着、体验着。

——那是一个共享的地方。在那里，传统的城市与乡村、市民与村民、农业与非农产业，已经找不到分界线，人们在那里共同建设，共同分享。

——那是一个圆梦的地方。在那里，曾经的乡下人建起了新家园，曾经的城里人找到了现代版的桃花源，他们都圆着自己曾经的梦想，开始了新的多彩的追求。

难怪，当人们饱暖之后，就会浮想联翩。我国东晋大文豪陶渊明笔下的桃花源："土地平旷，屋舍俨然，有良田美池桑竹之属。阡陌交通，鸡犬相闻。其中往来种作，男女衣着，悉如外人。黄发垂髫，并怡然自乐。"德国古典浪漫派诗歌先驱荷尔德林更向往着"诗意地栖居"："当人的栖居生活通向远方，

① 董进智，《关于田园综合体建设的初步思考》，《四川村镇建设》，2017 年第 3 期第 10 页。

在那里，在那遥远的地方，葡萄闪闪发光，那也是夏日空旷的田野，森林显现，带着幽深的形象。自然充满着时光的形象，自然栖留，而时光飞速滑行，这一切都来自完美；于是，高空的光芒照耀人类，如同树旁花朵锦绣。”美国超验主义作家、哲学家梭罗，甚至到瓦尔登湖过着他自给自足又自在的田园生活。

基于以上初步的思考和遐想，我们可以做出符合逻辑的断言：田园综合体作为美丽乡村的高级形态，将是未来村民生产与生活的美好新家园、市民休闲与养老的理想桃花源，人们将在那里诗意地栖居！

（本文完成于2018年1月，以《四川建设田园综合体研究》为题收入郭晓鸣、涂建华主编的《四川蓝皮书·四川农业农村发展报告（2018）》“专题篇”，收入时有删改。笔者从2017年2月起研究和讲授田园综合体建设，“关于田园综合体建设的几点思考”被评为2017年四川省干部培训好课程。）

## 第二篇

# 政策背景

实施乡村振兴战略，总目标是农业农村现代化，要实现农业强、农村美、农民富。这是真善美的有机统一。

习近平总书记在关于实施乡村振兴战略的重要讲话中，明确提出“打造各具特色的现代版‘富春山居图’”。这意味着，要在推动乡村产业、人才、文化、生态、组织全面振兴中，把艺术和乡村融合起来，为乡村插上艺术的翅膀，让美丽乡村成为现代化强国的标志、美丽中国的底色，在全球化的大格局中形成中国美丽乡村的独特画卷。

对乡村艺术化的系统思考，正是在实施乡村振兴战略的大背景下开始的。研究乡村艺术化，首先必须把握乡村振兴战略。

# 关于实施乡村振兴战略的三点思考

（2017 年 11 月 3 日）

乡村振兴是党的十九大提出的大战略。我觉得，把握这个战略，必须回答好这样五个问题：什么是乡村振兴战略？为什么实施乡村振兴战略？乡村能不能实现振兴？乡村振兴战略振兴什么？怎样实施乡村振兴战略？

根据多年从事新农村建设的一些体会，我初步理解，乡村振兴战略是：新农村建设实践的升华，乡村发展规律的把握，习近平总书记“三农”重要论述的结晶，现代化强国大战略的布局，农业农村现代化的行动指南。基于这样的认识，交流三点思考。

## 第一个问题，什么是乡村振兴战略？

党的十九大报告强调：要坚持农业农村优先发展，按照产业兴旺、生态宜居、乡风文明、治理有效、生活富裕的总要求，建立健全城乡融合发展体制机制和政策体系，加快推进农业农村现代化。

这是对乡村振兴战略的集中论述。文字不多，但内涵丰富，分量非常重。怎么理解这段话，怎么把握它深刻的内涵，怎么理清它提出的新要求，怎么读懂它重大的现实意义和深远的历史意义？我认为，不能简单就文字来理解文字，必须站在时代的新高度，把各种情况联系起来认识和领会。至少应当从以下五个角度来把握：

从新时代现代化强国战略布局来把握。报告在第四部分“决胜全面建成小康社会，开启全面建设社会主义现代化国家新征程”集中部署了七个重大战略，强调“坚定实施科教兴国战略、人才强国战略、创新驱动发展战略、乡村振兴战略、区域协调发展战略、可持续发展战略、军民融合发展战略”。其中，乡村振兴战略是新提出来的，且排在第四位。报告在“实施乡村振兴战略”中还提出“坚持农业农村优先发展”。这就表明，乡村振兴是决胜全面建成小康社会、全面建设社会主义现代化强国的一项重大战略任务。

同习近平总书记系列重要讲话结合起来把握。习近平总书记对“三农”工作特别重视，先后做出一系列重要指示。他反复教导我们：中国要强，农业必须强；中国要美，农村必须要美；中国要富，农民必须富。城镇化要发展，农业现代化和新农村建设也要发展，同步发展才能相得益彰，要推进城乡一体化发展。新农村建设一定要走符合农村实际的路子，遵循乡村自身发展规律，充分体现农村特点，注重乡土味道，保留乡村风貌，留得住青山绿水，记得住乡愁。乡村振兴战略，正是习近平总书记关于“三农”的一系列重要论述的结晶。

用历史的发展的眼光对比起来把握。党的十六届五中全会基于当时我国社会总体上进入以工促农、以城带乡阶段的科学判断，提出“生产发展、生活宽裕、乡风文明、村容整洁、管理民主”的总要求。党的十九大从中国特色社会主义新时代的时代特征出发，紧扣我国社会主要矛盾变化，也提出二十字总要求，但内涵更丰富，目标更高远。如果说，前二十字为的是统筹城乡发展，改变农村落后面貌的话，那么，后二十字要的是推进城乡融合发展，实现农业农村现代化。这说明，乡村振兴是新农村建设实践的升华。

从重要文字表述的新变化中来把握。报告里面关于乡村振兴战略的这段话，有多处新的提法。比如，与新农村建设的总要求相比，五句话就有四句不同，“生产发展”升级为“产业兴旺”，“村容整洁”升级为“生态宜居”，“管理民主”升级为“治理有效”，“生活宽裕”升级为“生活富裕”，而且顺序也做了调整。又比如，“统筹城乡发展”“城乡一体化”，升级为“城乡融合发展”。还比如，农业现代化拓展为“农业农村现代化”。这些新的表述、新的概念，反映出乡村振兴的新理念、新目标、新举措、新要求。

紧密联系本地“三农”工作实践来把握。中江县石垭子村曾经是贫困村，2016 年已经建成省级“四好村”。四川省委主要领导到该村调研时指出，石垭子的喜人变化是四川农村巨变的一个缩影。他说，这几年我省认真贯彻落实中央部署要求，大力推进脱贫攻坚和幸福美丽新村建设，提出了“业兴、家富、人和、村美”和“四个好”目标，这与党的十九大提出的“产业兴旺、生态宜居、治理有效、乡风文明、生活富裕”总要求是一致的。这说明，乡村振兴需要各地从实际出发，选好载体，发挥优势，体现特色，各美其美。

总的来看，乡村振兴，布局是农业农村优先发展，目标是“强、美、富”，方向是农业农村现代化，途径是城乡融合发展，载体是美丽乡村建设。它涵盖农村经济、政治、文化、社会、生态文明，应当在兴产业、兴环境、兴文化、兴社区上下功夫，实现农村产业的大升级、生态环境的大保护、农耕文明的大发扬、农村社会的大进步，让农业强起来、农村美起来、农民富起来，让乡村留住绿水青山、记住乡愁。这是中华民族伟大复兴的重要任务，是加快农业农村现代化的必然要求，是传承辉煌农耕文明的迫切需要，是亿万农民的美好期待，是做好新时代“三农”工作的根本遵循。

## 第二个问题，乡村能不能实现振兴？

提到乡村振兴，自然不能回避目前农村面临的困难、问题，比如留守老人、留守妇女、留守儿童、土地撂荒，等等。资料显示，2015 年，我国农村有留守儿童 6000 万、留守妇女 4700 万和留守老人 5000 万；过去 25 年来，超过三分之二的农村小学已经关闭①。有专家认为，城市有“城市病”，乡村也有“乡村病”，“农村衰落是一个全球性问题”。由此，人们会提出这样的问题：乡村能不能振兴?

对这个问题，确实存在截然不同的看法。一度，网络流行的“回乡记”“下乡记”认为，乡村已经凋敝，没有光明，看不到希望，似乎只有死路一条。另一端，有人则认为，未来 30 年，乡村将成为奢侈品，村主任将比市长自豪。有学者甚至认为，新农村建设应当转变观念，不是去救活乡村，而是反过来，人类的未来要靠乡村去拯救。未来乡村是故园还是家园？当然需要实践来回答。这里，让我们从不同的角度来看一看。

从现象上看：进入 21 世纪以来特别是党的十八大以来，统筹城乡发展，建设新农村，农村发生了一系列深刻的变化。曾经普遍存在的行路难、饮水难、上学难、看病难“四难”，正在成为历史；城乡差距正在缩小，以收入为例，四川全省已由 3.33∶1 缩小到了 2.53∶1，城乡一体化是大势所趋；区域特色在凸显，就是在贫困地区，如藏区新居、彝家新寨、巴山新居、乌蒙新村，同样各美其美。中农办来川调研后，对我们乡村建设的理念、做法给予了高度评价，在报告中写道：隐隐感到这或许就是城镇化发展到一定程度之后的一种“返璞归真”，可能就是今后新村建设的一个“理想模样”。

---

① 《两位中国学者谈乡村复兴：乡村衰落是全球城市化的必然代价吗?》，区域农业与农村发展中心，2017—08—19。

从规律上看：发达国家的乡村，在城市化进程中，大体到城市化50%左右的时候，一般都要经历由衰落到复兴的过程。与此相应，都以不同方式进行过乡村保护、乡村更新、乡村营造、城乡等值化。现在，人们羡慕英国的乡村，的确英国的乡村，无论环境、产业，还是民居、文化，美不胜收，以至于有人说“英国的灵魂在乡村”。德国的乡村也非常美，被称为“童话世界”，它的基础设施、垃圾污水治理尤其引人注目。我们的邻国日本，其乡村亦不逊色，它的岐阜县白川乡合掌村，1995年就被列入世界文化遗产。把镜头收回来，我们看到，我国城市化水平已经达到57%，城乡关系正在变化，农业农村正在走向现代化。

从价值上看：为什么城市化没有消灭乡村，乡村反而在城市化进到一定阶段以后复兴发展起来了？这取决于乡村存在的独特价值。比如，乡村生产，农业直接或间接同动植物、微生物打交道，呈现出多样性、鲜活性、微妙性、随机性，其乐无穷。乡村生活，宁静，诗意，浪漫，就是人们说的田园牧歌。乡村生态，以自然为底色，贴近自然，友好自然，融入自然，天人合一。乡村文化，淳朴，互助，和谐，带着浓浓的乡愁。因此人们说，城与乡承载着同等重要的价值，交相辉映，相得益彰。当然，这些价值要在城市化进入相当水平且“城市病”充分暴露之后，才能逐步展现。

从新趋势看：透过现象，把握发展规律，剖析内在价值，乡村变化趋势日益明朗。我们推测，未来乡村不是地狱，也不是天堂。断言乡村没有未来，缺乏依据；说未来30年乡村将成为奢侈品，言之过早。依稀可见的是，未来的乡村应该是农民幸福生活的美好家园，市民休闲度假的理想乐园。那里有：新村民，除了传统意义的农民，还将有由城里来创业的、养老的、度假的；新业态，包括休闲农业、观光农业、体验农业、民宿经济；新模式，如田园综合体、“小组微生”，就是新的建设模式；新生活，体验式的、田园牧歌式的，人们衣食无忧之后就会梦想回归乡野生活。

基本结论：跳出传统工业化、城市化的思维，从生态文明和文化多样性角度，用辩证的发展的眼光看，未来的乡村是希望的田野，将成为农民幸福生活的美好新家园、市民休闲养老的理想桃花源，人们将在那里诗意地栖居。换句话说，乡村是可以振兴、能够振兴的，乡村的未来一定会更美好。

当然，这里谈的乡村是城市化进程中的乡村，我国城市化还在路上，不能脱离城市化轨道来谈乡村振兴，没有城市化，乡村难以现代化；这里描绘的乡村的未来，也不是所有村庄的未来，一些村庄会消失，这符合乡村演进发展规律。

## 第三个问题，怎么实施乡村振兴战略？

报告明确要求：巩固和完善农村基本经营制度，深化农村土地制度改革，完善承包地“三权”分置制度……促进农村一二三产业融合发展，支持和鼓励农民就业创业，拓宽增收渠道。加强农村基层基础工作，健全自治、法治、德治相结合的乡村治理体系。培养造就一支懂农业、爱农村、爱农民的“三农”工作队伍。

有关领导参加四川代表团讨论时指出，要按照“产业兴旺、生态宜居、治理有效、乡风文明、生活富裕”的要求，探索建立乡村振兴的人才支撑、资金支持、产权制度、组织制度等保障体系。四川是农业大省，近年来在推进城乡一体化、农村产权制度改革、一二三产业融合发展、脱贫攻坚等方面积极探索，许多方面走在了全国的前列，为全国提供了有益经验。希望四川在实施乡村振兴战略中继续率先探索，努力开创农业农村发展新局面。

根据党的十九大精神，结合四川实际，这里从幸福美丽新村建设角度，提八条建议：

1. 进一步创新建设理念。“业兴、家富、人和、村美”的理念和“住上好房子、过上好日子、养成好习惯、形成好风气”的“四个好”目标，与乡村振兴战略的总要求是一致的。应以此为基础，研究新时代乡村发展的趋势和乡村振兴战略的要求，更加强调生态保护、产业升级、文化传承、社会进步，结合实际深化和丰富每一个理念的内涵，建立一套涵盖农村五大建设的标准体系，推进幸福美丽新村建设的标准化、规范化。

2. 坚持实施“五大行动”。扶贫解困、产业提升、旧村改造、环境整治、文化传承“五大行动”是幸福美丽新村建设的重要抓手，关键在落实。应把分类指导与分层指导结合起来，贫困地区继续集中脱贫攻坚，确保如期脱贫，同时规划好脱贫之后的巩固、提升、振兴；普通地区在产业提升和环境整治上下大功夫，整体提升建设发展水平；条件好的地区在彰显特色上做文章，更加注重文化传承，着力打造精品，争创全国一流。

3. 推广“小组微生”模式。“小规模聚居、组团式布局、微田园指向、生态化建设”是源于成都的创新，经总结提炼，已经成为一种具有普遍意义的成功模式。2014 年，中农办曾把这一做法印发全国。这种模式既适宜于平原，也适宜于丘陵和山区，既适宜于新建聚居点，也适宜于改造旧村落，具有广泛的适应性。应使之与旧村改造行动结合起来，作为幸福美丽新村建设的典型模式推广，防止一些地方借口乡村振兴搞大拆大建。

4. 探索建设田园综合体。田园综合体应该是以农民为主体，循环农业、创意农业、农事体验、田园社区有机结合，四位一体，宜居宜业宜游的美丽乡村新形态，是城乡融合发展的有效载体，应当积极试点探索。四川省已成功争取到 1 个财政部的田园综合体试点项目，同时启动了 3 个省级试点，2018 年可支持部分市州开展市级试点。这些年建成的一批新农村综合体①，比较接近田园综合体，可选择条件相对成熟的乡村进行改造提升。

5. 深入开展“四好村”创建②。幸福美丽新村建设关键在念好“尊重、引导、激励、支持、组织、维护”“十二字诀”，发挥农民群众的主体作用。“四好村”创建作为四川省的首创，正是激发农民群众内生动力的综合抓手，不能有半点动摇。应强调重在创建，着力解决好为谁建、建什么、怎么建、谁来建的问题。2016 年以来，各地都有一些探索，应尽快总结实践中的创新，在全省范围实实在在抓几件事，把创建活动引向深入。

6. 创新城乡融合发展机制。振兴乡村必须解决好人、地、钱的问题，这是“老大难”问题。人们已经意识到，只在农村内部“打转转”，路子越走越窄，会走入死胡同；不少地方的“城乡统筹”，最终还是以牺牲农民利益为代价，违背了初衷。希望和出路在城乡融合，关键是建立健全相应的体制机制和政策体系。应把人才作为突破口和“牛鼻子”，实施人才强村战略，制定激励政策，吸引大学生、退伍军人、返乡农民工等建设家乡。

7. 加快健全乡村治理机制。四川省乡村治理积累了不少经验，但治理理念、治理方式、治理水平仍不适应乡村振兴的需要，提高乡村治理能力是幸福美丽新村建设的关键。报告强调，健全自治、法治、德治相结合的乡村治理体系，这为乡村治理指明了方向。健全乡村治理体系，既需要顶层设计，也需要基层探索。应组织专门力量，在全省不同类型的地区研究剖析一批典型案例，从中总结比较成熟的经验，在适宜的区域推广。

8. 遵循乡村演进发展规律。这些年，我们审视新农村建设历程，环顾省外、国外的情况，从乡村与城市、新村与产业、村庄与自然、村庄与村庄、村庄与历史文化等多种关系中，去找它们之间的内在联系，看到了互动、融合、

---

① 见本书第三篇《新农村综合体建设若干问题的思考》一文。

② 见本书第五篇《关于“四好村”创建的几点思考》一文。

和谐、差异、传承和自治等带规律性的东西。这些思考逐步得到了认可，还需进一步到实践中去验证和深化。当前应重点研究乡村振兴与城市化的内在联系，找到城乡融合的肌理，促进城乡融合发展。

（本文是在成都市郫都区农业系统党的十九大精神宣讲会上的专题解读要点，发表在《农村工作通讯》2017 年 22 期，发表时有删改。四川省委政研室《调查与决策》2018 年第 1 期发表，中央政研室《学习与探索》2018 年第 2 期转载，有删改。）

# 推动乡村人才振兴的思考与建议

（2018年8月19日）

实施乡村振兴战略是一篇大文章。习近平总书记提出并一再强调，要推动乡村产业振兴、人才振兴、文化振兴、生态振兴、组织振兴。五个振兴，我理解，人才振兴是关键和重要支撑。人才兴，则产业兴；人才兴，则文化兴；人才兴，则生态兴；人才兴，则组织兴。一句话，乡村全面振兴离不开人才振兴。

彭州市龙门山镇宝山村老支书贾正方，双眼被炸伤后，毅然离开地质队，回到家乡，凭着他的智慧和专业知识，带领乡亲们艰苦创业，把一个穷山沟建设成为共同富裕的西部第一村，他本人也获得了全国优秀共产党员、全国劳动模范、全国农村“十佳”优秀人才等荣誉。原省政府救灾办主任范敬超，60岁退休之后回乡创业，10年种植柑橘2万亩，带动5个乡镇27个村的村民发展特色产业。蒲江县甘溪镇明月村陈奇，四川大学旅游学院毕业，曾经参与成都宽窄巷子打造，回到家乡组织文创项目，招揽了一群英才，让明月村扬名海内外。这些鲜活的事例，让我们看到了人才在乡村振兴中至关重要的作用。

现在乡村振兴面临的严峻现实是留守老人、留守儿童、留守妇女“三留守”，人才匮乏成为实施乡村振兴战略的突出瓶颈。这个瓶颈不打破，人才供给跟不上，乡村振兴将举步维艰。乡村人才振兴，就是要面对现实、问题导向，把农村人力资本开发放在首要位置，“育、用、引”结合，政策激励、投入保障、组织协调多管齐下，打破乡村人才匮乏这个瓶颈，形成一支以留得住、能战斗、带不走的本土人才为主体，数量足够、结构合理、分布适宜的乡村人才队伍，并激励他们用其所长、尽其所能，在乡村振兴大舞台上充分施展才华。通过乡村人才振兴，夯实人才支撑，推动农业全面升级、农村全面进步、农民全面发展。

十年树木，百年树人。应当看到，乡村人才振兴绝非一日之功。现实而紧迫的选择是，围绕产业振兴、文化振兴、生态振兴、组织振兴，念好用、育、强、招、请、借“六字经”[①]，实实在在医治好眼下乡村振兴中的人才饥渴症。

用：抓紧把能工巧匠用起来。农村能工巧匠过去习惯上叫“五匠”，泛指木匠、瓦匠、石匠、铁匠、铜匠、漆匠、皮匠、篾匠、钟表匠、染坊匠等，现在一些地方评的各种文化传人、手工艺大师正是他们中的典型代表。这些人不仅有一技之长，而且有一种工匠精神，有的身怀绝技，一辈子做一门手艺，凭借一种绝技闯荡天涯。在不少人的眼里，随着技术的进步，老艺人不中用了。但是，人们对美好生活的向往，人们多样化、个性化、体验化的追求，让那些积淀着深厚民族文化、代表着独特民间艺术的传统工艺弥足珍贵。应当摸底、抢救、保护、传承，把乡村能工巧匠发掘出来，转化为乡村振兴的文化资源和产业优势。

育：抓紧把职业农民育起来。农民职业化是农业现代化的内在要求和重要标志，在一些发达国家，当农民是要经过专门的职业教育并获得资格证书的。乡村振兴必须顺应农业农村现代化的要求，大力培育爱农业、懂技术、善经营的新型职业农民，逐步实现农民由身份向职业的转变。成都市培育农业职业经理人、内江市培养农村家庭能人、德阳市创办乡村振兴农民大学，都是有益的探索创新，且已经见到实效。应当总结行之有效的做法，支持各地从实际出发，围绕乡村全面振兴特别是特色产业发展，整合资源，培育能够在市场经济大海中搏击的各种乡村创业之星和技术能手，让他们在乡村振兴实践中成长，并发挥示范带动作用。

强：抓紧把乡村干部强起来。乡村干部是最基层、最直接的乡村振兴组织者、指挥员、带头人，他们的素质、能力和实干精神越来越重要，一名优秀的村支部书记不仅带领一村发展，还会影响带动一方走上致富之路。乡村人才振兴，必须在强素质上下功夫，采取多种形式培养造就千千万万适应乡村振兴要求的乡村干部。应当根据乡村干部的实际情况，分片区、分层次、分类别，大规模组织乡村干部素质教育和能力培训；鼓励支持年轻乡村干部参加学历教育，学习专业知识，成为乡村发展的行家里手。更重要的是，制定激励政策，完善考评机制，鼓励乡村干部大胆实践，在乡村振兴的大舞台上积累经验，增长才干，大显身手。

招：抓紧把新乡贤招回来。过去，一批又一批年轻人，通过上学、参军、

① 2018年5月18日，笔者在四川大学商学院乡村振兴移动大讲堂启动仪式的主旨演讲《在推动乡村人才振兴上下真功夫》中，简要提出“五个抓紧”：一是抓紧发掘能工巧匠，二是抓紧组织新乡贤，三是抓紧培训乡村组干部，四是抓紧广纳社会各路英才，五是抓紧鼓励高校科研单位开展决策咨询和人才培训。“六字线”是在“五个抓紧”基础上形成的。

打工、经商等多种途径离开农村，成为公务员、教师、医生、研究人员、管理人员、商界成功人士。近年来，一部分已经陆续退休。他们带着家乡情怀，关心家乡建设，或出谋献策，或协助治理，或参与项目，发挥了特殊作用，引起社会关注，人们称他们新乡贤。蓬溪县常乐镇拱市村支部书记蒋乙嘉，就是一个典型代表。他们有新知识、新技能、新视野、新境界，在村民眼里是自己人，在党委政府眼中又是明白人。应想方设法把他们招回来，鼓励支持他们传播新思想、新文化、新知识，以各种方式参与家乡建设和治理，在乡村振兴中发挥引领作用。

请：抓紧把城市精英请进来。城市凭借其商业发达、科技进步、文化繁荣等优势，聚集着各路精英，科学家、企业家、作家、艺术家集中在城里。但是，城市也有其弊端，人口拥挤、交通堵塞、空气污染等，人们称之为“城市病”。乡村则因田园风光、诗意山水、乡土文化、民俗风情、农家美食，在经济、生态、社会、文化等方面有着城市不可替代的独特价值。随着城市化发展和乡村复兴，会有相当一批有识之士和各界精英愿意到乡村去创新创业，分享田园生活，实现人生价值。应在充分发挥农民主体作用的同时，制定规则，打开通道，把有志于乡村振兴的城市精英请到乡村来，让他们与村民共建共享，带动村民共同发展。

借：抓紧把专家大脑借过来。高等院校、科研单位人才济济、成果累累，是乡村振兴的智慧之源、科学之源、技术之源、人才之源。近年来，农业的和涉农的高等院校、科研单位主动下乡，积极支持农村建设发展，创造了巨大的经济效益和社会效益，深受地方党委政府、乡村干部和农民群众的欢迎。应根据乡村振兴的实际需要，在法律允许的范围内，放宽政策，鼓励支持高校和科研单位发挥知识、技术、人才优势，组织各相关专业的专家学者，采取灵活多样的形式，开展决策咨询、规划设计、技术攻关、业务指导和人才培训，把智慧、知识、技术推广应用到乡村去，转化为乡村振兴的精神财富和技术资本，推动乡村振兴。

总之，乡村人才振兴是一个长期的过程，用、育、强、招、请、借是其现实选择。把这六个字用好了、写活了，乡村人才振兴就能迈出坚实的步伐，进而为乡村全面振兴积累人力资本，提供有力的人才支撑。

（本文系2018年8月在四川省社科院、四川乡村振兴智库举办的转型区乡村振兴学术峰会分论坛的发言，以《念好“六字经”推动乡村人才振兴》为题发表在《农民日报》2018年9月1日第3版，《重庆日报》2018年9月7日第3版“深读”转载，《中国食品》2018年第18期转载。）

# 编制乡村振兴规划值得注意的四种倾向

乡村振兴，规划先行。随着乡村振兴战略的全面实施，各地对乡村规划工作越来越重视，正在陆续启动综合的或专项的相关规划编制工作。从过去新农村建设、美丽乡村建设的实践看，乡村规划不仅是一门综合性的科学，而且是一门需要平衡好各方关系的艺术，有必要总结实践中的经验教训，提升规划水平。近年来，笔者在走村串户的调研中发现，基层特别是村一级的规划编制，应当注意防止以下四种倾向：

一是防止长官意志。在一些领导同志联系的村，规划往往是领导说了算。有的领导下车伊始，脑袋一拍就定了一个村发展的目标和任务。这样按照领导意图做出来的建设规划，往往脱离实际，盲目追求高大上，却有各个相关部门的项目资金随之跟上，而且会伴随三天两头的协调和督办。不少这样规划出来的村，要不了一年工夫，就会投下数千万甚至上亿元的资金。只要相关领导没有发生非正常变动，规划的实施就会带来一月一个样，三五个月大变样，眼看着发生翻天覆地的变化。一旦领导出了状况，往往就会留下烂摊子，长期无人问津。这样的结果，既浪费了资源，又造成公共资源分配的不公平，容易引起群众不满。原某市一把手联系的一个村，当地聘请专业人士做了一个规划，后来被一把手推翻了。最后，完全按照那个一把手的意图，重新规划设计。笔者曾经去过该村建在距县道不远的一个新的聚集点，只有四五十户的聚居规模，还没建成就投了近4000万元。粗看像模像样，细看就会发现很多问题来。解决类似的问题，站在领导的角度，应当注重调查研究，尊重实践、尊重科学、尊重基层的智慧，指导规划而不左右规划；站在基层的角度，既要准确领会领导指示的精神，也要坚持实事求是的原则，注重结合本地实际，在规划中落实而不盲从。

二是避免技术“专政”。不少地方在乡村建设中，简单依赖专业机构、专业人士编制规划，评审一过就了事。这种现象，通常出现在那些搞试点、争项目的地方。乡村的建设试点、建设项目强调规划先行是对的，问题在于不少地方并没有真正意识到规划的重要性，只是为了拿下试点、拿下项目、拿回资金而做规划。在此情况下，地方只为得到一个通得过的文本，规划单位则满足于规划的通过，项目竞争时只看文本怎么样。笔者曾实地注意到这类规划的两种情形：其一，水土不服。主攻城市规划的把城市小区规划模板搬到乡村来，长期在平原地区做规划的跑到山区去做项目，规划出来“四不像”。其二，消化不良。某些知名规划咨询机构、相关方面的知名专家承接了大批的规划项目，实际编制则由挂靠单位或实习生操刀，规划文本大多中看不中用。这样的规划，目的一达到，就束之高阁。笔者现场看过一个聚居点，规划单位的牌子不小，可只派过一个年轻人去现场，带些资料走。很快图纸就传到了当地，当然没法落地。应当看到，乡村规划既需要相关专业人士，运用专业知识，进行多角度比较分析，科学编制，也必须让各方面利益主体自觉参与规划的全过程，并协调处理好各种诉求的关系，求同存异，真正把规划变成共同的意志。

三是约束资本诱惑。这些年，不少工商资本、大老板，特别是房地产开发商，到乡村发展现代农业、开发乡村旅游业甚至建新村。为实现利益的最大化，他们精心开展了规划设计工作，做出看上去很美、很有诱惑力的规划蓝图。这种规划一般都在承包地流转和宅基地节约上做文章，搞集中开发和集中安置，有的还冒着政策和法律的风险，以种种名义变相搞起房地产开发，“大棚房”也是这样来的。当地老百姓则被安置在集中居住区，甚至被迫上高楼，腾出的集体建设用地就变成了企业的开发空间。规划的实施，一般都得到了当地政府及相关部门的支持。项目建成后，老百姓感觉亏了，有的就去找政府上访。一旦项目搞不下去，老板就跑了，当地政府又来捡摊子。笔者调查过某示范片内的一个聚居点。老板去之前，已经完成了规划设计。老板去了之后，对原规划进行重大调整，包括搞房地产开发，引起群众不满。加之房子卖不出去，老板骑虎难下，还经常找当地政府解决问题。对于这样的情况，一方面应牢记实施乡村振兴战略是全党全社会共同的行动，自然离不开资本下乡；另一方面，又必须承认工商资本逐利的天性，引导他们尊重农民在乡村振兴中的主体地位，与当地村组干部和村民充分沟通协商，共同制订共建共享的发展规划。

四是克服经验主义。看到按领导意志做的规划、专业机构编的规划、工商资本搞的规划的种种弊端，一些地方村组干部、乡土能人就自己动手，凭经验编制产业发展或新村建设规划。有的是村组干部自己感觉有文化、有经验，专家能做的，他们也能做好；有的是当地返乡创业人员，因为去城里打过工，做过生意，搞过工程，相信有能力搞好家乡的规划。这样，便由村组干部或返乡能人牵头，自己动手编制本村的发展规划。这种规划一般没有规范的规划文本，有的甚至只是一些简单的草图。由于编制人员眼界不宽、缺少相关专业知识，大多手低眼也不高，规划的蓝图限制了他们的建设水平和发展空间。笔者在调研中发现，一些地方农民建房，要么到公路两边，路修到哪里，房屋就建到哪里；要么在良田中间，把原本依山傍水的老房子拆了，到好田好地当中去新建聚居点；建设项目、建筑风格，往往是盲目跟风赶时髦，简单复制别人的做法。深入了解便发现，那些规划正是村组干部、乡村能人带领大家做的。克服这种狭隘经验主义的做法，就是要在发挥农民积极性、主动性、创造性的同时，帮助他们打开眼界，看到自身经验的局限性，增强科学意识，通过各种方式借助相关专业机构、专业人士的知识，运用科学方法编制建设发展规划。

类似的问题，尽管是过去在新农村建设中出现的，但带有倾向性，对编制乡村振兴规划有一定的警示作用和借鉴意义。在编制基层特别是村一级的乡村振兴规划中，应引以为戒，吸取其中的教训，增强规划的前瞻性、科学性和可操作性。当然，乡村情况千差万别，中央在乡村振兴规划中划分了集聚提升、城郊融合、特色保护、搬迁拆并 4 类村庄，规划编制一定要分类进行。

（本文发表在《农民日报》2019 年 2 月 16 日第 3 版，有删改，题目改为《编制乡村振兴规划应注意四种倾向》，《农家致富顾问》2019 年第 5 期转载。）

# 乡村振兴战略解读

（2019 年 9 月 19 日）

实施乡村振兴战略，是以习近平总书记为核心的党中央从党和国家事业全局出发、着眼于实现“两个一百年”奋斗目标、顺应亿万农民对美好生活的向往做出的重大决策，是新时代做好“三农”工作的总抓手，也是全党全社会的共同行动。

这里，就如何理解乡村振兴战略、如何实施乡村振兴战略，交流三点学习心得。

## 一、紧紧抓住五个振兴

党的十九大提出：要坚持农业农村优先发展，按照产业兴旺、生态宜居、乡风文明、治理有效、生活富裕的总要求，建立健全城乡融合发展体制机制和政策体系，加快推进农业农村现代化。

这是解决新时代我国社会主要矛盾的必然要求，是实现“两个一百年”奋斗目标的必然要求，是实现全体人民共同富裕的必然要求。实施乡村振兴战略，在我国“三农”发展进程中具有里程碑意义。

党的十九大后，中央进一步对实施乡村振兴战略进行全面部署、规划和细化，制定出台了一系列重要文件，明确了乡村振兴的目标任务，乡村振兴的制度框架和政策体系正在形成。

乡村振兴战略内涵十分丰富。习近平总书记强调，实施乡村振兴战略是一篇大文章。的确，这一战略博大精深：

它是一个战略任务，要实施到 2050 年，事关民族伟大复兴。

它要求全面振兴，特别是产业振兴、人才振兴、文化振兴、生态振兴、组织振兴。

总目标是农业农村现代化，要实现农业大国向农业强国跨越，实现农业强、农村美、农民富。

总方针是坚持农业农村优先发展，做到干部配备优先考虑、要素配置优先满足、资金投入优先保障、公共服务优先安排。

总要求是产业兴旺、生态宜居、乡风文明、治理有效、生活富裕。

制度保障是建立较强城乡融合发展体制机制和政策体系。

还必须走中国特色社会主义乡村振兴道路，包括城乡融合发展、共同富裕、质量兴农、乡村绿色发展、乡村文化兴盛、乡村善治和中国特色减贫。

坚持八条基本原则，即坚持党管农村工作，坚持农业农村优先发展，坚持农民主体地位，坚持乡村全面振兴，坚持城乡融合发展，坚持人与自然和谐共生，坚持改革创新、激发活力，坚持因地制宜、循序渐进。

处理好四个关系，包括处理好长期目标和短期目标的关系，处理好顶层设计和基层探索的关系，处理好充分发挥市场决定性作用和更好发挥政府作用的关系，处理好增强群众获得感和适应发展阶段的关系。

以上内容相互联系，不可分割，共同构成一个有机整体，这就是乡村振兴战略。

学习乡村振兴战略，一定要加强理论武装，特别是学习好习近平总书记关于“三农”工作的重要论述。

《习近平关于“三农”工作论述摘编》有 11 个专题：坚持农业农村优先发展，实施乡村振兴战略；建立健全城乡融合发展体制机制和政策体系，加快推进农业农村现代化；巩固和完善农村基本经营制度，深化农村土地制度改革；确保国家粮食安全，把中国人的饭碗牢牢端在自己手中；深化农业供给侧结构性改革；以绿色发展引领乡村振兴；传承发展提升农耕文明；加强和创新乡村治理；支持和鼓励农民就业创业，拓宽增收渠道；坚决打赢农村贫困人口脱贫攻坚战；加强和改善党对“三农”工作的领导。

这些重要论述，站在民族伟大复兴的高度，用世界眼光、战略思维、中国智慧、“三农”情怀，科学回答了新时代建设什么样的乡村、怎样建设乡村这一历史性课题，是乡村振兴战略的思想灵魂。

学习把握乡村振兴战略，从实践的角度看，当前要紧紧抓住乡村“五个振兴”：

### （一）乡村产业振兴

乡村振兴，产业是支撑。凡发展得好的村，无一没有较强的产业基础；而那些空心村，首先就空在产业。

推动乡村产业振兴，就是要紧紧围绕发展现代农业，围绕农村一二三产业融合发展，构建乡村产业体系，实现产业兴旺，把产业发展落到促进农民增收上来，全力以赴消除农村贫困，推动乡村生活富裕。要发展现代农业，确保国家粮食安全，调整优化农业结构，加快构建现代农业产业体系、生产体系、经营体系，推进农业由增产导向转向提质导向，提高农业创新力、竞争力、全要素生产率，提高农业质量、效益、整体素质。

汉源县双溪乡申沟村，曾经是山穷水恶的贫困村。20 世纪 90 年代末以来，连片种植优质白凤桃上万亩，形成家家有果园的格局，成为“一村一品”示范村。在此基础上，申沟村还发展观光、休闲农业，促进了农村一三产业的融合发展。同时，开展乡风文明建设，形成了文明乡风。如今的申沟村，已经走上了乡村振兴的新路子。

### （二）乡村人才振兴

乡村振兴，人才是关键；人才兴，则乡村兴。乡村振兴面临的最突出的问题，正是乡村人才流失，留下“386199”部队（指留守妇女、留守儿童和留守老人）。

推动乡村人才振兴，就是要把人力资本开发放在首要位置，强化乡村振兴人才支撑，加快培育新型农业经营主体，让愿意留在乡村、建设家乡的人留得安心，让愿意上山下乡、回报乡村的人更有信心，激励各类人才在农村广阔天地大施所能、大展才华、大显身手，打造一支强大的乡村振兴人才队伍，在乡村形成人才、土地、资金、产业汇聚的良性循环。

彭州市龙门山镇宝山村双目失明的老支书贾正方，凭着对党的忠诚、对家乡的热爱，主动放弃国家地质队的“铁饭碗”，回到宝山，用自己的智慧、知识和技术，带领宝山人艰苦奋斗，把一个穷山沟建设成为拥有固定资产 106 亿元、村民人均收入超 6.6 万元的西部山区第一村。

### （三）乡村文化振兴

文化是乡村振兴的灵魂，实施乡村振兴战略既要树形，又要铸魂。乡村衰落的一个重要表现，正是文化“荒漠化”。

推动乡村文化振兴，就是要加强农村思想道德建设和公共文化建设，以社会主义核心价值观为引领，深入挖掘优秀传统农耕文化蕴含的思想观念、人文精神、道德规范，培育挖掘乡土文化人才，弘扬主旋律和社会正气，培育文明乡风、良好家风、淳朴民风，改善农民精神风貌，提高乡村社会文明程度，焕发乡村文明新气象。

都江堰市柳街镇是诗歌之乡。2003 年，柳街镇成立柳风农民诗社，目前社员 120 余人，创作新诗、传统诗词、民歌等 3 万多首。依托诗社，连续举办了五届“中国·都江堰田园诗歌节”。2018 年，柳街镇着手打造“七里诗乡”，利用菜花节、开秧节、丰收节等举办耕读文化活动，给村民带来诗情画意的艺术享受，也吸引了八方游客，实现了农商文体旅融合发展。2019 年第一季度，柳街镇接待游客突破 20 万人次。

### （四）乡村生态振兴

绿水青山就是金山银山，生态振兴是乡村振兴的基础和生命线。因此，必须以绿色发展理念引领乡村振兴战略的实施。

推动乡村生态振兴，就是要坚持绿色发展，加强农村突出环境问题综合治理，扎实实施农村人居环境整治三年行动计划，推进农村“厕所革命”，完善农村生活设施，打造农民安居乐业的美丽家园，让良好生态成为乡村振兴支撑点。

安吉县天荒坪镇余村的发展告诉我们，绿水青山就是金山银山。余村曾因采矿成为“明星村”，代价是环境破坏。2005 年 8 月，时任浙江省委书记的习近平同志亲临余村视察，提出“两山”理论。余村痛下决心修复生态、调整结构、发展生态旅游，已建设成为国家 4A 级旅游景区，成为中国美丽乡村的代表。2018 年，余村农民人均收入 4.5 万元，村集体经济收入 471 万元。

### （五）乡村组织振兴

组织振兴是乡村振兴的保障。没有坚强的党组织、缺乏良好的治理体系和治理机制，乡村振兴便难以变成现实。

推动乡村组织振兴，就是要打造千千万万个坚强的农村基层党组织，培养千千万万名优秀的农村基层党组织书记，深化村民自治实践，发展农民合作经济组织，建立健全党委领导、政府负责、社会协同、公众参与、法治保障的现代乡村社会治理体制，确保乡村社会充满活力、安定有序。

习近平总书记2018 年 2 月来到成都郫都区战旗村，对战旗村乡村振兴寄予厚望。战旗村实施乡村振兴战略的一条基本做法是党建引领，并形成了组织建设、教育监管、能力培训、制度建设、服务方式、干部选育、评优评先 7 个“满覆盖”的战旗党建工作法。现在，以乡村十八坊为代表，战旗村乡村振兴正在打开新局面。

## 二、把握乡村发展规律

实施乡村振兴战略有没有规律可循？要不要遵循客观规律？

习近平总书记在中共中央政治局集体学习乡村振兴战略时强调，实施乡村振兴战略，首先要按规律办事。

关于乡村演变发展规律，2014 年笔者曾根据习近平总书记相关论述，收集国内外情况，做了初步分析。

当时，主要从城与乡、新村与产业、村庄与自然、村与村、新农村建设与历史文化、农民与政府之间，初步分析它们之间的关系，看到了一些规律性现象，并概括为互动律、融合律、和谐律、差异律、传承律、自治律。

2017 年，中央农办主任在一个全国性座谈会上对其给予肯定。

这里，仅对城市化进程中乡村演变发展规律做简要分析。2017 年 12 月，习近平总书记在中央农村工作会的重要讲话中指出：

从世界各国看，在现代化进程中，乡村必然要经历一场痛苦的蜕变和重生……

这一重要论述，为我们研究乡村演进规律、分析我国乡村发展趋势指明了方向。

提到乡村演变规律，自然不能回避农村面临的“空心化”问题，如留守老人、留守妇女、留守儿童、土地撂荒……资料显示，2015 年，我国农村有留守儿童 6000 万、留守妇女 4700 万和留守老人 5000 万；过去 25 年来，超过三分之二的农村小学已关闭。有专家认为，“农村衰落是一个全球性问题”。

由此，人们会问：乡村未来会怎样？

对此，人们有截然不同的看法。一度，一些所谓的“回乡记”“下乡记”认为，乡村已经凋敝，看不到希望，似乎只有死路一条。另一端，有人则认为，未来 30 年乡村将成为奢侈品，村主任将比市长自豪。有学者甚至认为，新农村建设不是去救活乡村，而是反过来，人类的未来要靠乡村去拯救，并预言，未来 5 年将形成新回乡运动。

未来乡村是故园还是家园？当然需要实践来回答。

从国内看：

据国家统计局统计公报，2007 年城市化率达到 45%，2011 年超过 51%，2018 年达到 60%。党的十八大以来，农村发展取得历史性成就，城乡差距逐步缩小，城乡资本、技术、人才开始互动。行路难、饮水难、上学难、看病难正在成为历史。

原四川省政府救灾办主任，2008年退休，回到家乡井研县“当农民”，已建成果园三万多亩，带动了全县水果产业发展。

从国外看：

发达国家乡村在城市化中，一般都经历了由衰落到复兴的过程：在城市化发展的一定阶段，乡村普遍衰落；在城市化率达到50%左右的时候，乡村陆续走向复兴。

从价值看：

为什么城市化没有消灭乡村，乡村反而在城市化进到一定阶段以后复兴发展起来呢？这取决于乡村存在的独特价值。美国城市社会学家芒福德说，城与乡，同等重要……如果问城市与乡村哪一个更重要的话，应当说自然环境比人工环境更重要。

曾经，人们把乡村看作落后的代名词。如今，人们意识到，乡村是具有自然、社会、经济特征的地域综合体，兼具生产、生活、生态、文化等多重功能，与城镇互促互进、共生共存，共同构成人类活动的主要空间。的确，乡村有着城市不可替代的独特的存在价值。

我们发现，在生产上，农业让人同鲜活的动植物打交道，呈现出多样性、微妙性和随机性；生活上，乡村相对宁静，富有诗意，给人以浪漫的体验；生态上，村庄贴近自然，友好自然，融入自然，天人合一；文化上，乡土社会淳朴、互助、和谐，带着浓浓的乡愁。随着经济社会发展，乡村价值将日益凸显。

从趋势看：

断言乡村没未来，缺乏依据；说未来30年乡村将成为奢侈品，言之过早。依稀可见的是，未来乡村应该是农民幸福生活的美好家园、市民休闲度假的理想乐园。那里有新村民、新业态、新生活……

2018年2月12日，习近平总书记视察成都市郫都区战旗村时称赞“战旗飘飘，名副其实”，要求战旗村在实施乡村振兴战略中继续“走在前列，起好示范”。

基本结论：

从世界各国看，在现代化进程中，乡村必然要经历一场痛苦的蜕变和重生。我国广大乡村正在经历痛苦的蜕变和重生。未来的乡村，是充满希望的田野、干事创业的广阔天地，将成为农民幸福生活的美好新家园、市民休闲养老的理想桃花源，人们将在那里诗意地栖居。

到那时，农业将成为有奔头的产业，农民将成为有吸引力的职业，农村将成为安居乐业的美丽家园。

应当注意的是：

这里谈的乡村是城市化进程中的乡村。我国城市化还在路上，不能脱离城市化来谈乡村振兴。新型城市化是城乡协调发展的过程，没有城市化农村难以现代化。把乡村振兴同城市化对立起来，是错误的。

具体到村，必须看到情况是千差万别的，在乡村振兴的过程中，一些村庄还会消失。因此，乡村振兴要分类指导，因村制宜，精准施策。规划时，要区别集聚提升、城郊融合、特色保护、搬迁拆并4类村庄，不可一刀切。

## 三、乡村振兴重在实践

当前，就是要按照中央的部署，紧紧围绕乡村“五个振兴”，紧密结合各地实际，分类指导、因村制宜、精准施策，做好八件事：

### （一）科学编制规划

习近平总书记强调，乡村振兴是一盘大棋，要沿着正确方向把这盘大棋走好，必须规划先行，科学制订乡村振兴战略规划。

规划编制是一门科学，更是一种艺术，总结经验尤为重要。比如：

——规划水平决定建设水平，这是幸福美丽新村建设的经验，西昌市安哈镇长板桥村就是典型案例，他们做规划就用了一年多时间。

——防止四种倾向：长官意志、技术专政、资本诱惑、农民眼光。这是在幸福美丽新村建设中发现的问题，乡村振兴中仍然能看到类似现象。

——把握好四个关键词：需求、特色、协同、落地。这是四川省农科院首席科学家李晓团队的经验之谈。其中，我认为村民全程参与尤为重要：听取村民意见，开阔村民眼界，得到村民认同。

——一张蓝图绘到底，规划一通过就要坚定实施，使权力不任性、资本不任性、村民不任性。“三个不任性”是蒲江县甘溪镇明月村的经验。

西昌市安哈镇长板桥村距市中心30公里，属二半山彝族聚居村。2012年，通过一年多规划设计，注重民族文化符号和自然生态，改造农房426户，新建服务中心、游客中心及文化广场，保持了依山就势、错落有致格局，被住建部评为首批28个村庄规划示范点之一。

规划中，要把握好村庄类型。中央从乡村振兴角度，把村庄分为集聚提升、城郊融合、特色保护和搬迁撤并四种类型，必须对照起来把握。不然，可能会犯颠覆性的错误。农业农村部要求 2019 年基本完成分类工作。一时拿不准的，不能轻易下结论。

——集聚提升类。现有规模较大的中心村和其他仍将存续的一般村庄，占乡村类型的大多数，是乡村振兴的重点。

——城郊融合类。城市近郊区以及县城城关镇所在地的村庄，具备成为城市后花园的优势，也具有向城市转型的条件。

——特色保护类。历史文化名村、传统村落、少数民族特色村寨、特色景观旅游名村等自然历史文化特色资源丰富的村庄，是彰显和传承中华优秀传统文化的重要载体。

——搬迁撤并类。生存条件恶劣、生态环境脆弱、自然灾害频发等地区的村庄，以及人口流失特别严重的村庄，可通过多种方式实施村庄搬迁撤并。

### （二）保护生态和文化

绿水青山就是金山银山，文化则是乡村振兴的灵魂。保护生态环境和优秀文化，是实施乡村振兴战略的重要前提。我认为，在乡村振兴中，应当扎实做好四篇文章：

——保护，留住青山绿水，记住乡愁。就是要保护好各地独特的自然生态环境和民族文化、地域文化、农耕文化。

——挖掘，彰显地域特色民族特色。就是要挖掘历史文化和生态资源方面的特色，打好特色牌、绿色牌、文化牌。

——转化，培育新产业新业态。就是要打开视野、开动脑筋，把特色转化为优势，把优势转化为资本，发展乡村经济。

——民本，发挥当地村民主体作用。要念好尊重、引导、激励、支持、组织、维护十二字诀，让老百姓充分参与和受益。

安吉县天荒坪镇余村绿水青山就是金山银山的案例已经成为经典。

这里，谈谈小手工艺。最近我在成都市郫都区调研乡村振兴，发现乡村传统手工艺有五大好处：传承优秀文化，提高生活品质，增加乡村就业，富裕一方百姓，还是绿色产业。可以说，小手艺，大作为；传统手工艺在乡村振兴中也可以成为大产业。

因此，我建议把手工艺传承作为乡村振兴的一件实事和好事来抓。

### （三）发展特色产业

实施乡村振兴战略，重中之重是发展现代农业，首先是确保农产品特别是粮食的供给，扛稳粮食安全这个重任。乡村产业振兴要从实际出发，发挥优势，发展特色产业。

——打好“双色”牌。在特色和绿色上下功夫，当务之急是对接“10+3”优势特色产业体系，“一村一品”，发展特色产业。

——培育新型经营主体。重点是培育家庭农场和合作社。各类新型农业经营主体，既要各就各位，又要合作共享。

——促进农村一二三产业融合发展，如发展农产品加工、农村电商、乡村旅游等。把依托农业农村资源发展的二、三产业留在农村，把农业产业链延伸的增值收益和就业创业机会留给农民。

——带动小农户发展。将小农户同现代农业有机衔接起来，克服小农户自身的局限性，把有条件的小农户培育成专业大户和家庭农场。

关于小农户问题，过去的一些认识脱离了基本国情，现已形成了新的共识：小农户将长期存在。大国小农是我国基本国情农情，人均一亩三分地、一户十来亩地将是我国农业发展长期面对的现实。宜大则大宜小则小。我国农村千差万别，农业适度规模经营必须从实际出发，因地制宜，宜大则大，宜小则小，不能一刀切。带动小农户发展。扶持小农不是保持其传统生产方式，必须通过社会化服务等多种方式，把小农带入农业现代化轨道。

### （四）整治人居环境

党的十九大提出实施农村人居环境综合整治行动。随后，中央办公厅、国务院办公厅发布了《农村人居环境整治三年行动方案》（以下简称《方案》），明确到2020年，实现农村人居环境明显改善，村庄环境基本干净整洁有序，村民环境与健康意识普遍增强。《方案》部署了6项重点工作：推进农村生活垃圾治理、开展厕所粪污治理、梯次推进农村生活污水治理、提升村容村貌、加强村庄规划管理、完善建设和管护机制。

深入推进农村人居环境综合整治，是实施乡村振兴战略的第一场硬仗。当前要学习浙江“千万工程”经验，加强政府引导，发挥农民主体作用，广泛动员社会参与，分类指导、因村制宜、精准施策，集中搞好垃圾治理、污水治理和“厕所革命”，不断增强农民群众的获得感和幸福感。

农村“厕所革命”十分重要。小厕所，大民生；小康不小康，厕所算一桩。

习近平总书记2014年12月在江苏调研指出，解决好厕所问题在新农村建设中具有标志意义。2015年7月，在吉林调研，要求农村进行“厕所革命”，让农村群众用上卫生的厕所。2017年11月，就旅游系统“厕所革命”做出重要指示：“厕所问题不是小事情……不但景区、城市要抓，农村也要抓，要把这项工作作为乡村振兴战略的一项具体工作来推进，努力补齐这块影响群众生活品质的短板。”

目前，农村“厕所革命”已经全面展开。各级各相关部门要高度重视，因地制宜，扎实推进。

### （五）打破人才瓶颈

2018年6月，习近平总书记在山东考察时指出，乡村振兴，人才是关键。彭州市宝山村由一个穷山沟变成西部山区第一村，就离不开老支书贾正方。现在农村人才“一缺三难”：人才奇缺和人才引进难、用好难、留住难。这个瓶颈必须打破。我提出念好“六字经”：

——用，抓紧把能工巧匠用起来。

——育，抓紧把职业农民育起来。

——强，抓紧把乡村干部强起来。

——招，抓紧把新乡贤们招回来。

——请，抓紧把城市精英请进来。

——借，抓紧把专家大脑借过来。

这里，有必要强调一下新型职业农民培育。乡村振兴，农民是主体。但是，不提升农民的素质是不行的。农业现代化在一定意义上是农民职业化，必须大力培育“爱农业、懂技术、善经营”的新型职业农民。

所以，四川省委强调的四川乡村振兴三件事，第三件正是新型职业农民培育工程。

### （六）重视移风易俗

文化是乡村振兴的灵魂。实施乡村振兴战略，既要塑形，又要铸魂。乡风文明建设，应当按照树立社会主义核心价值观的要求，从移风易俗抓起，着力解决突出问题，逐步形成文明乡风、淳朴民风、良好家风。

建议开展“四讲四改”：讲卫生，包括个人卫生、家庭卫生和公共卫生；讲礼貌，一言一行、一举一动见文明；讲节俭，珍惜一粒米、一滴水、一分钱；讲勤劳，以劳动为荣，用双手改变命运。改赌博之风，倡导健康文明的文体活动；改迷信之风，学科学、用科学；改攀比之风，反对大操大办；改不孝之风，弘扬传统美德，孝敬父母，尊老爱幼。

云南麻栗坡县天保村治理“办酒风”。该村 26 个组、近千户，曾被“办酒风”所困扰。2014 年 5 月，出台禁办除婚丧嫁娶以外无事酒的村规民约，规定“满月酒、周岁酒、70 岁以下办寿宴、新建房屋等一律不能下请柬请客”。968 户户主在村规民约上签名，并按红手印。2016 年上半年，全村办酒席的场次，同比减少了 85％左右，直接节约 300 多万元。

### （七）插上艺术翅膀

习近平总书记在 2017 年 12 月召开的中央农村工作会上提出，打造各具特色的现代版“富春山居图”。我理解的是要在乡村全面振兴中，把艺术和乡村融合起来，推进乡村艺术化，建设富有诗情画意、各美其美的美丽乡村，让美丽乡村成为现代化强国的标志、美丽中国的底色，在全球化的大格局中形成中国美丽乡村的独特画卷。

四川山川秀丽，文化深厚，村庄多样化，可建水墨乡村。应当以幸福美丽新村建设为载体，做好六件事：把乡村艺术化纳入乡村振兴规划，与农村人居环境综合整治相结合，与现代农业园区建设相结合，弘扬天府之国优秀的农耕文化，总结推广乡村艺术化实践经验，加快培养乡村艺术化所需各类人才。

2018 年 11 月，央视新闻调查专题报道了明月村。

明月村原本名不见经传，如今引起海内外关注，成为名副其实的“网红村”。这一切源于 2013 年。从那时起，当地着力打造明月国际陶艺村，激活了沉睡的资源，吸引了一百多位新村民，催生了 40 多个文创项目，促进了城乡融合发展。

是艺术点亮了明月村，明月村因此走上了艺术化发展路子。

### （八）用好改革法宝

实践证明，改革是做好“三农”工作的重要法宝。做好脱贫攻坚同乡村振兴的衔接，一定要用好改革这个法宝。当前就村一级来看，建议着重做好四项具体工作：

——抓好集体产权制度改革，做好清产核资，在此基础上发展多种多形式的新型集体经济。

——构建新型农业经营体系，重点培育家庭农场、合作社等新型经营主体，搞好社会化服务。

——做好集体建设用地入市和宅基地三权分置的准备工作，比如搞一点专题调研，把情况弄清楚。

——结合实际，探索创新乡村治理机制。近年来各地创造了不少经验，比如党建引领、建设“无讼社区”等，都值得总结推广。

也要吸取大棚房的教训，坚守底线，不碰红线。大棚房是以农业大棚为名建“大棚别墅”。它越过了基本农田红线，任其发展势必影响粮食安全。所以，中央下决心进行专项整治。

这说明，改革是有红线、有底线的。不管怎么改，都不能把农村土地集体所有制改垮了，不能把耕地改少了，不能把粮食生产能力改弱了，不能把农民利益损害了。

同时，2020 年是脱贫攻坚的收官之年，一定要做好全面脱贫同乡村振兴的有效衔接。一方面，要在脱贫中适时向乡村振兴转换，逐步实现由脱贫到振兴、由攻坚战到持久战的转变；另一方面，要在乡村振兴中总结脱贫攻坚的智慧和经验，使之转化为乡村振兴的巨大精神财富。

四川是天府之国、农业大省，实施乡村振兴战略大有作为。只要做好产业振兴、人才振兴、文化振兴、生态振兴、组织振兴五篇文章，着力推动农业大省向农业强省跨越，就能谱写出乡村振兴新篇章！

（笔者从 2017 年 11 月 3 日起，经常应邀在四川大学、西南财大、西部新农村建设培训中心、成都村政学院、宝山村庄发展学院等高校和培训机构以及部分市县为省内外干部培训、中心组学习讲乡村振兴战略，讲授内容不断更新。这是 2019 年 9 月 19 日在西南财大一个干部培训班上的讲课要点。）

## 专栏 1

### 创造性执行政策之我见

（1995 年 11 月 13 日）

“政策和策略是党的生命。”一个地区、一个部门、一个企业，能否创造性执行各级党委和政府的政策，关系极大。思想解放的关键问题之一，就是要正确对待政策。

**一、对待政策应有的态度**

如何对待政策，如何执行政策，大体有三种情况：

一种情况是，“上有政策，下有对策”。往往把局部利益看得高于全局利益，片面强调实际需要，我行我素，有令不行，有禁不止，甚至同政策正面碰撞。

另一种情况是，“当传声筒，当收发室”。通常用全局否定局部，过分强调服从，脱离实际，上面怎么说，下面怎么唱；不问实际情况如何，一切照抄照转照搬。

再一种情况是，“说普通话，带地方味”。本着局部与全局相统一的原则，坚持“三个有利于”，把政策同实际结合起来，寻找最佳结合点，创造性地工作。

第一种是错误的，应当反对；第二种是不负责任的，应当克服；第三种才是正确的，应当大力提倡。

提倡创造性执行政策，源于政策的规范性、条件的差异性和实践的动态性。

政策，简言之，是实现某一目标的行为准则和谋略，它具有指导性、强制性、规范性等特点。这就决定它一般只能就普遍的情况或某一类问题做出决定，而不可能也不必要对每一个具体的地区、具体的问题提出适应各种变化的具体答案。从这个意义上讲，政策框定的是一个活动空间，规定的是一个自由度，可以也应当根据不同情况进行定位，做出适当的选择。

不同地区、不同县市、不同乡镇的地理位置、自然条件、经济条件、社会文化、发展程度等各个方面是不同的，不同产业、不同行业、不同单位，情况更是千差万别。这就决定了不可能有绝对适合不同地区、不同行业、不同单位、不同问题的政策规定。每个地区、每个单位都必须根据不同情况，针对不同问题，采取不同措施，把上面的政策具体化。

任何社会实践都是一个不断发展演变的过程，经常会遇到新情况、新问题。而政策首先是过去实践的总结，不可能完全预料到实践中的各种可能。

要适应实践中的新情况，解决实践中的新问题，必须在实践中不断探索，不断创造，不断完善。

所以任何一项政策的实施，都必须同实际相结合，在实践中发挥主动性，创造新经验。

**二、吃透“三情”，把握态、势、时**

吃透上情、下情、外情，是创造性执行政策的前提。

吃透上情，就是吃透政策，把握政策的层次、规定、空间和时效。政策可以分为总政策、基本政策、具体政策和具体的政策规定。总政策、基本政策要统帅具体政策和具体的政策规定，而具体政策和具体的政策规定要服从总政策和基本政策，把握不同层次的政策就是要把握它们之间的相互关系。政策都有它的要求和规定，如提倡什么，鼓励什么，允许什么，禁止什么，必须怎样，不能哪样，不这样又怎样，等，把握政策的规定，就是要弄清这些界限。政策都是在一定范围，针对某一时期的某些情况和问题而制定的，没有超时空的政策。掌握了政策的层次、规定、空间和时效，就掌握了政策框定的自由度。

熟悉外情，主要是熟悉外地、外单位执行政策的情况。外情是创造性执行政策的重要参照系。同样的政策，先进地区、同类地区、毗邻地区或先进单位、同类单位、毗邻单位是怎样结合实际的，有什么经验值得借鉴，有哪些问题应引起注意，这就是需要了解的外情。了解外情、掌握外情、借鉴外情，可以找到捷径，少走一些弯路。

下情也叫实际，它包括地理位置、自然条件、经济条件、社会文化、发展程度各方面的共性和个性，包括优势和劣势、经验和问题等。下情是事物发展的内因，掌握下情是从实际出发的依据。认识和掌握下情要注意选择角度，划分类型，把握特征，弄清问题，抓住主要矛盾以及矛盾的主要方面，避免实践的盲目性。

吃透“三情”，要善于把握事物发展的态、势、时。只有把握了态、势、时，才能制定有效方略，创造性地执行政策。所谓态，指事物发展的状态、状况，包括情况、特征和问题。所谓势，指事物发展的趋势、走势，它预示着发展的方向和路线。所谓时，即时机、时宜，是事物在发展中遇到的各种机遇或转机。

事物都有自己的态、势、时。凡事吃透“三情”，弄清状况，把握趋势，找准矛盾，抓住时机，才能制定相应的策略和措施，争取主动和自由，最终取得成功。因此，在执行政策的时候，必须进行多维分析，把“三情”结合起来，把态、势、时联结起来，确定出活动的空间和自由度，找准政策同实际的结合点和着力点。

**三、抓住关键，大胆起用开拓型人才**

创造性执行政策，关键在于用人，在于大胆起用开拓务实的领导人才。

从创造性执行政策的角度主张大胆起用开拓务实的领导人才，有两个方面的理由：

一方面，政治路线确定之后，要靠组织路线来保证。从这个意义上讲，政策制定以后，要靠各级干部特别是领导干部来掌握和组织实施。没有人组织实施，再好的政策也是一纸空文，更谈不上在实践中创造。

另一方面，开拓务实的领导人才具备创造性执行政策的基本素质。他们有知识，有经验，有洞察力，有预见性，敏锐性强；有危机感，有风险意识，敢闯，敢试，敢冒；有责任感，有使命感，办事果断，决策迅速，勇于承担责任；懂经济，会管理，求实务实，善于驾驭矛盾。这就决定了他们通常不会违背政策蛮干，不会脱离实际盲从，不会固执地排斥他人的经验，能够较好地把政策同实际有机结合起来。

大胆起用开拓务实的领导人才，从创造性执行政策的意义上讲，应当解决好四个问题：

第一，及时发现和起用，委之以重任。现实生活中，人才难得，开拓务实的领导人才尤其难得。凡符合“四化”方针和德才兼备原则的开拓务实的领导人才，应及时放到重要岗位，委之以重任，压之以重担。

第二，重视年轻干部的培养和锻炼。年轻干部文化水平较高，专业知识较多，兴趣爱好广泛，对新生事物接受较快，有闯劲，可塑性强，精力也旺盛，更能开拓进取。应发挥他们的优势，及早发现好苗子，抓紧培养锻炼。

第三，敢用有棱角、有锋芒的人。人才贵在有棱有角有锋芒，领导人才也如此。锋芒通常意味着鲜明的个性、饱满的激情、非凡的才华、突出的专长，也意味着对事业的执着追求。锋芒毕露的人可能成就一番事业，平平庸庸的人往往一事无成。

第四，允许一定程度的失误。干何种事业，办什么事情，失误、失败在所难免；而且事情越多，失误、失败的概率越高，风险也越大。要让人大胆开拓，大胆创新，就必须允许一定程度的失误，甚至接受一定程度的失败。容不得半点差错，必然让人寸步难行。

**四、尊重实践，尊重群众的首创精神**

政策与实践是辩证统一的。一方面实践决定政策，有什么样的实践就会产生什么样的政策；另一方面，政策来源于实践，又回到实践中去指导实践，并在实践中不断得到检验和完善。可见，实践是第一位的，政策是第二位的。创造性执行政策，必须充分尊重实践，而不能不顾实践，更不允许背离实践。

尊重实践，在于认真总结实践经验，特别是总结政策实施中的经验和教训。每一项政策在实施的过程中，都会遇到一些新情况和新问题。研究新情况，解决新问题，可能产生一些新经验。总结其中的经验，吸取其中的教训，以便从实践中探索规律，研究创造性执行政策的措施和办法，从而发挥主动性和创造性。

尊重实践，在于坚持用实践来检验政策的实施。是否结合实际创造性地实施政策，应按照实践第一的观点，用“三个有利于”来检验和衡量。只有符合“三个有利于”标准的实施办法，才属于创造性执行政策的范畴。

尊重实践，在于具体分析实践过程中的不同情况。在政策的实施过程中可能出现很多意想不到的情况。对这些情况，应具体分析，区别对待，不能简单地给予肯定或否定。政策不明确，实践中行之有效的，大胆实践；政策不明，实践结果也把握不准的，慎重行事；与政策不太吻合，但实践中行之有效的，应当肯定其合理性，允许在一定范围内试验，进一步积累经验。

尊重实践，说到底是尊重群众的首创精神。群众是实践的主体，任何行之有效的政策，最终都直接或间接地来源于群众在实践中的创造。因此，应当充分尊重群众的首创精神，鼓励群众大胆实践，大胆创造。

（本文发表在河南省《领导科学》1997 年第 9 期，题目改为《如何创造性执行政策》，《新华文摘》1998 年第 2 期摘登）

# 也谈农业现代化

在农业发展的趋势问题上，声音越来越多，概念越来越新。但是，对发展中国家和部分地区来讲，绕不开、躲不过的，仍然是建设现代农业，推进农业现代化问题。

## 一、现代农业是农业发展的新阶段

纵观世界农业发展的历程，我们看到，农业从它诞生之日起，到今天，大体经历了原始农业、传统农业和现代农业三个阶段。

先看前两个阶段。原始农业主要存在于新石器时代，是那时独一无二的产业。那时人们以石木材料为工具，刀耕火种，靠天吃饭。传统农业始于原始社会末期，直到工业革命才开始退出历史舞台，是传统社会最重要的支撑产业。当时人们依靠世代相传的直接经验，使用铁木制农具和人畜力，进行简单再生产，自给自足。

回顾原始农业和传统农业，能更好地认识现代农业。现代农业主要指 20 世纪四五十年代以来发达国家和地区的农业，它萌芽于 18 世纪末 19 世纪初，到 20 世纪中叶基本形成。简单说，它是资本替代劳动、科技替代经验、大生产替代小生产的农业，是资本、技术、人才密集型产业，是高投入、高产出、高效益的农业，是农业发展的新阶段，仍然是国民经济的基础。

与传统农业相比，现代农业有许多不同的地方：

它是现代工业装备起来的农业。现代农业最初的重要标志，就是农业机械的广泛推广使用。到 20 世纪七八十年代，发达国家的农业已全面实现机械化，目前其农业机械化水平都在 90％以上。在欧美，由于机械化水平高，上千公顷的农场也要不了几个人，一个劳动力可以耕种几千亩地。这是传统农民无法想象的。

它是现代科技支撑起来的农业。现代农业以科学为基础，科技在其各个领域都得到充分应用，发达国家农业科技贡献率均在80%左右。以粮食生产为例，1950年到1980年，世界粮食亩产由67公斤提高到153公斤，年均增加2.8公斤，是前50年的30倍左右。据分析，这一时期科技对土地生产率的贡献率为81%，对劳动生产率的贡献率是73%。

它是领域宽广的多元产业体系。现代农业不再局限于农林牧渔等传统的种植和养殖部门，而是包括为它服务的产前、产后相关产业在内的产业群。纵向看，产前包括农业机械、化肥、水利、农药和地膜，产后包括农产品的加工、储运和营销。横向看，它由一色变三色，发展成为绿色农业、蓝色农业和白色农业。

它是高度专业化社会化的农业。现代农业突破小农经济“小而全”的历史性局限，走上了专业化、社会化和商品化路子，商品率都在90%以上。美国的玉米、加拿大的小麦、荷兰的花卉，都是专业化生产、社会化服务。它的产前、产中、产后服务均由合作社或专业化大公司来提供，播种、施肥、防疫、销售，农场主一个电话就搞定。

它是政府支持保护起来的农业。进入工业化时代，农业在国民经济中的比例下降，在产业体系中的比较优势下降，发达国家都加强对农业的支持保护。以政府补贴为例，2001年，欧盟和日本的财政支农支出，分别占农业总产值的34.1%和37.7%，农业人口平均都在6000美元以上，农民得到的政府补贴分别占其收入的34%和58%。

20世纪七八十年代以来，现代农业又有新的发展。它越来越注重一体化经营，产前、产中和产后环节的联系日益紧密；它越来越注重高科技应用，信息技术和生物技术正推动新的农业革命；它越来越注重可持续发展，发展生态农业、有机农业和持续农业的呼声高涨；它越来越注重标准化生产，美国、日本和欧盟各国的农业标准覆盖率已经达到了100%；它越来越注重多功能开发，多功能性已经成为强化农业支持保护的重要根据。

## 二、农业现代化是当今农业发展的主旋律

农业现代化，简单说来，就是改造传统农业，把传统农业转变为现代农业的过程。这一过程，包括农业发展理念、生产目的、装备技术的转变，也包括经济结构、组织方式和体制机制的转变。就其转变的程度而言，它是一场革命，是农业发展的历史性飞跃。以土地供养能力为例，有专家指出，同样500公顷土地，原始农业养活50人，传统农业养活1000人，现代农业可以养活

5000 人。再看劳动生产率，前面已经提到，传统农业一人只能种几亩地，现代农业一人可种几千亩。因此，有人说，农业现代化是人类最伟大的贡献之一。

改造传统农业，实质是引入新的现代农业要素，转变农业发展方式。所谓新的现代农业要素，照过去的理解，主要指技术。所以，长期以来，许多国家在农业发展中致力于农业机械化、农畜品种改良、化肥农药推广和人力资本投资。现在看来，制度同样重要，在特定的背景下，制度甚至重于技术，制度变革甚至更具决定性。日本、韩国及我国台湾等东亚国家和地区，农业现代化的“奠基之作”正是他们实行的耕者有其田的土地改革。与此形成鲜明对比的是巴西和墨西哥等拉美国家，他们仍然背负着殖民地遗产，农业发展严重失衡，形成大庄园现代商品农业与传统小农经济并存的农村二元格局。

至于农业现代化的具体内容，在我国，人们习惯于用若干个“化”去概括。20 世纪五六十年代，主要把它概括为“四化”，即机械化、化学化、水利化和电气化。到了七八十年代，一般概括为科学化、集约化、社会化和商品化，又称新“四化”。有人甚至提出十来个“化”。90 年代以来，一些学者进一步把它区分为农业、农村和农民的现代化。应当说，这些“化”，基本与前面提的现代农业的特征相对应。

值得一提的是，农业现代化是在工业化和城镇化过程中进行的，都伴随着农村劳动力的大规模转移。英国，到 2000 年，农业就业人口在全部就业人口中的比重已经下降到 1.3%。美国，1860—2005 年，这一比重由 60%下降到 2%以下。日本，1963—2000 年，更是由 76.6%下降到 2.2%。目前，发达国家农业劳动力在全部劳动力中的比例都降到了 10%以内。

世界范围的农业现代化，是从 19 世纪末 20 世纪初，随着工业革命的演进和科学技术的进步而展开的。一般认为，最早实现农业现代化的国家是美国，接着是西欧、北欧和东亚的工业化国家。到 20 世纪七八十年代，发达国家普遍建成了现代农业。农业部选取农业规模经营水平、农业水利化程度、农业化学化程度、农业机械化程度、农业劳动生产率、农业土地生产率、农业开放度和农业结构优化度 8 项指标，对 145 个国家 2004 年的农业现代化进行了综合比较，结果表明，荷兰、加拿大、爱尔兰、丹麦、日本、新西兰、美国、法国、英国和澳大利亚的水平最高。农业现代化，形象地说，就是要追赶发达国家的农业，达到他们的水平。

从发展的角度看，传统农业都将走向现代农业，农业现代化是当今世界农业发展的主旋律。20 世纪 50 年代以来，发展中国家和地区纷纷把建设现代农业确立为农业发展的重要战略任务，陆续走上了农业现代化的道路。目前，韩国、智利等国家和地区，已经基本实现农业现代化；印度、泰国等更多的发展中国家和地区，继续在农业现代化的道路上追赶。可以说，没有哪一个国家能够置身农业现代化进程之外。

## 三、替代现代农业的尝试尚未取得成功

不用讳言，现代农业、农业现代化在极大地提高农业土地生产率、农业劳动生产率、农业资源利用率和农产品商品率的同时，也带来了一些消极后果。比如能耗问题，从 1950 年到 1985 年，农业能耗由 0.36 亿吨石油当量增加到 2.6 亿吨石油当量，35 年间增加了 6.2 倍，因而人们曾贬之为“石油农业”。又比如污染问题，农药、除草剂等化学品大量投入，对环境与食品安全构成了威胁。早在 20 世纪 60 年代初，美国生物学家蕾切尔·卡逊就告诫人们，当心“寂静的春天”。现在，人们更多谈论的是餐桌上琳琅满目的东西，还有什么能吃。

反思现代农业的负面效应，20 世纪 70 年代以来，西方一些人士曾一次又一次尝试替代现代农业。据我国著名农学家刘巽浩先生回顾，主要有两次大的逆反思潮。第一次是 20 世纪 70 年代出现的自然农业思潮，打出了生态农业、有机农业、生物农业、超工业农业等口号，反对使用农机、化肥、农药；第二次是 20 世纪 80 年代出现的可持续农业思潮，既强调粮食安全与农村经济发展，又强调保护资源与环境。两次思潮都引起了国际社会的广泛重视。许多国家都建立了有机农业组织，国际有机农业运动联盟已有 100 多个国家参加。可持续农业正式写进了《登博斯宣言》等联合国重要文件。无视环境问题的掠夺式农业，在许多国家正在成为过去。

应当说，自然农业、可持续农业这些尝试都是有益的，并且都促进了现代农业的发展和完善。问题在于，一旦把它们同现代农业对立起来，就另当别论了。20 世纪 90 年代，美国 140 多位科学家提交的一份调查报告指出，如果现在立即停止使用化肥和农药，美国玉米总产量将减产 52%，生产成本将提高 61%，每个家庭购买食品的支出将增加 428 美元，美国农业单产将恢复到 1940 年的水平；如果要维持当前的总产量，需要新增加 500 万公顷耕地。[①] 所

① 佟屏亚，《重新托起绿色革命的希望——谦议中国跨世纪农业的决策方向》，《调研世界》，1999 年第 9 期第 19 页。

以，前美国农业部长布茨说：在美国退回到有机农业之前，必须解决 5000 万人的挨饿问题[①]。美国尚且如此，其他国家可想而知。联合国粮农组织总干事雅克·迪乌夫说得好，他说："广泛受到了环境保护主义者批评的建立在持久基础上的集约农业是减缓饥饿的唯一途径。"[②]

以上，可以得出结论：农业现代化过去是、现在仍然是农业发展的必由之路；在可以预期的将来，各国农业的发展都将沿着这条道路继续往前走。

（本文是笔者 2009 年 5 月至 2010 年 5 月在四川省委党校等地所做关于农业现代化专题的讲稿的第一部分，发表在《农村工作通讯》2012 年第 3 期。）

---

① 刘巽浩，《回归低熵还是走向现代化——关于世界农业前途的讨论》，《农业现代化研究》，第 25 卷第 1 期（2004 年 1 月）第 2 页。

② 黄高宝，《宏观农业讲稿》，第 19 页，引自爱问共享资料。

# 第三篇
# 实践基础

幸福美丽新村建设是四川新农村建设的升级版、中国美丽乡村建设的四川版，得到了习近平总书记的肯定。

实践中，形成了“业兴、家富、人和、村美”的理念，实施了“扶贫解困、产业提升、旧村改造、环境整治和文化传承”五大行动，创造了“小组微生”典型建设模式和藏区新居、彝家新寨、巴山新居、乌蒙新村等区域性建设模式，积累了发挥农民主体作用的“尊重、引导、激励、支持、组织、维护”“十二字”经验，具有鲜明的四川特色。从蒲江县明月村等若干典型案例来看，在实现“住上好房子、过上好日子、养成好习惯、形成好风气”四个好目标的同时，正逐步走向艺术化发展，呈现出各美其美的景象。

正是在幸福美丽新村建设的实践探索中，我们看到了乡村的“诗和远方”，开始了乡村艺术化问题的零星思考。

# 新农村建设的政策与实践

（2012 年 10 月 30 日）

按照培训安排，简要介绍四个方面的情况。

## 一、现代化进程中的重大历史任务

2005 年 10 月，党的十六届五中全会提出新农村建设任务。2006 年中央一号文件，对新农村建设做出全面系统的部署。建设社会主义新农村，是我国现代化进程中的重大历史任务。

### （一）百年农村建设实践回顾

1.20 世纪初的乡村建设运动。官方的，因军阀混战而流产；民间的，因抗日战争而终止。启示：国破家亡的年代是谈不上新农村建设的。

2.20 世纪五六十年代的人民公社化。政社合一，“一大二公”“一平二调”，农村经济停滞不前。启示：“计划经济+阶级斗争”建设新农村是行不通的。

3.20 世纪七八十年代的包干到户。建立了基本经营制度，但解决温饱问题后，城乡差距扩大。启示：就农业农村建设新农村是困难的。

4. 进入 21 世纪的重大战略决策。统筹城乡发展，把“三农工作”作为重中之重，工业反哺农业、城市支持农村。启示：只有统筹城乡发展才能建设新农村。

### （二）为什么重提新农村建设

1. 问题突出：“城市像欧洲，农村像非洲”，“三农”问题成为突出矛盾，还有内需问题。

2. 条件成熟：我国工业化进入中期发展阶段，“两个趋向”的重要论断，还有城市化。

3. 他山之石："拉美陷阱"，韩国"新村运动"，欧洲乡村建设，正反两方面的重要启示。

4. 实践检验：七年之后回头看，"三农"问题逐步破解，农村发展进入又一个黄金期。

### （三）新农村建设的基本内容

1. 总体要求："生产发展、生活宽裕、乡风文明、村容整洁、管理民主"。"五句话二十个字"，涵盖了农村的经济、政治、文化、社会、生态五大建设。

2. 基本原则：必须坚持以发展农村经济为中心，必须坚持农村基本经营制度，必须坚持以人为本，必须坚持科学规划，必须坚持发挥各方面积极性。

3. 主要任务：阶段不同任务不同。"十二五"规划提出，加快发展现代农业、拓宽农民增收渠道、改善农村生产生活条件、完善农村发展体制机制。

4. 具体要求：产业发展形成新格局，这是首要任务；农民生活实现新提高，这是根本目标；乡风民俗倡导新风尚，这是重要内容；乡村面貌呈现新变化，这是关键环节；乡村治理健全新机制，这是有力保障。

5. 建设期限：从 21 世纪前 20 年实现全面建设小康社会的目标，到 21 世纪中叶我国基本实现现代化，建设社会主义新农村需要经过几十年的艰苦努力。

## 二、四川新农村建设的成效和经验

近年来，四川从实际出发，把新村建设放在突出位置，以规划为龙头、新村为载体、产业为支撑，配套基础设施和公共服务，走出了产村相融、成片推进新农村建设的新路子。

### （一）大体进程

第一个阶段，2005 年年底至 2009 年上半年，全面规划，分散推进。总体规划，分项规划，实施"百千万工程"，形成了若干各具特色的建设模式。

第二个阶段，2009 年下半年至 2012 年上半年，以片带面，成片推进。以示范片[①]为重要抓手，形成了百片引领、千片示范、万村推进的新农村建设格局。

第三个阶段，2012年下半年（8月10日）起，产村相融，成片推进。以全省产村相融成片推进新农村建设工作会议为重要标志，突出两大建设任务。

### （二）重要举措

1. 进行新农村示范片建设：分省市县三级。第一轮190个，即将结束；第二轮正在启动。

2. 加快农村灾后恢复重建："5·12"汶川地震灾后恢复重建，渠江流域灾后恢复重建。

3. 推动农业综合生产能力建设："再造一个都江堰灌区"，新增千万亩高标准农田等。

4. 推动现代农业基地建设：分农业、林业和畜牧业。第一轮陆续验收，第二轮正在启动。

5. 农村重大民生工程建设：连片扶贫开发，工程移民搬迁，牧民定居行动，彝家新寨建设。

6. 开展统筹城乡试验试点：其中，"成都经验"已在许多方面走向成熟，正在系统总结推广。

### （三）主要成效

1. 农业农村经济发展迈上新台阶：这主要体现在农业综合生产能力的提升上，特别是水利。

2. "四难"问题正在从根本上得到解决：行路难、饮水难、看病难、上学难正在成为历史。

3. 农民生活质量和水平显著提升：农民人均纯收入5年翻一番，恩格尔系数从54.7%下降到46.3%。

4. 农村面貌普遍发生了深刻变化：新农村示范片、灾后新村和民族新村等方面最具代表性。

5. 广大农村社会走向和谐稳定：农村党组织凝聚力增强，干群关系改善，

---

① 示范片是四川省新农村建设成片推进示范县的简称。从2009年下半年起，四川省打破村域、乡（镇）域界限，综合考虑自然、经济、社会等各种因素，以现代农业产业为支撑，统筹规划，成片推动新农村建设。为此，于2010年初起实施示范片建设工程，示范片规模平均在20个村左右。2013年，又将示范片更名为示范县。

社会矛盾缓和。

### （四）基本经验

1. 坚持把科学规划作为重要前提，切实发挥新村规划的引领和导向作用。

2. 坚持把新村建设作为重要载体，从整体上改善农民居住条件和生活质量。

3. 坚持把产业发展作为重要支撑，为农民持续增收和主要农产品稳定供给奠定坚实基础。

4. 坚持把基础设施建设作为重要条件，农业农村发展保障能力不断增强。

5. 坚持把公共服务作为重要内容，农村社会建设稳步推进。

## 三、新阶段四川新农村建设的主要任务

四川新村建设展望："三步推进"。《四川省社会主义新农村建设规划纲要（草案）（2006—2020 年）》（笔者为主要编制人员和总执笔人）把四川省新农村建设进程划分为三个阶段，即 2006 年至 2010 年探索推进，2011 年至 2020 年加速推进，2021 年至 2050 年全面建成社会主义新农村[①]。按照这一进程，当前和今后一个时期，将围绕全面小康建设目标，坚持统筹城乡发展方略，贯穿产村相融的理念，突出抓好两大核心任务：新村建设、产业发展。

### （一）树立产村相融理念

1. 产村之关系种种：重产轻居，数着新票子、住着旧房子；重居轻产，住着新房子、过着苦日子；产村相融，住着好房子、过着好日子。

2. 产村相融的内涵：以新村为载体、产业为支撑，形成新村带产业、产业促新村的格局，走产村相融成片推进新农村建设的新路子。

3. 产村相融新要求：把新村建设放到更加突出的位置，同步连片发展支撑产业，围绕产村相融配套搞好基础设施建设、跟进公共服务。

4. 产村相融新景象：方兴未艾的"微田园"建设，正在打破钢筋混凝土崇拜和城市景观崇拜，充满生机，体现出"新村建设新指向"。

---

① 董进智，《关于新农村建设规划的几个问题》（2007 年 8 月 31 日），四川三农新闻网，www.sc3n.com。

### （二）加快推进新村建设

1. 新农村建设新的历史任务：四川省第十次党代会报告提出，用10到15年时间基本完成新村建设这一历史性任务。农村聚居度达70%左右。

2. 为什么如此强调新村建设？新村建设已经成为新时期我省农村发展变革的重大力量，正在引领着农村的全面小康建设和现代化发展。

3. 近期新村建设的主要内容：建设适度规模的农民聚居点，提升农村基础设施水平，完善农村公共服务功能，促进新村和产业互动相融。

4. 高度重视新农村综合体建设：新农村综合体是四川的首创，是新村的高级形态，是推进新农村建设和城乡一体化发展的实践，是一项没有先例的探索。

### （三）探索农业现代化新路子

1. 近年的实践探索："挑战传统农业、构建现代农业"——推动传统农业向现代农业跨越——探索西部地区农业农村现代化道路。

2. 发展的主要路径：走联动发展之路，走内涵发展之路，走特色发展之路，走绿色发展之路，走民本发展之路，走跨越发展之路。

3. 今后的主要任务：稳定粮食生产，加强农业综合生产能力建设，提升农业产业化水平，成片推进新农村建设，连片扶贫开发。

4. 近期的重要载体："再造一个都江堰灌区"，新增千万头优质商品猪生产能力，新增千万亩高标准农田，现代农业建设重点县。

### （四）配套推进各项建设

1. 促进城乡基本公共服务均等化：农业农村基础设施建设、农村公共服务体系建设等。

2. 更加重视农村文化的繁荣发展：精品文化旅游村寨建设、农村文化示范县乡村建设等。

3. 继续加强农村环境的综合整治：农村环境清洁行动、农村环境连片整治等。

4. 积极探索创新农村的社会管理：完善村民自治、建设新型社区、培育合作组织等。

## 四、需要研究解决的新情况、新问题

从各地的情况看，都面临不少新情况、新问题，如“空心化”问题、边缘化问题。

### （一）农村“空心化”怎么看、怎么办

现象：“386199”“三留守”。

问题：谁来建设？谁来种地？

对策：优化村庄布局，建设新型农村社区，搞好农村社会化服务。

### （二）工商资本进村怎么看、怎么办

现象：“两个热衷于”。

问题：农民边缘化。

对策：规范工商资本进入，培育新型农民，引导农民走向新型合作化。

### （三）农村融资难怎么看、怎么办

现象：农民贷款难、农村融资难。

问题：种粮比如“种房”（搞房地产开发），双重风险。

对策：优化“三农”投入，发展新型农村金融机构，建立政策性担保体系。

### （四）“两化”互动怎么看、怎么办

现象：农业现代化“缺位”。

问题：表面上理解“两化”。

对策：主动融入“两化”，形成“三化”联动、“双轮”驱动新格局。

（本文为干部培训班讲课提纲，曾于2012年9月14日以《当前四川新农村建设问题》为题在四川农业大学经济学院做过专题报告。2012年3月至2013年6月，笔者就新农村建设问题做过30多次专题讲授，每一次的内容都有调整更新。）

# 新农村综合体建设若干问题的思考

（2012 年 9 月 15 日）

新农村综合体是近年提出的新概念。2010 年 8 月，四川省委主要领导在自贡、乐山等地调研时，最先提出新农村综合体。这个概念一经提出，立即引起了各界的高度关注，迅速成为一个社会热点。

2012 年 2 月以来，因为工作的需要，我们对新农村综合体建设进行了一些调研和思考。借此机会，交流四个问题，抛砖引玉。一是背景问题，二是认识问题，三是实践问题，还有一个是建设中的具体问题。

## 一、新农村综合体提出的背景

新农村综合体的提出，我认为，有四个值得关注的背景：一是党中央提出城乡一体化发展的新要求，二是四川省经济社会发展进入“两化”互动发展加速期，三是四川省新农村建设进入成片推进的新阶段，四是“5·12”汶川地震灾后重建创造了新的经验。

下面，简要分析一下第三个背景，主要介绍新农村建设成片推进情况及其给我们的重要启示。

### （一）新农村建设概况

建设新农村，是我国现代化进程中的重大历史任务。按照党的十六届五中全会的部署，我省把“生产发展、生活富裕、乡风文明、村容整洁、管理民主”的要求同省情结合起来，积极探索新农村建设的新经验。2009 年下半年起，实行成片推进，以片带面。先后确定了省市县三级示范片 180 个和整县推进县 10 个，涉及 828 个乡镇、4859 个村、277.87 万农户、883.59 万人，覆盖了全省 10％的村和农业人口。

在成片推进新农村建设的实践中，我们确定了产业发展、新村建设、基础设施建设、公务服务配套和村级组织建设及农村新经济组织发展等重点工作，这就是我们常说的“4+1”。到2010年5月，地震灾后重建现场会总结灾后农村重建的重要经验，进一步提出把新村建设放在更加突出的位置。四川省委主要领导强调，在民族地区和贫困地区，还要把新村建设放在优先位置。

从那时起，四川省出台了新村建设的指导意见，县市区编制了新村建设总体规划，市州做出了新村建设整体性安排。同时，先后启动实施了牧民定居、彝家新寨、巴山新居等富有民族特色和地方特色的新村建设工程。2012年，省财政专门安排了20亿元的新村基础设施建设补助资金。据初步汇总，从2010年年初到2012年6月底，仅全省新农村示范片就建设新村聚居点7496个，涉及农户66万户。

### （二）新村建设的作用

实事求是地讲，最先我们对新村建设的认识是很不够的，有的仅仅把它看成是盖盖房、粉粉墙，有的甚至担心大拆大建、赶农民上高楼。当然，这些误解和担心也不是无病呻吟，实际工作中确有个别值得注意的现象。最近，我们就接到过群众反映，说他们那里的聚居点要建七八层楼，不愿进去。但是，看问题更要看主流、看本质，实际情况比我们想象的要复杂得多。

2012年三四月份，四川省委农工委组织省级部门分赴9个市州的15个县区，深入22个乡镇的27个村，对平原、丘陵、山区、藏区、彝区新村建设带动农村发展情况开展专题调研。结果表明，新村建设带来了农业农村生产生活方式和农民思想观念的一系列深刻变革，已经成为新时期农村发展变革的重大力量，正在引领农业农村走向现代化，为四川省农村奔向全面小康探索了一条有效路径。七八月份，新华社又对四川省的新村建设进行了为期近一个月的专题新闻调研，他们了解的情况同我们的调研非常一致。

### （三）新村建设的启示

由此，我们看到，新村建设不仅是聚居点建设，而且是新农村建设的有效载体；不仅是农村的民生工程，而且是农业现代化的重要抓手；不仅是农村的硬件建设，而且是农民素质建设的软件工程；不仅是带动农村发展的发动机，而且是促进城乡一体化发展的加速器。当前和今后一个时期，抓住新村建设，就抓住了新农村建设的关键。

总结成片推进新农村建设的经验，四川省委提出了产村相融的核心理念，要求建好新村带产业、产业发展促新村，通过产业与新村的互动相融，提高新农村建设成片推进的水平。为此，2012 年 8 月上旬，四川省委、省政府在广安召开了全省产村相融成片推进新农村建设工作会议。四川省委主要领导在讲话中强调，“新村是载体，产业是支撑，两者相辅相成、相互促进”。广安会议，标志着四川省新农村建设进入一个崭新的阶段——产村相融成片推进。

由新农村建设进入产村相融成片推进阶段，特别是新村建设成为新时期农村发展变革的重大力量这样一个背景，我们应当注意到这样几点：

第一，新农村建设内容非常丰富，必须找到有效的抓手。

第二，新农村建设将经历若干阶段，阶段不同抓手不同。

第三，现阶段新农村建设的载体和抓手，在于新村建设。

我们将看到，新村，当其农户聚集规模达到一定程度，加上基本的公共服务，就形成了新农村综合体的雏形。

## 二、新农村综合体建设的认识

作为新生事物，新农村综合体涉及很多东西，我们才逐步开始研究。要把它的基本问题弄清楚，还需要一个过程。

### （一）新农村综合体的相关研究

两年来，四川省委农工委、省住建厅、省社科院等单位曾多次组织专家学者和从事实际工作的同志开展专题座谈，讨论新农村综合体的相关理论问题。到目前为止，据我了解，最有代表性的研究是省委农工委和省社科院于 2010 年 10 月在成都市温江区联合召开的新农村综合体建设研讨会。省委政研室、省发展改革委、财政厅、国土资源厅、住建厅的同志，自贡、温江、新津、绵竹的领导，川大、财大、川农大、农科院、城乡规划设计院的专家，共 20 多人参加了会议。会议就新农村综合体的内涵、特征、内容、指标和政策等进行了讨论。一致认为，新农村综合体建设是新农村建设成片推进的深化和升华，是城镇化和新农村建设良性互动的有效载体，必将对我省乃至全国新农村建设产生深远的影响。

温江会议形成的纪要，得到了四川省委主要领导的重视。四川省委办公厅将纪要印送各市州和省级部门主要负责同志参阅。近两年，各级关于新农村综合体的政府决策、学术讨论，都以这个纪要为基本依据。

2012 年 4 月，四川省委农工委又同省社科院、住建厅一起，组织专家学者和实际工作者，在德阳市罗江县召开了新农村综合体建设专题座谈会，集中对新农村综合体建设的标准、选址和政策等问题进行了深入的讨论。

### （二）新农村综合体的内涵问题

新农村综合体是在总结地震灾后新村建设的成功经验的基础上提出的一种全新的新农村建设模式，具有深刻的内涵和显著的特征。

直到现在，对新农村综合体的认识还是初步的。集中各方面的讨论，我们认为，新农村综合体是指以一定的聚落空间为基础，将村落民居、产业发展、基础设施、公共服务、社会建设等生产生活要素集约配置在一起，聚居适度、产业优化、功能完善、城乡融合、环境优美、管理民主、社会和谐的新型农村社区。它具有人口的聚居性、设施的配套性、功能的复合性、产村的相融性、城乡的一体性等特征，是新村的高级形态，将成为新型城乡体系的一个重要环节，成为新型工业化、新型城镇化与新农村建设良性互动和城乡一体化发展的有效载体。

这里，我们应当把握好这样五点：

第一，它的基础条件，就是一定的聚落空间，而不追求全新的起点，这当然意味着对历史和文化的传承，同时考虑了资源的充分利用，也包含着对自然的尊重。

第二，它的构成要素，包括村落民居、主导产业、基础设施、公共服务、社会建设等，就是要把这些生产生活要素集约配置在一起，而不是仅仅具备某些要素。

第三，它的基本内涵，包括聚居适度、产业优化、功能完善、城乡融合、环境优美、管理民主、社会和谐，具备这些内涵的新型农村社区，就是新农村综合体。

第四，它的主要特征，包括人口的聚居性、设施的配套性、功能的复合性、产村的相融性、城乡的融合性等，这些使它既不同于普通新村，又区别于城市综合体。

第五，它的重要地位，可以说它是新村的高级形态，将成为新型城乡体系的一个新的重要环节，成为新型工业化、新型城镇化与新农村建设良性互动和城乡一体化发展的有效载体。

### （三）新农村综合体的特征问题

专家认为，新农村综合体是一种农村新型社区，必须保有乡村的基本特征和功能，同时又是较高发展阶段的新型社区，必须吸纳城市的先进要素。前面已经点出了新农村综合体的特征。展开来讲：

第一，人口的聚居性。它是对农村现有资源进行更加合理有效的配置和优化组合，通过基础设施、公共服务、社会管理的共享，引导吸引农民集中居住，形成要素聚集的新型社区。同时，它又具有一定的生产生活半径，其集中居住又不能超过一定的度。

第二，设施的配套性。它要求配套较为完善的路网等基础设施、医疗等公共设施和银行网点等商业设施，并综合考虑村落民居与产业、公共设施和商业设施之间的配套与协调，从整体上改善农村生产生活条件，并与区域性城镇化过程形成良性互动。

第三，要素的系统性。它要求作为一个整体、一个系统来建设、运营和管理，而不是单一依靠某个要素或某个组织运转，村落民居、产业发展、基础设施、公共服务、社会建设等缺一不可，各组成元素之间构成共生互补的能动关系。

第四，功能的复合性。它的建设既要满足以农民为主体的多种组织的生产需要，又要满足人们的生活需要，是由产业功能、居住功能、生活功能、生态功能、社会功能等多种功能组成的联合体。它不仅追求经济效益，而且追求生态效益和社会效益。

第五，产村的相融性。它是传统农业向现代农业转型的有效载体。其产业将向更加广泛的生态保护、休闲观光、文化传承等领域扩展，有利于延伸产业链，推动产业的集约化，增加当地老百姓的就业岗位，形成新村带产业、产业促新村的发展格局。

第六，城乡的融合性。它是形成城乡经济社会一体化新格局的重要载体。除了在地域上实现城乡融合外，它还包含着城乡的经济融合、产业融合、劳动力融合以及文化融合。这种融合还是一种开放性的融合，对城乡物质和文化都具有很大的包容性。

第七，环境的田园性。就是我们经常讲的要体现田园风光、农村特色。但是，我们通常只注意到它的外部。事实上，一些地方的新农村综合体，尽管周围都是山水、田园，可你一看就总觉得它缺少点东西。问题多出在内部环境上。现在很多地方开始引导农民在房前屋后、前庭后院，种上瓜果蔬菜、大豆玉米，建设“微田园”。这既适用，又富有农村特色。2012 年上半年，我们去绵竹市的清平、玄郎、年画调研，把这样的做法称为“内部环境的田园化”。这才是我们强调的田园化，这才是区别于城市绿化的田园化。这个观点已经得到了认可。同时，新农村综合体的周围还应当建设林盘，其树（竹）种以能代表当地、老百姓也喜欢的为宜，不可求“洋”。

### （四）新农村综合体的标准问题

这是各方面都关注的问题。目前的研究状况是，有定性描述，也有定量思考，有待形成共识。

对于新农村综合体的标准，专家曾从规模、产业、功能、环境、管理五个方面做过定性描述。最近，我们在此基础上，本着能量化、好操作的考虑，初步研究提出了一套供讨论的基本指标，分六个方面。

第一，聚居点建设方面：社区聚居农户的规模在 100 户以上、300 户以下，社区农户户均标准住房面积 100m$^2$ 以上，户户有前庭后院。

第二，产业发展方面：与所在县城镇居民的收入比在 1∶1.5 以内，主导产业收入占农民收入的 80%，农业产业化经营带动农户面达 80%。

第三，基础设施方面：出入道路达到乡级道路标准，有一定数量的公共车位，广播、电视、电话、宽带入户率达 100%。

第四，公共服务方面：公共服务中心设施建筑面积 350m$^2$ 以上，养老保险投保率、新农合参合率达 100%，1 公里半径内能享受基本公共服务。

第五，环境建设方面：社区内垃圾、污水集中处理率达 90%以上，林盘面积在 5 亩以上，社区内微田园率达 30%左右。

第六，社会管理方面：有健全的社区组织，社区居民民主管理参与率达 90%，社区居民民主测评满意率达 90%。

这些指标恰不恰当、合不合理，有待进一步在实践中确认。

## 三、新农村综合体建设的实践

新农村综合体建设是一项没有先例的探索，基本上是边研究，边试点，边总结。

### （一）新农村综合体建设的主要任务

建设新农村综合体，是四川省委、省政府着眼于新农村建设与新型城镇化联动和推进城乡一体化发展而做出的一项重大决策。2010 年 9 月，四川省深入实施西部大开发战略工作会议正式提出建设新农村综合体。同年 10 月，四川省委九届八次全会对新农村综合体建设提出了总体要求。2011 年 2 月，四川省委农村工作会议强调要积极探索建设新农村综合体。同年 11 月，四川省委、省政府在苍溪召开的全省新农村建设成片推进工作会议上，就实践中需要注意的问题做了专门强调。同年 12 月，“十二五”农业农村经济发展规划明确了新农村综合体建设的主要任务。2012 年 2 月，四川省委农村工作会议提出了新农村综合体建设试点任务。2012 年 5 月，四川省第十次党代会响亮地提出用 10 到 15 年时间基本完成新村建设这一历史性任务，其中包含了新农村综合体建设。广安会议上，四川省委又对新农村综合体建设提出了新的要求。目前，正在抓紧研究制定新农村综合体建设的指导意见。

“十二五”规划提出的新农村综合体建设的主要任务是：充分考虑加快新型城镇化进程带来的人口转移因素，充分利用城镇的基础设施、公共设施和生活服务设施的辐射带动作用，选择一批场镇周边的村，配套建设生产生活基础设施，建设功能较为齐全的乡村聚落空间，形成以农民为主体、产业支撑有力、功能设施齐备、环境优美和谐、管理科学民主、体现城乡一体化格局的农村新型社区，探索发展城乡结合、灾区发展振兴、拆迁安置、乡村旅游等各具特色的新农村综合体模式，初步建成新农村综合体 100 个，提高全省新村建设总体水平。

这里，我们应当把握以下七点：

第一，两个充分，一个是充分考虑，一个是充分利用。

第二，场镇周边，这主要是基于那些地方的现实条件。

第三，农民主体，它肯定不是为那些城里边的人建的。

第四，产业支撑，就是一定要有持续增长的收入来源。

第五，功能配套，要能提供生产生活方面的基本服务。

第六，模式探索，比如拆迁安置型、乡村旅游型等等。

第七，建设目标，明确初步建成新农村综合体 100 个，实际上这个目标今年已经突破。

按照四川省的部署，各市县都把新农村综合体建设提上了重要议事日程，并纳入新村建设总体规划进行了布局。据2012年5月完成的21个市州的新村建设整体性安排，2012年全省将建设新农村综合体320个，到2015年建设957个，到2020年建设2030个。

### （二）新农村综合体建设的指导原则

对新农村综合体建设的原则，各地都在探讨。南充出台的新农村综合体示范点建设的实施意见，提出了四条原则，分别是：科学规划、统筹建设，分类指导、可持续发展，整体推进、社区管理，政府主导、农民主体。仁寿县在总结大化镇水利村新农村综合体建设实践的基础上，也提出了四条原则，即：科学规划、合理布局，群众意愿、量力而行，节约用地、集约发展，依法建设、民主管理。

针对各地实践中的一些情况，我们思考了五条，主要内容是：

规划先行。坚持先规后建，按照“三打破、三提高”要求，科学布局村庄和公共服务设施，科学设计民居，严格按规划进行建设和管理。

农民主体。充分尊重农民意愿，让农民群众广泛深入参与新农村综合体规划、建设和管理全过程，真正成为新村建设的建设者和受益者。

资源整合。注重与重大建设项目结合，构建多元投入体系，搭建支持新农村综合体建设的投入平台，助推优势资源向新农村综合体流动。

城乡一体。融入新型城镇化，既遵从自然，融入自然，体现田园特色，又积极引入城市公共服务和现代生产生活元素，实现城乡融合。

积极推进。从实际出发，根据平原、丘陵、山区、民族地区的自然条件和经济社会发展水平，有重点、有步骤，积极、有序地推进。

### （三）新农村综合体建设的主要内容

新农村综合体的建设内容，可以概括为五个方面：

新聚居点建设。农户适度集中居住是新农村综合体建设的基本要求。应当以一定的聚落空间为基础，按照宜居、宜业、宜商的要求，建设适度规模的集中式或组团式农村聚居点，引导农户适度集中居住。

基础设施建设。完善的生产生活基础设施是建设新农村综合体的必要条件。应当按照城乡统筹、全域统筹、功能统筹的发展思路和“生产、生活、生态”的基本原则，加快建设基础设施和商贸服务设施，搞好微田园建设。

公共服务建设。完善的公共服务是新农村综合体的重要标志。应当以新型公共服务活动中心建设为载体，加强公共服务体系建设，健全公共服务机制，优化公共服务功能，提升公共服务水平，让农民享受较好的基本公共服务。

主导产业发展。建设新农村综合体，产业发展是重要支撑。应当注重特色培育，注重绿色发展，注重规模经营，注重科技支撑，推进产业化，开发多功能，创造新的就业岗位，促进农民充分就业，确保农民持续增收。

新型社区管理。科学的社会管理是新农村综合体建设的重要内容。应当加强新农村综合体内党的建设，引导新农村综合体建立规范化、标准化新型社区，支持鼓励建立社区物业管理组织，推进社区服务市场化。

### （四）新农村综合体建设试点情况

新农村综合体建设，仍然是先行试点，逐步探索。近两年，省上主要抓了绵竹市清平镇盐井村和筠连县腾达镇春风村 2 个试点。各市县也在积极探索。据初步统计，到 2012 年 6 月底，四川全省省市县三级新农村建设示范片在建和初步建成的新农村综合体 260 个，其中省级示范片建 91 个。这里介绍两个典型。

一个是春风新农村综合体。该项目于 2011 年初启动，主要是依托喀斯特地貌、天然森林等资源，立足已有的产业、生态、文化和村落民居，因地制宜、依山傍水，建设具有川南民居风格的新村，推动产业发展的规模化、标准化和一体化。

在新村建设上，它集中对田家庆、三块田、水茨、冒水四个聚居点进行特色打造，分别建设“生态花园农家”“绿色茶坊人家”“荷塘家园”“上善之居”，着力建成川南山区幸福美好新家园。

在产业发展上，它的花卉、水果、茶叶已分别发展到 2780 亩、6260 亩、6100 亩，建成了茶厂，且正在建设万亩生态有机茶园；肉牛存出栏达到 2600 头，完成了 5600 平方米标准化牛圈建设，种草 1200 亩。2011 年，农民人均纯收入达 7413 元，其中春风村突破了万元。

另一个是水利村新农村综合体。仁寿县大化镇水利村地处浅丘，辖 3 个社，274 户，1002 人，人均耕地约 1.3 亩，国道 213 线纵贯全境。2010 年 9 月，依托土地挂钩试点项目，启动新农村综合体建设，2011 年 11 月建成入住。

该村按照“村落民居、产业发展、基础设施、公共服务”综合配套的原则，建成了生活、休闲和生产 3 个区。生活区，有 261 户单体独栋川西民居，

1008 人；休闲区，有 2000 平方米“1+6”村级公共服务[①]大楼、5000 平方米广场和 1000 平方米乡村酒店；生产区，包括 18000 平方米生猪养殖小区、300 亩生态甲鱼养殖区、300 亩农家菜园、400 亩枇杷采摘和林下养殖园。

目前，该村直通田间地头的道路网络有 14 公里，配套建设了 45 口山坪塘和蓄水池，有渠系 3 公里，生产灌排水覆盖率 100%。聚居区内，建有集中供水站 1 处、化粪池 7 个、垃圾中转站 1 处、垃圾箱 100 个、排污渠 4 公里，路灯（景观灯）70 盏，水、电、天然气、宽带、电视、电话等“六通”全部到户，体现了“田园风光、幸福家园”特色。

这两处试点，既有许多共同的地方，又各具特色。

## 四、当前实践中值得研究的几个问题

新农村综合体作为一个新生事物，其建设，无论在理论上还是在实践上，都还没有现成的东西可资借鉴。只能在实践中探索，在探索中完善，逐步走出它自身的建设路子来。

从总体上看，目前各地开展的新农村综合体建设试点是积极的、有序的、健康的，并且在规划、建设、管理上创造了各具特色的模式和经验，有的已经成为样板，也许还将成为标本。但是，也有不少问题值得研究，当然这是非常正常的。这里简要谈四个具体问题：

### （一）新农村综合体建设的规划问题

探索建设新农村综合体，科学规划是龙头。从我们了解的情况看，有的规划复制照搬城市，有的规划粗制滥造，有的有了规划却不严格依照规划建设。这里，我们应当把握好这样几点：一是牢固树立规划理念。一定要像灾后重建那样，坚持先规后建，没有规划就不准建，防止出现新的乱建。二是坚持高标准规划。规划一定要充分体现“全域、全程、全面小康”“三打破三提高”[②]的要求和产村相融理念，而且不仅要高标准搞好总体规划，更要高标准搞好控制性详规。三是一定要富有特色。就是要注重农村特色、地域特色和民族特

---

① 四川从 2019 年起，在新农村建设中，以村两委为平台，建设集便民服务中心、农民培训中心、文化体育中心、卫生计生中心、综治调解中心和农家购物中心于一体的村级公共服务中心，简称“1+6”村级公共服务中心。

② 这是四川省 2010 年在新村建设中提出的规划设计理念，具体内容是：打破夹皮沟，提高村落布局水平；打破军营式，提高村庄规划水平；打破火柴盒，提高民居设计水平。

色，特别要体现好田园风光，不能克隆城市。四是重在组织实施。新农村综合体建设规划一经出台，就必须严格照图施工。当然可以分步实施，但是，绝不能去降格以求。

### （二）新农村综合体建设的规模问题

一个新农村综合体究竟应该聚居多少农户、可以聚居多少农户，这是普遍关心的问题。从各地规划、建设的情况看，有的几十户就说已经建成了新农村综合体，有的则上千户还嫌不足。这里，我们应当注意以下三点：第一，不宜过小。一定要下决心把三五十户的新村都建成新农村综合体，当然那也不是完全没有可能。但是，执意那样去做，肯定是不经济、不划算的。赔本的买卖不能做。第二，不能太大。把七八百户农民集中在一起，当然有利于基础设施和公共服务的配套。但是，那样一来，生产就不方便了，要保持农村特色也比较困难。第三，不可一刀切。这就是我们讲了很多年的因地制宜、分类指导。如果对平原、丘陵、山区、民族地区都一个要求、一个标准，必然会带来许多困难和问题。

### （三）新农村综合体建设的主体问题

充分发挥农民群众的主体作用，这是新农村综合体建设必须牢牢把握的原则问题。在新农村综合体建设中，有的把眼光转向城里人，有的把希望寄托在老板身上，有的大事小事政府都去插手。针对这些情况，至少应当明确三点：第一，为谁而建？新农村综合体可以吸引市民来休闲、分享，但它从根本上讲是农民的家园。第二，由谁来建？政府理当支持新农村综合体建设，特别是在基础设施和公共服务方面，但是最终还得靠农民的智慧和汗水。第三，让谁来管？一经形成社区，还得靠社区自治，靠社区里的农民自主决策、自主管理、自主服务。总之，新农村综合体建设，从规划、设计，到建设、管理，政府应当去引导。但是，主体是农民，必须发挥农民的主体作用，维护农民的合法权益。

### （四）新农村综合体建设的政策问题

从试点的情况看，新农村综合体建设最需要的是在土地和投入两个方面的支持。这两个方面在建设中是紧密相关的。据了解，一个新农村综合体，其占地少不了几十亩；其投入，少则一两千万，多的上亿。钱从何来？地怎么办？

必须很好地研究政策、应用政策。搞得好的地方，都在这两个问题上有自己的招数；推进难的，大多困于这两个问题或其中一个问题。我们已经看到，目前建设得比较成功的新农村综合体，要么利用灾后重建和重大移民搬迁工程政策，要么利用增减挂钩试点和土地整理等政策，都离不开政策的支持。水利村就是依靠增减挂钩建起来的。今后，最有效的办法还是在于用好相关政策，搞好项目资金的整合。只要研究好、应用好现行政策，新农村综合体建设是大有可为的。

（本文为干部培训讲稿，第一次是2012年3月为四川省城乡住房建设厅的培训班讲，后来多次为市县中心组、干部培训班讲，其中2012年4月19日的讲课要点被发在互联网，见百度文库2012年5月24日。主要内容以《新农村综合体建设的若干问题》为题发表在四川出版集团的《四川新农村》2012年第十一、十二期合刊。）

# 关于幸福美丽新村建设问题

（2014 年 12 月 16 日）

“楼上楼下，电灯电话。”多少年来，一代又一代面朝黄土背朝天的农民，都有着同一个梦想：有朝一日能像城里人那样，过上体面而有尊严的生活。追根溯源，城市化原本就是为着他们而来的。

然而，由于城乡分割，传统城镇化靠着农村，又甩开农村，结果，演变、异化为一波又一波的造城运动，一座座现代化新城崛地而起，看上去真美。农民工用一滴滴汗水，筑起一幢幢高楼，却只能一群群蜗居在简陋的工棚，每天思念着留守在远方的妻儿。反思“物的”城市化，四川省坚定统筹城乡发展，建设幸福美丽新村，把农民“化”进去。

建设幸福美丽新村，这是四川省委、省政府的科学决策，也是当前的热门话题。借此机会，谈六个问题。

## 一、新精神，学习习近平总书记有关重要指示

2005 年 10 月，党的十六届五中全会明确提出新农村建设任务。建设社会主义新农村，是我国现代化进程中的重大历史任务，将贯穿全面小康社会建设始终，贯穿现代化建设始终。

中央对新农村建设总的要求是“五句话”：生产发展，生活宽裕，乡风文明，村容整洁，管理民主。涉及农村经济、政治、社会、文化、生态五大建设，并且构成一个有机整体。它是管总的，管长远的。

习近平总书记高度重视新农村建设。党的十八大以来，习近平总书记先后对新农村建设做出了一系列新的指示。比如，2013 年 7 月在湖北省调研时、12 月在新型城镇化工作会和农村工作会上，都对新农村建设作了精辟论述。这里，摘抄几点，和大家一起学习。

（一）小康不小康，关键看老乡

2013 年 4 月在海南省考察时强调：小康不小康，关键看老乡。2013 年 7 月在湖北省调研时指出：城镇化要发展，农业现代化和新农村建设也要发展，同步发展才能相得益彰。2013 年 12 月，在中央农村工作会议上进一步指出：中国要强，农业必须强；中国要美，农村必须美；中国要富，农民必须富。

（二）要给乡亲们造福

在湖北省调研时指出，实现城乡一体化，建设美丽乡村，是要给乡亲们造福，不要把钱花在不必要的事情上，比如说“涂脂抹粉”，房子外面刷层白灰，一白遮百丑。在中央农村工作会议上强调：要为农民建设幸福家园和美丽乡村。

（三）注意保留村庄原始风貌

2013 年 12 月在中央新型城镇化工作会议上要求：在促进城乡一体化发展中，要注意保留村庄原始风貌，慎砍树、不填湖、少拆房，尽可能在原有村庄形态上改善居民生活条件。在中央农村工作会议上进一步强调慎砍树、禁挖山、不填湖、少拆房。

（四）注意乡土味道，体现农村特点

在中央农村工作会议上强调：搞新农村建设要注意生态环境保护，注意乡土味道，体现农村特点，保留乡村风貌，不能照搬照抄城镇建设那一套，搞得城市不像城市、农村不像农村。搞新农村建设，绝不是要把这些乡情美景都弄没了。

（五）乡土文化的根不能断

在湖北省调研时指出：不能大拆大建，特别是古村落要保护好。农村总不能成为荒芜的农村、留守的农村、记忆中的故园。在中央农村工作会议上进一步强调：农村是我国传统文明的发源地，乡土文化的根不能断。

（六）搞好农村人居环境综合整治

2013 年 10 月，在对改善农村人居环境工作的批示中要求，通过长期艰苦努力，全面改善农村生产生活条件。在中央农村工作会议上强调：当前，一个很重要的任务是因地制宜搞好农村人居环境综合整治。起码要给农民一个干净整洁的生活环境。

### （七）关键是要做到规划先行

在中央农村工作会议上指出，关键是要做到规划先行，哪些村庄保留、哪些村庄整治、哪些村庄缩减、哪些村庄做大，都要经过科学论证，不要头脑发热，不顾农民意愿，强行撤并村庄，赶农民上楼。

习近平总书记的这些重要指示精神，为新农村建设指明了方向。我们从事新农村建设的同志，一定要全面、系统、深刻、准确地领会和把握好习近平总书记的重要指示精神，用以武装我们的头脑，指导我们的实践。

## 二、新起点，看看新农村建设阶段性成效

2005 年 10 月，党的十六届五中全会提出建设社会主义新农村的历史任务。四川省从实际出发，积极开展新农村建设实践探索。特别是总结推广“5·12”汶川地震灾后农村恢复重建经验，走出了产村相融、成片推进的新路子。

党的十八大以来，我省新农村建设呈现出新的特点：把产业发展放在优先位置，特色产业助农增收效果明显；把扶贫解困作为重中之重，农村廉租房、保障房建设创造了新经验；把旧村庄改造作为成败之举，院落整治取得新成效；把文化传承融入新村建设全过程，耕读文明正在弘扬。

总体上看，我省新农村建设取得了良好的阶段性成效。主要表现在五个方面：

### （一）产业基地形成规模

农林牧渔走向专业化、规模化、集约化、标准化、产业化，乡村旅游蓬勃兴起。全省已建成现代农业基地 3026 万亩、规模养殖场 40 万个，培育龙头企业 8500 家、农民合作组织 3.7 万家。安岳县的柠檬占到国内市场的 80%左右，该县因此成为全国举足轻重的柠檬强县。

### （二）农民收入五年翻番

2013 年，全省农民人均纯收入 7895 元，在 2008 年基础上翻了近一番，实现“两个高于”。城乡居民收入比由 2007 年的 3.07∶1 缩小到 2.83∶1。示

范片农民收入增幅比面上高 2 个百分点。丘区县丹棱县，2014 年农民人均收入将突破万元，部分农户家庭收入已经超过 10 万元。

（三）农村面貌今非昔比

重建新村、移民新村、藏区新居、彝家新寨、巴山新居等新型村庄各具特色。到 2014 年 9 月，四川省已新建和改造新村聚居点 3.08 万个，建设综合体 1047 个，涉及农户 200 万户左右。在国家级贫困县平昌县，一座座巴山新居崛地而起，农民群众生产生活条件得到显著改善。

（四）公共服务向农村延伸

以村两委活动场所为平台，目前已经建成了 1.33 万个集便民服务、农民培训、文化体育、卫生计生、综治调解、农家购物于一体的“1+6”村级公共服务中心。在阿坝州最边远的山区，村民每年也能享受一次健康体检，其中汶川县农民体检的专款达到了 800 万元。

（五）农村社会和谐稳定

以干群关系为例。四川省委农工委曾委托省社科院和川农大，对第一轮省级新农村建设示范片，进行了包括对村组干部的满意度在内的若干项目的问卷调查，随机发放调查问卷 6000 份，收回 5500 多份。汇集起来，经相关专家分析，结果表明，农民群众的满意度在 95%以上。

其基本经验，2013 年 1 月，在四川省新农村建设电视电话会上，省委分管领导概括了五条，即：规划先行是重要前提，产村相融是有效路径，分类指导是基本方法，农民主体是根本力量，合力推进是成败关键。

2014 年 5 月，在四川省推进幸福美丽新村建设工作流动现场会上，省委分管领导又总结出四条新经验：一是把扶贫解困与新村建设结合起来推进，二是把新居建设与旧房改造统筹起来打造，三是把文化传承与现代生活协调起来谋划，四是把基础设施建设与产业发展配套起来实施。

正是实践中创造、积累的这些做法和经验，不断把我们的新农村建设向前推进。现在，走进广大农村，各项建设方兴未艾、蒸蒸日上。这就是我们建设幸福美丽新村的重要基础。其中凝聚了干部群众的智慧和心血。

## 三、新挑战，直面当前新农村建设新问题

事物都是一分为二的。习近平总书记教导我们，要有强烈的问题意识，要以重大问题为导向。四川省委相关领导强调，直面问题、担当责任，才能在破解难题中阔步前行。

关于四川省新农村建设面临的突出问题，省委分管领导在 2014 年 5 月召开的流动现场会上指出：一是在规划建设上复制城区模式，二是在组织推进上政府大包大揽，三是在资源配置上热衷于锦上添花，四是在建设风格上喜欢标新立异，五是在持续发展上缺乏内在活力。这五条，条条一针见血，讲得非常深刻。我们务必一条一条对照起来，认真自我剖析。

这里，换个角度谈谈我们面临的新挑战，我把它们概括为“五个化”：

### （一）二元化

总体上看，各种新农村建设试点示范项目实施区，一年一个样，三年大变样。问题是发展不平衡。不少地方，同一个村的组与组之间，产业水平、公共设施、生活条件、卫生环境也形成很大的反差。同一个组内，聚居点同非聚居点也不一样。同样是农村，有的像欧洲，有的像非洲。

### （二）去农化

有的地方耕地农转非，甚至变相搞房地产开发。有的地方继续钢筋混凝土崇拜和城市景观崇拜，城市病传到农村。个别地方甚至以建设新农村综合体或发展乡村旅游为名，在农村修建电梯公寓，赶农民群众进小区、上高楼，远看像楼盘，近看是城市的浓缩版，搞得城不城、村不村。

### （三）边缘化

有些地方，农民群众主体意识和主体作用弱化，在新农村建设上要么“等靠要”，要么成为旁观者。实际建设中，有的政府唱独角戏，有的工商资本强势进入。往往，农民群众的承包地也一租了事。个别地方，甚至整村、多村的土地集中流转给房地产等非农企业，造成农民失地又失业。

### （四）空心化

隆昌市胡家镇盘石村村支书曾德函，形象地将“空心化”概括为“五多三

缺”：老人多，娃儿多，空房多，狗多，草多；缺劳力，缺技术，缺钱。实际上，不少地方公共服务设施也成摆设。最近，四川省委农工委、省住房建设厅对部分新建聚居点的随机调查表明，平均入住率不到80%，低的只有36%。

（五）荒漠化

这里指的是文化现象。一方面仿古建筑泛滥成风，另一方面传统民居不断被捣毁。一方面知识水平提升，另一方面伦理道德滑坡。一方面科学文化下乡，另一方面封建迷信泛起。在地震灾区，有的成了家的子女不仅不支持父母建房，还趁机讲条件，提出父母给子女多少钱才允许父母建新房。

这“五个化”，不只四川省有，全国都存在。类似的现象，中科院研究员刘彦随称之为“乡村病”，并概括出“四化”，即农业生产要素高速非农化、农民社会主体过快老弱化、农村建设用地日益空废化和农村水土环境严重污损化。

进一步看，“乡村病”并非我国独有，发展中国家有，发达国家在城镇化一定阶段同样不同程度发生过。可以说，它是伴随城镇化的普遍现象，既在城镇化中发生，又在城镇化中解决。问题在于，重视程度不同，其后果和影响不同。

以上问题和挑战，我们必须认真研究，积极应对。从一定意义上讲，幸福美丽新村建设正是在研究、应对以上问题和挑战中提出的，还将在进一步应对新的问题和挑战中丰富和完善。

## 四、新要求，把握省委省政府的总体部署

幸福美丽新村建设，是四川省委、省政府根据党的十八大精神，在总结实践经验的基础上提出来的，是我省新农村建设的新常态。

2013年5月，四川省委十届三次全会做出“三大战略”“两个跨越”的重大部署。新农村建设怎么办?

当年6月，在四川省新农村建设成片推进崇州现场会上，四川省委分管领导正式提出建设幸福美丽新村。9月，四川省委办公厅、政府办公厅出台了《关于建设幸福美丽新村的意见》。10月，川东北片区新农村建设座谈会要求幸福美丽新村建设，即使在贫困村也不能落下一户一人。

2014年2月，四川省委把建设幸福美丽新村写入全面深化改革的决定。4月，加快推进幸福美丽新村建设和“百万安居工程建设行动”农村住房建设专

题会集中回答了七个重要问题，四川省县域经济发展大会提出了幸福美丽新村建设的战略目标。5月，四川省推进幸福美丽新村建设现场会又进行了再动员、再部署。9月，四川省全面深化农村改革推进会进一步提出了新的要求。

这里讲的幸福美丽新村，主要以村为基本单位。四川省幸福美丽新村建设的基本要求是业兴、家富、人和、村美。

### （一）业兴，这是基础

发展“一村一品”，推动产业化经营，促进农旅结合，实现一二三产业互动，把产业发展起来，让农民群众拥有创业就业、增收致富的主导产业，主导产业成为农民家庭收入的重要来源。三台县永兴镇崭山村发展米枣产业促进产村相融的实践告诉我们，农民群众有事干、有钱赚才能安居乐业。

### （二）家富，这是根本

农民群众的收入水平和生活水平显著提高，达到全面小康社会建设标准。而且强调共同富裕，不仅缩小农户之间的差距，还要缩小城乡差距，让农民群众都能“住上好房子，过上好日子”。在广大农村，我们看到，农民最大的愿望还是发家致富，有朝一日能过上城里人那样的幸福生活。

### （三）人和，这是关键

农民群众人人享受基本公共服务，实现“学有所教、劳有所得、病有所医、老有所养、住有所居”；村民养成好习惯，形成好风尚，实现家庭和好、邻里和睦、社会和谐，公共秩序良好。“家和万事兴”，我们在深入农村调研中注意到，凡建设得好的地方，都通过乡规民约形成了好风气。

### （四）村美，这是形象

以田园风光为形、农耕文化为魂，体现生态美、村容美、庭院美、乡风美、生活美，展示民族文化、地域文化、农耕文化、山水生态和田园风光。这样，农村才充满生机、活力和魅力。现在，农民群众已经有了审美意识。到丘陵地区，我们听到，村民们满意的是山绿了，不满的是水黑了。

根据“业兴，家富，人和，村美”这“四句话”的要求，最近我们研究提出了一套阶段性的简易工作指标，共6项，分别是农民收入、主导产业、农村住房、公共服务、环境治理和农村文化。现在，各地就应当抓紧根据这套指标进行摸底调查，看看达到的有多少，没有达到的是什么情况，短板在哪里。

需要说明的是，这 6 项指标只反映了现阶段我们关注的一些主要的，而且是可以量化比较的内容，在全面性、系统性甚至重要性方面肯定有这样那样的局限性。各地在建设中，一定要遵照“四句话”要求，并尽可能体现自己的特色。千万不能拘泥于这些指标，更不能把幸福美丽新村建设锁定在这些方面。

按照四川省委、省政府的部署，到 2020 年，四川全省农村要实现“两全面一基本”：全面完成农村危房改造任务，全面完成新村建设历史性任务，改造、新建、保护等不同形式覆盖全省所有行政村，建成幸福美丽乡村 3 万个，力争 3.5 万个，占全省行政村 80%以上，全省农村基本达到“业兴、家富、人和、村美”的建设目标。

也就是说，当我国实现伟大中国梦第一个百年目标的时候，四川省将有 3 万～3.5 万个行政村跨入幸福美丽新村行列。

## 五、新任务，解读幸福美丽新村建设行动

千里之行始于足下，新村建设重在行动。

2013 年 9 月，四川省委、省政府提出全省幸福美丽新村建设五大任务：推进基础设施建设，推进新型村庄建设，推进主导产业发展，推进公共服务完善，推进社会管理提升。

在 2014 年 4、5 月份的专题会和流动现场会上，四川省委分管领导进一步对幸福美丽新村建设做出新的部署。在 9 月份的深化农村改革推进会上，省委提出，全面实施扶贫解困、产业提升、旧村改造、环境整治、文化传承五大行动，建设具有历史记忆、地域特色、民俗特点、乡村情趣的新农村，让群众住上好房子、过上好日子、养成好习惯、形成好风气。

按照四川省委省政府的相关部署，我们编制了《四川省幸福美丽新村建设行动方案（2015—2020 年）》（以下简称《方案》）。《方案》明确了工作目标，重申了指导原则，提出了建设标准，突出了建设重点，强化了保障措施，已正式由省委办公厅和省政府办公厅以川委厅 2014 年 66 号文件印发。

《方案》的核心内容，就是五大行动。

### （一）扶贫解困行动

2014 年 4 月四川召开的专题会议响亮提出，把扶贫解困作为新村建设首要任务，先难后易、攻坚破难，雪中送炭、济困解危。扶贫解困行动就是要把解决贫困群众的住房作为重大民生工程，以“四大片区”为扶贫攻坚主战场、

“五大扶贫工程”为抓手，先难后易、攻坚破难。当前一个重要举措是推广巴中的做法，抓好农村廉租房建设，确保到2020年全省农民都住有所居、住得安全。

（二）产业提升行动

四川省农业产业基地初具规模，但专业化、标准化、社会化、产业化、品牌化水平低，竞争力不强。产业提升行动就是要以现代农业重点县建设和粮经复合型现代农业产业基地建设为重要抓手，调整产业结构，创新农业经营体系，发展适度规模经营，推动传统农业向现代农业跨越。当前，要在创新农业经营主体上下功夫，大力培育专业大户、家庭农场、农民合作社和农业产业化龙头企业。

（三）旧村改造行动

前几年，因为“5·12”汶川地震灾后重建、牧民定居等，强调新建聚居点。现在情况变化了，2013年年底2014年年初，我在蹲点调研时提出，把旧村改造作为幸福美丽新村建设的成败之后举。旧村改造行动就是要以行政村为单位，在基础设施建设、公共服务配套、民居功能完善上下功夫，加快改造旧村落。注意，强调改造并不是说只搞一种形式，要整体把握新建、改造和保护三种基本形式，从实际出发，宜建则建、宜改则改、宜保则保。

（四）环境整治行动

我们在驻乡进村入户蹲点调研中看到，现在的农村，山青了，确实看得；但是，水脏了、臭了，实在闻不得。有的老百姓说，这是当前农村最突出的问题。环境整治行动就是要以绿化、净化、美化为追求，由治理“脏乱差”入手，全面开展农村院落整治，加强农村生态文明建设，加快改善农村人居环境，提高农村居民生活质量，如梳理沟渠、堰塘，治理面源污染，搞好院落整治，建设“微田园”等。

（五）文化传承行动

文化是新农村建设的灵魂，但是很多地方对此重视不够。文化传承行动就是要挖掘文化底蕴，传承耕读文明，培育农村文化，促进城乡公共文化服务标准化、均等化。这就要求把耕读文明的元素、符号和故事，融入幸福美丽新村建设各个环节和各个方面。比如，保护传统村落民居，保护古井、古树、塔楼、林盘，编写村史和乡土故事，组织丰富多彩的群众性文体活动，既传承传统文化，又丰富农民精神生活。

“五大行动”是站在四川省“三大战略”“两个跨越”的高度，从总体上部署的。具体到市州、区县、乡镇，特别是到了村，必须从实际出发，突出重点，体现特色。

## 六、新事项，研究推进中值得注意的问题

推进幸福美丽新村建设，总体上讲，必须坚持五条原则：坚持城乡一体，主动融入新型城镇化；坚持农民主体，充分让农民做主；坚持产村相融，促进新村与产业互动；坚持生态优先，保持田园风光；坚持分类指导，不搞一刀切。

为此，行动方案提出了五条保障措施：坚持科学规划，建立健全科学规划机制；优化资源配置，把投向相近、目标相似、来源不同的各项涉农资金进行统筹安排；加强统筹协调，形成整体合力；完善治理机制，坚持政府引导、各方参与和农民主体；切实加强领导，集中解决好紧迫问题和突出问题。

在实际工作，应当注意以下五个方面：

### （一）把握村庄演进规律

习近平总书记在中央农村工作会上指出，随着经济社会发展，一些村落会集聚更多人口，一些自然村落会逐步消亡，这符合村庄演进规律。村庄演进有哪些规律？笔者概括了六条：一是互动律，主要指村庄与城镇互动；二是融合律，主要指村庄与产业融合；三是和谐律，主要指村庄与自然和谐；四是差异律，主要指村庄与村庄差异化；五是传承律，主要指历史文化传承；六是自治律，主要指村庄与政府的关系。

### （二）高度重视新村规划

规划先行是四川省新农村建设的基本经验，幸福美丽新村建设必须强调科学规划。为此，2014 年 11 月中旬，四川省推进办印发了住房建设厅编制的幸福美丽新村建设规划编制办法和技术导则。这里需要回答好四个问题：一是为何规划？规划水平决定着建设水平。二是怎样规划？坚持高标准，强调统筹，注重特色。三是谁来规划？让农民群众参与全过程，防止长官意志和技术专政。四是如何实施？一经出台就照图施工，一张图纸绘到底。

### （三）多个渠道增加投入

农业发展一靠政策，二靠科学，三靠投入。建设幸福美丽新村，必须多渠道增加投入。主要有四个渠道：一是政府，幸福美丽新村建设，政府是要投入的，而且要注重公平、雪中送炭；二是农民，建新房一般少不了一二十万，改造也少不了一两万；三是企业，2013 年中央一号文件鼓励企业以多种投资方式参与农村生产生活设施建设；四是金融，这是个“老大难”问题，融资难、贷款难仍然困扰农村。当前各方面都非常关注的是，如何鼓励工商资本参与新农村建设，我们也正在对此进行研究。

### （四）发挥农民主体作用

幸福美丽新村建设必须回答好为谁而建、由谁来建、让谁去管的问题。发挥农民的主体作用重在六句话：一是尊重，必须充分尊重农民群众意愿；二是引导，包括教育、规划和试点示范；三是激励，制定实施符合市场经济法则的政策措施；四是支持，主要在基础设施建设和公共服务方面；五是组织，包括组织建设、村民自治、合作组织；六是维护，切实维护农民的合法权益。其中最关键的是尊重农民意愿，维护农民权益。

### （五）创新推进工作机制

幸福美丽新村建设需要把各级各方面的力量激发出来，整合起来，形成合力。一是目标管理，不仅有年度工作目标，还有中长期建设发展目标；二是部门合力，四川省市县都成立了新农村建设成片推进工作领导小组，明确各成员单位责任分工；三是上下联动，省市县直到乡村，分级负责；四是动态管理，重大建设项目应竞争入围，优胜劣汰。同时，必须加强建设中各个环节和建成后长时期的管理，把科学管理贯穿幸福美丽新村建设全过程，激发持久的活力。

还想强调的是，在推进幸福美丽新村建设中，每一个方面、每一项工作，都必须体现改革的精神，通过深化改革、创新体制机制去推动。在推进幸福美丽新村建设中深化农村改革，既要有创新精神、开拓勇气，在实践中大胆探索新模式、新机制、新办法，又要有问题意识、底线思维，切实维护农民群众的合法权益。

总体看，幸福美丽新村建设就是四川省新农村建设的新常态。新就新在把新农村建设作为新型城镇化的重要组成，推进城乡一体化，促进农民就地就近就业；新就新在把扶贫解困作为重中之重，先难后易，雪中送炭；新就新在把旧村改造作为成败之举，整体把握“建改保”，宜建则建、宜改则改、宜保则保；新就新在把科学管理提到重要日程，建管并重，依法治理，激活活力。这些，至少在由总体小康向全面小康跨越这个重要时期，具有稳定性和持续性。

可以说，幸福美丽新村建好了，现代文明就能辐射到农村，促进城乡一体化发展，留守的农民就能就地就近城镇化了。让千千万万农民梦想成真，这是“人的”城镇化的题中之义。

（这是在四川省委农工委举办的幸福美丽新村建设培训班上的讲课要点，压缩稿以《让农民梦想成真》为题发表在《四川农村日报》2015 年 5 月 15 日第 1 版，最后一部分修改后以《实施五大行动需要把握好“五个性”》为题发表在《四川日报》2015 年 7 月 8 日第 6 版。）

# 四川幸福美丽新村建设的启示

最近四川召开的全省幸福美丽新村建设推进工作会，引起了各方面的热评和点赞。本文拟对四川的幸福美丽新村建设做一些思考，与关心四川“三农”工作的同志交流。

## 一、新农村建设已经取得历史性成就

从历史的角度看，新农村建设可以说起源于20世纪二三十年代以拯救农村为出发点的乡村建设运动。而社会主义新农村建设的新概念，最先出现在20世纪50年代后期农业合作化的高级社的章程中。后来，在相关文件中，在领导讲话中，也多次提到社会主义新农村建设。

但是，真正通过科学决策全面推进的社会主义新农村建设，则是进入21世纪以后的事，其重要标志就是2005年10月召开的党的十六届五中全会。五中全会把社会主义新农村建设作为我国现代化建设的重大历史任务，提出了“生产发展、生活宽裕、村容整洁、乡风文明、管理民主”的总要求。

就这个意义而言，2015年是我国社会主义新农村建设的第十个年头，回过头去看看，很有必要。回头看，我认为必须联系一个又一个的地方，大到一个省，小到一个村，具体地剖析、评估。

从四川省的广大农村看，不容置疑，社会主义新农村建设已经取得了重大成就。形象地说，就是越来越多的农民群众住上了好房子，过上了好日子，养成了好习惯，形成了好风气。以收入为例，尽管四川农民收入仍然低于全国平均水平，但这几年的增长速度不仅高于全省城镇居民收入的增长速度，也高于全国农民收入的增长速度，城乡居民收入比由3.33∶1降到2.77∶1。

这个变化不可小看，它正在圆千百年来农民群众祖祖辈辈的小康梦，具有历史性的意义。有的老百姓说，没想到幸福来得这么快。兄弟省区市的同志，包括一些东部地区的同志，看了我们的一些农村后，认为至少形象上同欧洲发达国家差不多。

## 二、新农村建设东部看浙江西部看四川

从全国来看，新农村建设各具特色，亮点纷呈。在我的印象中，起初最耀眼的，一个是浙江以千村示范、万村整治为主要内容的“千万工程”，另一个是江西以建设新农村镇、发展新产业、培育新农民、塑造新风貌、创建新经济组织、创建好班子为主要内容的“五新一好”。

浙江的“千万工程”一直没有停步，而且在不断升级。他们 2003 年从治理农村“脏乱差”入手，逐步创出生态文明的新路子。2008 年，安吉县开始创建“中国美丽乡村”；2010 年，浙江全省实施美丽乡村建设行动计划；现在，浙江的美丽乡村建设，已经在全国高高树起了标杆。依我看，社会主义新农村建设的浙江经验，不只是具有历史性，而且正越来越彰显出它的世界性。

在全国社会主义新农村建设的历史大潮中，敏锐的人们，特别是新闻媒体，正在把目光投向四川农村。2012 年 10 月下旬，《经济日报》曾在头版头条报道四川新农村建设。紧接着，新华社集中推出了四川新农村建设的系列专题报道。后来，《农民日报》《人民日报》先后在头版头条作了重点报道。最近，中央媒体又来四川开始重点采访报道。主流媒体站在了时代的前沿，他们就是风向标。

媒体的关注，引起了我们的反思。客观地看，四川的新农村建设的确有成效、有特色、有经验。四川作为西部农业大省，这些年的新农村建设不仅在西部独树一帜，而且从全国看很有代表性。看看“业兴、家富、人和、村美”的基本要求和正在实施的扶贫解困、产业提升、旧村改造、环境整治、文化传承“五大行动”就一目了然。在全省范围推广的小规模、组团式、微田园、生态化即“小组微生”建设模式，也有普遍意义。

## 三、四川新农村建设成功走出了三部曲

说到四川的新农村建设，我们绝不能忘掉一个重要事实：“5·12”汶川特大地震灾后重建中的对口援建。18 个省市对口援建 18 个极重灾县，不仅给予了巨大的人力、物力、财力的援助，还带来了各地的先进理念。灾后农村就地起跳、跨越发展，成为全省新农村建设的样板。四川新农村建设的今天，离不开全国各地的智慧和力量。

当然，内因终究是变化的根据。从四川新农村建设实践的内在逻辑看，我认为，十年来大体迈出了三大步，或者说是走出了三部曲，概括为六个字就是破题、开局、升级。

破题，主要是在2008年以前，集中在2007年。当时四川省委先后部署了两次大规模的重大课题调研，两次都列入了新农村建设。课题总结成都等地经验，从破解城乡二元体制上研究对策，强调统筹城乡发展。四川省委专门出台了统筹城乡发展的指导意见，启动了统筹城乡综合试验试点，还编制了全省新农村建设规划纲要。

开局，大体从2008年年初开始，启动了城乡环境综合治理，做出了推动农业发展上新台阶的决定，实施了以现代农业产业发展为支撑的新农村示范片建设，开展了牧民定居行动等。其中一件大事是上面提到的灾后农村恢复重建。在灾后农村恢复重建中，注重与新农村建设相结合，注重农村特色，创造了新村建设带动产业发展和治理创新的新经验。在灾后重建和示范片建设中，走出了科学规划、产村相融、成片推进的建设路子。

升级，是党的十八大以来的事。根据党的十八大精神，四川更加注重新农村建设与新型城镇化结合，更加注重与全面小康社会的建设目标相衔接，更加注重农村生态文明建设，更加注重农耕文明的传承，先后做出了建设“业兴、家富、人和、村美”的幸福美丽新村的决策，实施了幸福美丽新村建设“五大行动”。普遍认为，幸福美丽新村建设正是四川新农村建设的升级版和新常态。

## 四、“五大行动”开创四川新农村建设新局面

当前和今后一个时期，四川幸福美丽新村建设的重要抓手，是扶贫解困、产业提升、旧村改造、环境整治和文化传承“五大行动”。2014年12月，四川省委、省政府专门出台了《四川省幸福美丽新村建设行动方案（2014—2020年）》。2015年5月召开的四川省幸福美丽新村建设推进工作会，又做了进一步的动员部署。

扶贫解困行动以连片扶贫攻坚为主战场，结合精准扶贫，分类推进彝家新寨、藏区新居、巴山新居和乌蒙新村建设，优先解决贫困群众的住房问题，全力以赴帮助贫困群众致富奔康，确保不落下一户一人。

产业提升行动在于调整优化农村产业结构，创新农业经营体系，发展规模经营，推进农业专业化、集约化、社会化、信息化、品牌化、多功能化，延伸产业链、价值链，加快传统农业向现代农业跨越，不断夯实新村建设的产业

支撑。

旧村改造行动注重农村基础设施建设、公共服务体系配套、农房的内部改造及功能完善，同时注重整体把握新建、改造和保护的关系，从实际出发，宜建则建、宜改则改、宜保必保，整体提升村庄建设水平。

环境整治行动贯穿生态文明的理念，从治理“脏乱差”入手，与城市环境整治相结合，突出院落环境整治、农业面源污染治理和河渠沟塘治理，营造优美的乡村环境，改善农村生产生活条件。

文化传承行动旨在挖掘传统文化底蕴，把耕读文明的元素、符号和故事融入幸福美丽新村建设的各个方面、各个环节，包括传统村落民居保护、文化院坝建设等，为新村注入灵魂，建设“记得住乡愁”的新农村。

随着“五大行动”的全面实施，四川新农村建设将开创出一个又一个的新局面。到 2020 年，全省 80％左右的村有望跨入幸福美丽新村行列。

## 五、四川幸福美丽新村建设的启示

四川的幸福美丽新村建设实践，可以从不同角度、不同侧面给我们提供一些有益的启示。

启示之一，必须坚持问题导向。这些年，四川在指导幸福美丽新村建设工作中，不断强化问题意识，不仅正视建设中的困难，更重视工作中的问题，不断地进行反思和剖析。2014 年 5 月召开的流动现场会，开宗明义就指出复制城区、大包大揽、锦上添花、标新立异、缺乏活力五大问题，并进行了深刻的分析，引起了强烈震动。

启示之二，必须把准方向。关键在把握社会主义新农村建设的本质特征，把握党中央的总体要求，特别注意领会习近平总书记关于新农村建设的重要指示精神。习近平总书记反复教导我们：小康不小康，关键看老乡；要推进城乡一体化发展。铭记习近平总书记教导，四川的幸福美丽新村建设始终健步走在致富奔康的大道上。

启示之三，必须遵循规律。重视把握和遵循乡村发展规律，注重探索处理乡村与城镇、新村与产业、村庄与自然、村庄与村庄、建设与文化的关系。基于对乡村发展规律的认识，最近召开的全省幸福美丽新村建设推进工作会，特别强调解决好重大关系问题。

启示之四，必须创新驱动。集中体现在农业经营机制创新、投入机制创新、建设模式创新、社会服务机制创新、乡村治理机制创新和推进工作机制创新。各方点赞的农村廉租房建设，就是新村建设与扶贫解困和全面小康社会建设有机结合的农房建设制度创新。

启示之五，必须坚守底线。始终强调不能剥夺农民的知情权、参与权、决策权和监督权，不能赶农民进小区上高楼，不能侵害农民群众的土地承包权、宅基地使用权和集体收益分配权，也不能任意改变土地用途，不能捣毁基本农田。发现问题和苗头，及时调查纠正。

（本文被四川省委政策研究室《调查决策内参》2015 年第 5 期印发，新华网 2016 年 6 月 29 日发全文。）

# 关于“四好村”创建的几点思考

最近，笔者去内江、南充、遂宁、广安等地，就“四好村”创建作了一些走访，并在农民夜校搞了两次交流。总的看，创建活动已经全面展开，干部和群众积极性高涨。同时感到许多问题需要解答。本文试对基层反映的具体问题进行梳理，做一些初步的思考。

## 一、未来乡村是啥样

一度，“回乡记”“下乡记”在网络流行，引发了对乡村前景的热议。未来乡村是故园还是家园？当然需要实践来回答。但是，为增强“四好村”创建的自觉，做一些分析是必要的。

进入21世纪以来，统筹城乡发展，农村发生了新的变化。城乡差距在缩小，以收入为例，由3.3∶1缩小到了2.5∶1，城乡一体化是大势所趋。区域特色在凸显，藏区新居、彝家新寨、巴山新居、乌蒙新村，各美其美。美丽乡村越走越近。中农办来川调研后，对我们乡村建设的理念、做法给予了高度评价。他写道：隐隐感到这或许就是城镇化发展到一定程度之后的一种“返璞归真”，可能就是今后新村建设的一个“理想模样”。

发达国家的乡村，在城市化进程中，大体经历了衰落到复兴的过程。让我们看看国外在城市化基本完成以后的情况吧。现在，很多人羡慕英国的乡村，的确英国的乡村，无论环境、产业，还是民居、文化，美不胜收，以至于有人说“英国的灵魂在乡村”。德国的乡村也非常美，它的基础设施、垃圾污水治理尤其引人注目。我们的邻国日本，其乡村亦不逊色。把镜头收回来，我们看到，我们的农业农村现代化建设，正在融入发达国家的理念，走向未来。

为什么在城市化中乡村还会发展呢？这取决于乡村存在的独特价值。看到城市化加速，有人断定乡村终将被消灭。这是因为不了解乡村独特的价值。比如，生产上，农业直接或间接同动植物、微生物打交道，多样性、鲜活性、微妙性、随机性，其乐无穷。生活上，乡村宁静，诗意，浪漫，就是人们说的田园牧歌。生态上，以自然为底色，贴近自然，友好自然，融入自然。文化上，淳朴，互助，和谐，浓浓的乡愁。当然，这些价值要在城市化进入相当水平且“城市病”充分暴露之后，才能逐步展现。

由上，我们推测、遐想：未来乡村不是地狱，也不是天堂。断言乡村没未来，缺乏依据；说未来30年乡村将成为奢侈品，言之过早。我们认为，未来的乡村应该是农民幸福生活的美好家园、市民休闲度假的理想乐园。那里有：新村民，除了传统意义上的农民，还将有由城里来创业的、养老的、度假的；新业态，包括休闲农业、观光农业、体验农业、民宿经济；新模式，2017年中央一号文件提出的田园综合体，我们创造的“小组微生”，就是新的建设模式；新生活，体验式的、田园牧歌式的，人们衣食无忧之后就会梦想回归乡野。

注意，这里谈的乡村是城市化当中的乡村，不能脱离城市化轨道；这里绘的乡村未来，不是所有村庄的未来，一些村庄会走向消失。这符合城市化进程中乡村演进的规律。

## 二、“四个好”是咋来的

“四个好”不是一时心血来潮想出来的，也不是闭门造车编出来的，是根据农村建设的实际需要，在实践中形成的。

先看提出背景。至少要把握好三个方面：一是全面小康建设进入决胜期。四川省委十届三次全会提出，到2020年要实现由经济大省向经济强省、总体小康向全面小康“两个跨越”。二是脱贫发起攻坚战。省委十届六次全会提出，到2020年，全面消除绝对贫困。三是幸福美丽新村建设全面推进。2005年10月，中央做出建设社会主义新农村的战略决策。实践中，四川走出了产村相融、成片推进的路子，四川省委提出到2020年80％的行政村要建成业兴家富人和村美的幸福美丽新村。2016年，全省已建成幸福美丽新村16000多个。

再看提出过程。2014年3月，四川省委主要领导深入大小凉山调研脱贫攻坚，明确提出要让彝区群众住上好房子、过上好日子、养成好习惯、形成好风气，强调要把“四个好”作为评价大小凉山彝区扶贫成效的最直观体现和最基本标准。2016年9月，四川省委提出在全省农村全面开展“四好村”创建活动，增强农村发展的内生动力，并出台省级“四好村”创建活动方案，对全省“四好村”创建活动进行动员部署，明确到2020年，在四川省普遍建成市级或县级“四好村”的基础上，60%以上的村建成省级“四好村”。

“四好村”创建活动一经启动，便得到各个地方的热烈响应。现在，幸福美丽新村建设的套路越来越清晰，可以概括为“44315”①。四大理念：业兴、家富、人和、村美。四大目标：住上好房子、过上好日子、养成好习惯、形成好风气。三大任务：新村扶贫、“四好村”创建、示范县建设。一个典型模式：“小组微生”。五大行动：扶贫解困行动、产业提升行动、旧村改造行动、环境整治行动、文化传承行动。作为幸福美丽新村建设的综合抓手，“四好村”创建活动正在四川省农村形成热潮。2016年，四川省已创省级“四好村”1481个。

弄清“四个好”的来龙去脉，才能准确把握“四个好”的内涵和要求，才能积极有效地开展“四好村”创建活动。

## 三、怎么理解“四个好”

“四个好”内涵丰富，应根据全面小康目标、脱贫攻坚和幸福美丽建设的要求，着力解决当前带普遍性的突出问题。

住上好房子。安居才能乐业。居住权是基本权利，住上好房子有更高的追求。应当住有所居，没有无房户和住房困难户，人人有房可住；住得安全，消除危房，家家户户住房达到农房建设的质量标准；住得舒适，不是简单解决居住问题，要有一个好的人居环境；宜居宜业，不能有新村没产业，要产村相融。需要注意的是，好房子不等于大房子、新房子，旧房改造好了，功能完善，环境适宜，能满足日常居住需要，就是好房子。要防止新村建设把贫困户漏掉，防止农民因建房而债台高筑致贫。

过上好日子。好日子是人们对美好生活的憧憬。现阶段的主要任务是，在继解决温饱之后，圆农民几千年的小康梦，实现学有所教、劳有所得、病有所医、老有所养、住有所居。四川全省还有两三百万贫困人口，脱贫攻坚是头等大事。总体上，应当在住上好房子基础上，做到田间有产业，使之户户有家业，人人有活干；手中有票子，不仅个人有数的，集体也要有花的；生活有质量，衣、食、住、行的标准和质量，向城里人靠拢；服务有保障，基本公共服务特别是义务教育、基本医疗和养老保障均等化，生老病死不担心。

① 后来笔者进一步将此概括为“44355”，把“1”改为“5”即五大模式，除“小组微生”这个典型模式外，还包括藏区新居、彝家新寨、巴山新居和乌蒙新村。

养成好习惯。日常生活周而复始，习惯成自然。好习惯终身受益，坏习惯后患无穷。习惯重在养成。应当从我做起，从现在做起，从点点滴滴做起，持之以恒。当前应当强调，讲卫生，包括个人卫生、家庭卫生和公共卫生，有的地方还得大力倡导洗脸、洗手、洗脚、洗澡“四洗”，各个地方都需注意摆顺扫干净；重礼节，从饮食起居到衣食住行，事事处处体现尊重、宽容、谦让、善良；尚节俭，从珍惜一粒米、一滴水、一分钱这样的小事做起；爱劳动，只要长有一双手，自己的事情自己做。

形成好风气。风气像空气，无孔不入；像刮风，躲也躲不开。好风气是正能量，建设小康社会、美丽乡村，离不开它；坏风气是负能量，会造成伤害。当前，一些不良风气在农村盛行，必须改变，让好人好事蔚然成风。应改变赌博之风，“出门找钱、回家赌钱，年没过完、钱已输光”现象已经带来问题，宜用健康的文体活动去替代它；改变迷信之风，不光婆婆老大爷求神拜佛，有的年轻人甚至相信邪教，必须引导他们讲科学、学科学、用科学；改变攀比之风，倡导理性消费，反对铺张浪费；改变不孝之风，弘扬传统美德，孝敬父母，尊老爱幼。

“四个好”既包括物质文明，又包括精神文明；既有鲜明价值取向，又有很强的包容性和适应性；既针对贫困地区，又适合整个幸福美丽新村建设。

## 四、党委政府怎么办

“四好村”创建，主体是农民。党委政府的努力，在于配置好公共资源，营造好环境，搞好服务。应当把握好六句话：

尊重，充分尊重农民意愿，让农民自己去做主。每一项创建活动都应当让农民群众自主选择、自主参与，最终让农民群众满意。愿望再美好，只要群众不理解，就该缓一缓，要有“历史的耐心”。一句话，农民愿不愿意、满不满意，是衡量“四好村”创建成功与否的重要尺码。

引导，注重教育，加强规划引领和试点示范。当前要办好农民夜校，更好地宣传党的方针政策，普及科学知识，移风易俗。内江市培养“挣得到钱、当得好家、待得来人、走得正路”的农村能人的做法，值得借鉴。农民夜校还应创新教学方式，比如，在致富带头人、道德模范中优选一批故事能手，让农民自己讲自己的故事。

激励，制定符合市场经济法则的政策措施。近年来，各级党委、政府都出台了一系列政策激励农村建设发展。比如，在新村建设上，实施旧村改造行动，引导农户“三建四改”。应根据“四个好”要求，对已经出台的政策进行梳理，该废止的废止，该配套的配套，该完善的完善。

支持，搞好基础设施建设，提供基本公共服务。这是政府义不容辞的责任。省上每年专门拿出二三十亿支持新村基础设施建设，收到了效果。但总体上还有很大差距，区域之间很不平衡。应从各地实际出发，分轻重缓急，整体安排，有序推进。同时，动员社会力量支持、参与创建活动。

组织，加强基层组织建设，完善村民自治。最重要的是加强以村党支部为核心的村级组织建设，增强凝聚力和战斗力。同时，应发展新型集体经济，增强创建活动的经济实力。还应注重发挥合作组织、技术协会、老年协会等民间组织的作用，把各方面力量都组织到创建中来。

维护，维护农民权益，特别是三项基本权利。农民是困难群体，随着社会主体多元化、利益关系复杂化，维护农民的土地承包权、宅基地使用权、集体收益分配权越来越重要。应当及时发现伤害农民的苗头和现象，研究解决带普遍性的问题。引导农民学法用法，依法维护自己的合法权益。

## 五、农民群众怎样干

“四好村”创建，出发点和落脚点在于激发农民群众的内生动力，农民群众不参与就没有意义。乡亲们应做好六件事：

听党的话，真心相信党，自觉执行党的方针政策。习近平总书记心中随时装着农民群众特别是贫困群众，对农业农村发展有很多重要指示。省领导也经常在贫困地区奔走。党的政策好，乡亲们一定要听党的话，依法依政策办好自己的事，为建设自己的美好家园做出自己的贡献。

走文明路，物质文明、精神文明、生态文明一起上。特别要强调精神文明建设。“四好村”申报中，难的是否决条件，包括有党员干部违反党纪政纪受到处分的，有刑事案件发生的，发生重大群体性上访事件受到通报的，未开办“农民夜校”的等，都属于精神文明范畴。

共谋发展，心往一处想，劲往一处使，大家一起干。创建工作是村民们共同的事业，男女老幼都没有旁观者，每个人的言行都是创建工作的元素。都应当记住自己是主人翁，积极出主意、想办法，共商创建事宜。重要事项一事一议，共担当，共出力，共分享。相互之间的矛盾，协商解决。

勤劳致富，不等不靠不要，用智慧和双手建设美好家园。我们走过的“四好村”，村民都吃苦耐劳。国外也是这样。韩国新村运动，政府主要是给一些水泥等建筑材料，地是村民捐的，劳是义务工。通过新村运动，改变了乡村的“生活伦理”，形成了“勤劳、自立、合作”的精神。

重视学习，积极参加夜校培训，学法律学政策学技术。目前，各地都以村为单位，普遍办起了农民夜校，这是农民群众学习、交流的有效平台。每个村民都应该主动关心，主动参与，经常提出自己关心的问题、急需的知识，并根据培训计划安排出时间参加学习，参加讨论，逐步提高个人素质。

踊跃创建，积极参与文明创建活动，汇集正能量。许多地方都在组织开展五星示范户、致富带头人、创业之星、道德模范、好婆媳等文明创建活动，形成“比学赶帮超”的社会氛围。人人都应当主动参与，在活动中发挥潜力，展示才干，体现价值。通过活动激发活力，汇集正能量，形成好风气。

（本文是2017年2月17日笔者在华蓥市宋家垭村农民夜校讲“四好村”创建的基础上形成的，四川省委政研室《调查决策内参》2017年第1期印发；2017年3月8日起在《四川农村日报》第1版连续5天作为系列评论发表，发表时有删改。以此为基础，多次为四川省各级党委组织部、四川省直机关工委的干部培训班和贵州等省的干部培训班讲授相关专题，2017年6月为中央组织部培训班讲授的视频和课件，均挂在“共产党员网”。）

# 幸福美丽新村建设的实践与思考

（2019 年 9 月 10 日）

2018 年 2 月 10 日至 13 日，习近平总书记来四川考察，对“四个好”目标，对打造业兴、家富、人和、村美的幸福美丽新村，对“小组微生”建设模式，都给予了充分肯定。

幸福美丽新村建设，是四川新农村建设的升级版，是美丽乡村建设的四川篇章。这里，交流五个问题。

## 一、幸福美丽新村建设的来龙去脉

幸福美丽新村建设作为四川新农村建设的升级版，有一个实践探索的过程，可以概括为三部曲：

破题。2006—2009 年，开展统筹城乡发展试点试验，组织编制新农村建设规划，新农村建设基本破题。成都市成为两个国家级统筹城乡发展试验区之一，省一级在平原、丘陵、山区组织了 3 个统筹城乡发展试点，市级启动了 19 个。

开局。2010—2012 年，以现代农业产业发展为支撑，进行新农村示范片建设，突出“4＋1”重点工作，走出产村相融、成片推进的新路子，成功开局。全省建成 60 个新农村建设示范片，出现了一批城乡一体化发展的新农村综合体。

升级。2013 年以来，探索建设“兴业、家富、人和、村美”的幸福美丽新村，打造中国美丽乡村的四川版，体现了鲜明四川特色，推动全省新农村建设升级。到 2018 年年底，全省已建成幸福美丽新村 29000 多个，占全省行政村总数的 65％。

之所以推动新农村建设升级、建设幸福美丽新村，主要考虑了四大背景：

——新要求。中国要强，农业必须强；中国要美，农村必须美；中国要富，农民必须富。要让农业成为有奔头的产业，农民成为有吸引力的职业，农村成为安居乐业的美丽家园。

——新挑战。二元化，同样是农村，有的像欧洲，有的像非洲；去农化，耕地农转非，村庄感染“城市病”；边缘化，政府唱独角戏，老板强势进入；空心化，“五多三缺”（这是一位老村支书总结的：老人多、娃儿多、空房多、狗多、草多，缺劳力、缺技术、缺钱）；荒漠化，文化断裂。

——新态势。2010 年，浙江实施美丽乡村建设行动计划。2012 年，江西启动美好乡村建设，安徽实施和谐秀美乡村建设工程。放眼全国，各地新农村建设都在打造升级版。

——新潮流。反思 GDP 崇拜，“你幸福吗”成为各国官员、学者、实业家、老百姓的热门话题。世纪之交，求美已成发展的重要动力，“体验经济”兴起并逐步影响到各行各业。

应该说，这个升级是有效的。2016 年 4 月，我在市州农工委主任座谈会上的即兴发言“幸福美丽新村建设来之不易”中，用“看领导怎么看”“看业内怎么看”“看媒体怎么看”“看专家怎么看”“看市民怎么看”“最关键的是看老百姓怎么看”六个怎么看[①]，说明幸福美丽新村建设开局良好。2017 年 7 月 3 日，在原四川省委农工委学习习近平总书记“三农”工作重要论述交流会上，我曾得出了两个基本结论：一个是，我们的新农村建设确实取得了显著成效，创造了鲜明的四川特色；另一个是，之所以能够取得以上成绩，最重要的一条，在于始终学习贯彻习近平总书记系列重要讲话精神[②]。

幸福美丽新村建设，凝结了我们的心血和汗水。就我来说，我在谈《幸福美丽新村建设来之不易》时，谈到了值得一提的是“五个一系列”：一系列决策建议得到采纳，一系列理论研究得到认可，一系列专题宣讲受到关注，一系

① “六个怎么看”：首先，看领导怎么看？时任四川省委书记说，幸福美丽新村建设是四川的特色，是四川的创新。农业部部长肯定四川“微田园”，认为做法好、路子对、带有方向性。中央农办来四川调研后在报告中写道：四川的“小组生”“微田园”可能就是未来新村建设的理想模样。其次，看业内怎么看？农业部美丽乡村创建办主任认为四川在西部独树一帜，在全国很有代表性。第三，看媒体怎么看？《人民日报》《经济日报》《农民日报》都在头版头条对四川的新农村建设做过专题报道。第四，看专家怎么看？英国剑桥大学国王学院终生院士麦克·法伦教授实地考察蒲江县农村后，称赞中国美丽乡村建设的做法是最好的，值得其学习。第五，看市民怎么看？周末、节假日您去乡下走一走，看看旅客的快乐、开心就知道了。第六，最关键的是看老百姓怎么看？甘孜州一位七八十岁的老人，非常激动地用藏语告诉我们，幸福美丽新村建设让他们的生活幸福得无法用语言来表达。

② 董进智，《新农村建设的指路明灯——学习习近平总书记“三农”工作重要讲话的三点心得》，《四川党的建设》，2017 年第 14 期。

列策划引起反响，以上都根植于一系列顶风冒雨的调研和废寝忘食的学习①。

## 二、幸福美丽新村建设的基本套路

幸福美丽新村建设自 2013 年 5 月正式提出，到 2017 年党的十九大召开前，已经形成了一套理念、目标、行动、模式、方法，中央农办《农村要情》曾五次印发四川幸福美丽新村建设的做法。主要包括：

四大理念。创新“业兴、家富、人和、村美”四大建设理念，以新理念引领幸福美丽新村建设。其中，业兴是支撑，家富是目的，人和是保障，村美是形象。既贯穿了中央要求，又体现了四川特色。基层反映：叫得响、记得住、实得现。

四好目标。明确“住上好房子、过上好日子、养成好习惯、形成好风气”四个好目标，并以创建活动激发农村内生动力。2016 年 9 月启动“四好村”创建。省级“四好村”创建工作步骤是：开展创建，提出申请，检查考评，社会公示，命名授牌，动态管理。到 2018 年年底，全省已创省级“四好村”3481 个，激发了幸福美丽新村建设的内生动力。

五大行动。实施扶贫解困、产业提升、旧村改造、环境整治和文化传承五大行动，以行动为抓手推动幸福美丽新村建设。

——扶贫解困行动旨在带动脱贫攻坚。西昌市安哈镇长板桥村彝家新寨距市中心 30 公里，是二半山彝族聚居村。2012 年，通过一年多规划设计，注重民族文化符号和自然生态，改造农房 426 户，新建服务中心、游客中心及文化广场，保持了依山就势、错落有致格局，被住建部评为首批 28 个村庄规划示范点之一。

---

① “五个一系列”：一系列决策建议得到采纳。2013 年年初，笔者提出建设幸福美丽新村的构想；同年 5 月，提出“业兴、家富、人和、村美”的目标定位；年底，提出把传统村落改造作为成败之举；2014 年 8 月，提出实施扶贫解困、产业提升、旧村改造、环境整治和文化传承“五大行动”的战略性思考。据此，四川省委、省政府先后出台了幸福美丽新村建设的指导意见和行动方案；2015 年 5 月，四川省委、省政府召开幸福美丽新村建设推进会，全面部署了“五大行动”。一系列理论研究得到认可。笔乾在《人民日报》《经济日报》《农民日报》《四川日报》《农村工作通讯》等党报党刊发表相关理论文章 20 来篇，有的被人民网、新华网、光明网等上百家网站转载。一系列专题宣讲受到关注。笔者 2014 年 12 月的一份关于幸福美丽新村建设的讲课要点，上网后被多个网站转载，仅两个单位的网站，点击就达 5500 多次。一系列策划引起反响。比如，2015 年下半年笔者创意、策划、组织的美丽乡村论坛，被誉为首届中国美丽乡村论坛。以上，都根植于笔者一系列顶风冒雨的调研和废寝忘食的学习。仅蹲点调研日记就有七八万字，其中几篇被《人民日报》在要闻版加编者的话发表，《四川日报》第 2 版全文转载。同时，翻阅的相关书籍超过两百部。

——产业提升行动着力推动产业升级。汉源县特色产业升级带动小农户发展，建成100公里产业环线：种特色水果2.6万亩，形成集花海、采摘、体验于一体的乡村旅游，让当地20余万群众受惠。

——旧村改造行动是对大拆大建的否定。崇州市桤泉镇群安村余花龙门子改造，旧貌换新颜。保留林、竹、树、塘，保护余氏宗祠等传统民居，实施林盘群保护性改造，形成林水相依、林竹掩映的人居环境。

——环境整治行动在于改善人居环境。罗江县鄢家镇星光村，在农村人居环境整治行动中，量身定制，为家家户户注入文化、艺术元素，村容村貌显著提升。

——文化传承行动强调传承优秀文化。蒲江县甘溪镇明月村，曾是川西著名的邛窑产地。2013年4月启动“明月国际陶艺村”项目建设，文创产业兴起。2017年11月，明月村获评第五届全国文明村镇。

五大行动都是基于问题导向提出的。2015年6月4日，在四川省农工委系统领导干部读书班暨省委农工委机关干部培训班第一次分组讨论时，我以“怎样做到谋事要实”为题，概括了五大行动提出中的“五个搞准”：把问题搞准，把方向搞准，把规律搞准，把底线搞准，把对策搞准。正因为有很强的针对性，所以成效显著。

五大模式。创造“小组微生”典型建设模式和藏区新居、彝家新寨、巴山新居、乌蒙新村等区域性的建设模式，把幸福美丽新村建设引向规范化。

十二字诀。念出“尊重、引导、激励、支持、组织、维护”十二字诀，充分发挥农民群众的主体作用。蓬溪县拱市村蒋乙嘉从北京回家乡，带领乡亲们自力更生建设美好新家园。

## 三、幸福美丽新村建设的典型模式

在幸福美丽新村建设中，探索形成了一些适合四川实际的建设模式，其中比较有代表性和适应性的是“小规模、组团式、微田园、生态化”的建设模式，简称“小组微生”。

“小组微生”，最初是成都市针对统筹城乡之初以工业向园区集中、土地向业主集中、农民向城镇和集中居住区集中为基本内容的三集中提出的新农村综合体建设的规划设计理念。后来上升为建设模式。其基本特点是：

小规模聚居。从实际出发，宜聚则聚、宜散则散，合理控制聚居点规模。一般在50～300户，也可以小到二三十户。

组团式布局。严格讲是院落式布局。以原有村落格局为基础，考虑人口转移因素，科学布局院落，形成既适当组合集中又各自独立的组团。

“微田园”指向①。为民居规划前庭后院，让老百姓自主种植蔬菜瓜果。源于农民群众建设美好新家园的实践，已在全国推广。2018 年 3 月，“微田园”入选省部级干部乡村振兴专题研讨班教学案例。

生态化建设。慎砍树、禁挖山、不填湖、少拆房，背山、面水、进林盘。以川西林盘保护为例。都江堰鹤鸣新村，在原有 45 户的 98 亩林盘中改扩建。凡 10 厘米以上的树都打红油漆，20 厘米以上都在图上标明。砍一树罚 1 万元，砍一竹罚 500 元。建房、修路，必须绕开树和竹。

“小组微生”的模式具有广泛的适应性。新建改造皆宜，东西南北均可，平原丘陵山区民族地区都行。

“小组微生”的生命力在于彰显乡村价值。随着时代发展，乡村价值要重新审视……乡村越来越成为人们养生养老、创新创业、生活居住的新空间。人们向往田园风光、诗意山水、乡土文化、民俗风情、农家美食，追求与自然和谐相处的乡村慢生活成为时尚……田园变公园，农房变客房，劳作变体验，乡村优美环境、绿水青山、良好生态成为稀缺资源，乡村的经济价值、生态价值、社会价值、文化价值日益凸显。

中央农办认为：“小组生②、微田园这些理念和做法……隐隐感到这或许就是城镇化发展到一定程度之后的一种返璞归真，可能就是今后新村建设的一个理想模样。”

从媒体视角看：2014 年 8 月，新华社瞭望东方周刊做了题为《新农村 2.0：成都小组生实践》的长篇报道。2017 年 2 月，“小组微生”荣获全国首届“三农”十大创新榜样第三名。2017 年 4 月 24 日，《人民日报》：《成都新农村建设迈入 4.0 版》。

## 四、幸福美丽新村建设的几点体会

这些年，在幸福美丽新村建设中，我们经常进行总结和反思，有不少心得

---

① 农业部部长批示：“微田园”做法好，路子对，带有方向性，值得组织有关新闻单位统一宣传，以加强对新农村建设的指导。现在一些地方盲目“撤村建镇”“村改居”“去农村化”倾向需要引导，不然将来会犯难以改正的错误。

② “小组微生”最初叫“小组生”。2014 年下半年笔者在调研总结时，在“生”中加入了“微田园”。后来，省领导讲话强调“微田园”，并将其与“小”“组”“生”并列。

和体会，比较深的是八个必须。

体会之一：必须把准方向。方向至关重要。习近平总书记教导我们，新农村建设一定要走符合农村实际的路子，遵循乡村自身发展规律，充分体现农村特点，注意乡土味道，保留乡村风貌，留得住青山绿水，记得住乡愁。四川的幸福美丽新村建设始终铭记习近平总书记的教导。

体会之二：必须坚持问题导向。问题是最好的老师。我们强化问题意识，正视困难，解决问题。2014 年 5 月召开的流动现场会，开宗明义指出复制城区、大包大揽、锦上添花、标新立异、缺乏活力五大问题，引起强烈震动。

体会之三：必须遵循规律。把握规律才能走向自由王国。重在遵循乡村发展规律，处理好乡村与城镇、新村与产业、村庄与自然、村庄与村庄、建设与文化、农民与政府的关系。2016 年 5 月召开的全省幸福美丽新村建设推进工作会，强调解决好实践中的重大关系问题，正是探讨规律性的。

体会之四：必须科学规划。规划先行是一条基本做法。提出了“三打破三提高”“三避让”①、产村相融等规划理念，建立了新村建设规划体系，制定了规划编制办法和技术导则，编制了建设指南，组织了专题培训会，配备了乡镇规划员。着力解决好为何规划、怎样规划、谁来规划、如何实施等基本问题。

体会之五：必须各美其美。美丽乡村不能千村一面。有条件的地方还应推进乡村艺术化，以多样化美打造各具特色的现代版“富春山居图”。四川农村在生态、经济、社会、文化等各方面呈现多样性，川西林盘、藏区新居、彝家新寨、巴山新居、乌蒙新村各具特色。

体会之六：必须农民主体。先后总结了“十二字诀”：尊重，尊重农民意愿，重大项目一般先搞民意调查；引导，包括教育、规划和试点示范；激励，制定符合市场经济法则的政策，出台了一系列指导性文件；支持，提供基础设施和公共服务，省级财政安排专项资金 35 亿元；组织，加强组织建设，完善村民自治，发展农民合作组织；维护，维护农民的土地承包经营权、宅基地使用权和集体收益分配权。关键是尊重农民意愿，维护农民权益。

体会之七：必须创新驱动。创新是建设发展的动力。2014 年年初，我们曾出台幸福美丽新村建设机制创新方案。近几年的机制创新，主要体现在农业经营机制创新、投入机制创新、建设模式创新、社会服务机制创新、乡村治理机制创新和推进工作机制创新。“小组微生”模式、乡村规划员制度、农业共

---

① 在“5·12”汶川地震灾后重建中，四川省要求农房建设选址避开地震断裂带、避开地质灾害隐患点和易发生地区、避开行洪通道。

营制都是在实践中的创新。

体会之八：必须坚守底线。既要创新机制，又必坚守底线。始终强调不能剥夺农民的知情权、参与权、决策权和监督权，不能赶农民进小区上高楼，不能侵害农民群众的土地承包权、宅基地使用权和集体收益分配权，也不能任意改变土地用途，不能毁坏基本农田。发现问题和苗头，及时调查纠正。

我们深知，幸福美丽新村建设还在探索中，面临的困难、问题和困惑不少。比如：

农村基础设施建设和公共服务仍然滞后，可政府投入巨资建起的图书室、垃圾污水处理设施等在一些地方却大量派不上用场；农村建设发展需要工商资本助推，可许多地方资本一进入，当地老百姓便失语，甚至被边缘化；农民是幸福美丽新村建设主体，可一些地方长年累月不见青壮年农民，一群年迈的婆婆大爷深感无奈；有的地方一面仿古建筑泛滥成风，一面传统民居不断被破坏……

问题的原因是多方面的，我曾在调查研究中指出过“五个替代”：一是主观愿望替代事物本质，二是行政权力替代市场法则，三是政府意志替代建设规律，四是领导热情替代农民意愿，五是理想蓝图替代现实选择。

这些困难、问题和困惑，需要在实践中寻找答案。

（本文是在四川大学全国干部培训基地为山西省某市干部培训班的讲课要点。建设幸福美丽新村是笔者于2013年初提出，被四川省委省政府采纳并在全省实施的。在实施中，笔者不断研究新情况、新问题，提出一系列对策建议，发表若干理论文章，产生了一定的影响。以此为基础与李晓、杜兴端等一起形成的研究报告《加快推进幸福美丽新村建设研究》于2017年4月获四川省第十七届社会科学优秀成果二等奖。）

第四篇

# 思考之源

对乡村艺术化的思考，离不开书本知识，但最根本的是源于调查研究，是在乡间小路上脚踏实地找到的感觉。

笔者自 1984 年大学毕业参加工作起，就逐步养成了调查研究的习惯，注重“解剖麻雀”。党的十八大以来，笔者多次下基层蹲点调研，到田边地角去随机走访，坐在同一根板凳上与乡亲们拉家常。村民一句朴实的话语，也引起我们的深思。“剪不断的是乡愁”“村庄建设要续写历史”“成败在于传统村落改造”“农村‘二穷二穷’但空气好”“风景这边独好”“村美还须有故事”“对农业和农村要有审美的眼光”等，就是这样来的。虽犹沙里淘金，却弥足珍贵。

一次又一次的蹲点调研，让我们隐隐约约看到，乡村需要艺术、艺术改变乡村，艺术化是乡村的未来。日记可以为此作证。

# 走在乡间小路上
## ——蹲点调研日记选①

### 与群众的感情是“处”出来的

**《人民日报》编者的话**：四川省委农工委新农村处处长董进智，按照四川省“不打招呼一竿子插到底、进村入户蹲点调研”的方式，一个人到内江市和甘孜州调研。他说，作为一名“三农”工作者，参加工作近30年，真正一个人到群众中去近十年来还是第一次。他感受到：与群众的感情是“处”出来的，只有多到群众家中揭揭锅盖，多到田间地头拉拉家常，才能倾听到群众的心声，才能真正发现群众面临的问题。

2013年7月16日　星期二　晴

下基层“形式”一次、“官僚”一次，群众的心就被伤一次，“村里可以说是‘五多三缺’，老人多、娃儿多、空房多、狗多、草多，缺劳力、缺技术、缺钱”

出发大约三个半小时后抵达内江市隆昌县胡家镇盘石村。为了避免直接谈问题冷场，我先请乡亲们谈村里和自家的发展，大家讲得头头是道，场面一度很是热烈。但当我说，请大家谈谈，干部们有哪些事情做得不好，做得不满意时，乡亲们立即安静下来，有的低头不语，有的独自闷头抽烟。

沉默几分钟后，村支书曾德函带了个头：“你要说问题嘛，完全没得那是假话，现在村里可以说是‘五多三缺’，老人多、娃儿多、空房多、狗多、草

① 2013年7月—2014年9月，笔者曾三次驻村蹲点调研，其中第一次是转变作风，第二次调研是指导地震灾区农村灾后重建，第三次是研究幸福美丽新村建设行动方案。在三次蹲点调研中，笔者记了七万多字的日记，并汇集成《走在乡间小路上——蹲点调研日记选》。每一篇日记都是当天的所见所闻所思，笔者对乡村艺术化的不少思考都源于此。

多，缺劳力、缺技术、缺钱。”另一位村民接过话题：“现在大家饭是吃得起了，但是说小康嘛，还差得远，把路边的房子一齐刷白，写几副标语，就是新农村了？这完全就是只要‘面子’不要‘里子’的事情嘛!”

受到前面几位乡亲的感染，一位村民激动地说：“有的当官的下来，浩浩荡荡一大路，指手画脚一通不说，还要提前安排几个‘懂事’会说的当‘群众演员’，这啷个听得到真话嘛!”听到此，我十分尴尬，有种芒刺在背的感觉，没想到群众对官僚主义、形式主义如此深恶痛绝。我们下基层“形式”一次、“官僚”一次，群众的心就被伤一次。

下午又实地走访了一些农户，沿途可见一些撂荒地，个别庄稼地杂草比禾苗长得好，心里很不是滋味。如今的粮食直补确实存在简单发放到人的普惠现象，没能很好调动粮农的积极性，“80 后”“90 后”不会也不愿种庄稼，粮食安全问题怎么保证?

7 月 17 日　星期三　晴

现代农业不能把农民“挤出”农业，“在发展现代农业中，一些地方急于造亮点、出经验，往往把注意力投到‘大老板’身上，而对农民的适度规模经营却支持甚少”

第二天，走访解放村和莆芦村，看看产业发展。

第一站，来到解放村浙江台州农民蒋宗喜的葡萄园。老蒋 2010 年 10 月携妻子和儿子、儿媳来川，按一亩一年 600 斤黄谷的标准，租了 70 亩地，租期 18 年。地里种了些西瓜，今后全部种葡萄，主要靠自家 4 个劳动力。我问老蒋：“为何不请人呢?”老蒋告诉我：“我这些活儿，家里人加把劲就做完了，平时不用请人，忙不过来再临时请几个。”

出了葡萄园，又绕到邻近莆芦村胡发友的钢架蔬菜大棚。胡发友是通过招商引资引来的，租了 600 亩地，全部种蔬菜。政府给了他较大政策支持，在基础设施方面投入了 600 万元。大棚温度高达 38～39 摄氏度，有 4 个 60 岁左右的老太太正在干活。当问起收入时，她们说：“让你的亲戚来试试看嘛，每天做 9 个小时活儿，工钱才 40 块，有时几个月都领不到钱。”

这些年，在发展现代农业中，一些地方急于造亮点、出经验，往往把注意力投到“大老板”身上，不仅政策上、投入上支持，还动员农民出让承包地，而对农民的适度规模经营却支持甚少，这类问题值得高度重视。农业发展确实需要招商引资，问题在于怎么引、引来干什么，怎样带动农民发展现代农业、增收致富，而不是代替农民搞农业，更不能把农民“挤出”农业。

午饭后，离开隆昌县返回成都。

7 月 31 日　星期三　晴

*农村仍有脱贫盲点，"许多地方都在为全面小康而奋斗了，而一些地区贫困面还这么大，贫困程度还这么深，这是我们工作的失职啊"*

清晨从成都出发，进入甘孜州泸定县后，一路坑坑洼洼，沿途还有多处塌方，下午 4 点左右才到达杵坭乡杵坭村。

刚在 54 岁的张家贵家坐下，就来了三四个人。听说我是省里来的，个个都用好奇的眼神盯着我。一位老乡说："省里来的大干部呀，我还是头一回看到哩。"现在交通通信这么发达，农民群众和我们仍如此陌生，这种距离感让我感到汗颜。

谈话中，大家最关心的是修路，乡亲们说："不通公路，我们修房子都是靠马队驮运水泥沙子，山里的水果蔬菜也运不出去，看到的银子都化成了水。"说到未来，有的想发展养殖，有的想开办农家乐，有的想下山去打工。也许是一时激动，54 岁的朱大姐把"家丑"也一块儿抖了出来。她说，丈夫有严重精神病，到处捡垃圾、㴬水吃。自己也体弱多病，每月药费都在 500 元以上。儿子在外做木工挣的钱都全花在了两个老人上了，35 岁了还是光棍。听完后，内心一阵酸楚，许多地方都在为全面小康而奋斗了，而一些地区贫困面还这么大，贫困程度还这么深，这是我们工作的失职啊！

晚上 8 点多，在村支书周兴林家吃过晚饭后，我拿出 500 元钱，请他给朱大姐等困难群众买点东西。

夜晚，雷电交加，躺在床上，辗转难眠。为什么和平常看到的有些不一样？为什么感触会这么深？关键是平时懒于"下深水"，习惯于接收"二手"或是"三手"信息，一些"负面"的东西都被过滤掉了。根子还是官僚主义和形式主义在作祟。

8 月 1 日　星期四　晴

*特色产业带动致富，"去年村干部多头跑销售，让农民收入打了一个滚儿，有的种一年蔬菜就够买一辆车"*

早饭后同主人家聊天。刚拉开话题，便来了一个 30 多岁的妇女。她是相邻的松林村的种菜大户程孝蓉，带动了全村种菜。听到这里，我急着想去看一看。

程孝蓉家住在海拔 1800 米的缓山坡上，门前便是一块番茄地，架子上挂满了番茄，红的、青的都有。12 亩承包地全种了蔬菜，还做蔬菜批发。去年，她家收入 11 万元。今年，在外当保安的丈夫也回家种菜了。

看到程孝蓉种菜赚到了钱，村支部开始发动各家跟着学种蔬菜。村里建起了雪域蔬菜合作社，蔬菜面积已上千亩，村主任毕满红介绍：“去年村干部多头跑销售，让农民收入打了一个滚儿，有的种一年蔬菜就够买一辆车。”现在，全村有大小车辆 25 台，摩托车更是户均一辆多。老百姓富了，村里打算从改厨、改厕入手整治环境，让村子变得更干净、更漂亮。

午饭后离开松林村，程孝蓉硬要给我一口袋刚从地里摘下来的辣椒和番茄，说：“你放心吧，我们这里种的菜都没打过农药，用的都是农家肥，我们自家也吃。”

回想这几天下乡，时间很短，没有去看有准备的点，没有参加准备好的座谈，少了应酬的疲惫，多了心里的踏实。我深切地感受到，与群众的感情是“处”出来的，你把民情捧在手上，群众就把你记在心中。我们应该多到群众家中揭揭锅盖，多到田间地头拉拉家常，才能倾听到群众的意愿心声，才能真正找准工作、作风及政策层面存在的问题；只有与群众同坐一条板凳“接地气”，才能真正建立起同人民群众的血肉联系。

（原载《人民日报》2013 年 8 月 13 日第 6 版，人民日报记者王明峰整理。《四川日报》2013 年 8 月 15 日第 2 版全文转载。这几篇蹲点调研日记产生了广泛的影响，原四川省委农工委于 2013 年 9 月建立了“驻乡进村入户蹲点调研”制度，先后组织了四批蹲点调研。2014 年 2 月，“驻乡进村入户蹲点调研”被写入四川省委十届四次全会决定。）

## 专栏 2

### 粮价下跌以后

（1990 年 10 月 16 日）

粮食价格下跌，这是今年一个普遍现象。粮价下跌对群众种粮的积极性有何影响，这是当前不得不考虑的大问题。带着这个问题，我在芦山坝区做了一些初步的调查，同时也间接了解了一些山区的情况。

**一、市场粮价和群众反应**

10 月 11 日（农历 8 月 23 日）上午，我专门去芦阳镇西街农贸市场了解粮食市场动态，看市场上的价格变动情况。当时，市场上交易的粮食主要是小麦和大米。

——小麦。卖主喊价在0.40～0.45元/斤之间，实际成交价格在0.38～0.42元/斤之间，大量的在0.40元/斤的线上。

——大米。喊价在0.50～0.56元/斤之间，实际成交价格在0.47～0.52元/斤之间，大量的在0.50元/斤的线上。

卖主卖的都是自己生产的粮食，买主则基本上是个体商贩。商贩设点收购。当日有三个收购点，都集中在一个地方。至中午12时，个体收购的数量，万斤左右。这时，未成交的粮食还有3000斤以上。

据卖主和买主介绍：大米，在国庆前实际成交价格，低的在0.44～0.45元/斤，一般在0.47～0.48元/斤徘徊，国庆节后才回升的。玉米，近期成交单价在0.28～0.30元/斤之间。

今后一段时间会怎样？卖主仍然担忧，感到升降未卜；买主则在繁忙中透露出乐观的神采，估计现在的价格会稳定一段时间。

对目前这样的粮价水平，群众有一个基本的对比估计。他们认为：从表面上看，似乎高于1983年、1984年两年的水平，但从实际意义上看，已经滑到了1983年、1984年之下。

看到粮价下跌，想起日用工业品和农用生产资料的涨价，群众感到寒心。在拥挤的人群中，到处都能听到“种庄稼划不来”的叹息。买粮人也有类似的感慨。

即使是稳定的农业税，有人也发现不稳了。一个卖米的妇女说：“前两年交农业税，卖一二百斤粮就够了。今年不行了，要卖二三百斤。”

是呵，辛辛苦苦的劳动，好不容易才盼来这连续两年的大丰收啊！可迎来的是什么呢？种田人不曾想到，丰收之后竟陷入了忧愁：“本来，是想多卖几个钱的，可不值钱了。”许多社员不得不盘算：农业税、提留款、子女读书、买种买肥……哪里来那么多钱？

**二、粮价、收入与明年粮食生产**

“谷贱伤农”，粮价下跌后对群众种粮的积极性肯定有影响。眼下重要的是，究竟有多大影响？

据我了解，现阶段在农民种粮积极性上，有两种不同的作用力：

一种作用力驱使农民继续种好粮食。这种作用力主要有两个来源。一是历史的习惯。由于历史的原因，许多社员都把农民同种粮等同起来，“农民嘛，就是种庄稼。不把粮食种好，吃啥子？”二是实现的压力。种粮划不来，但“话又说转来，农民不靠种粮又靠什么呢？你说出去找钱，前几年还马马虎虎，去年以来就越来越不行了。就说前几年，找得到门路的也还只是少数”。这是群众普遍的一种感受。另外，1984年以后的教训也还记忆犹新。

另一种是消极的作用力。农民在习惯和现实选择面前，不得不向粮食生产增加投入，问题是钱从哪里来？就普通农户而言，钱仍然主要是来自粮猪型的经济。而今年粮食生产和生猪发展方面的情况，一般的看法是增产不增收。我在调查了解中感到，准确的概括应当是：增产“增收”不增钱。增产，无论是粮食生产还是生猪出栏，都是明摆着的；“增收”，也能说出“一二三”，关键看你怎么算；增钱，不管怎么算，大账是算不得的。升隆乡的同志算了几笔账，结果是：增产的49万多斤粮食全被价格这张伸缩的嘴吞掉了；生猪增加500来头，取消直接对农民的扶持政策后，也所增无几；另外，劳务方面，同去年相比，只能大体持平。如果考虑到日用工业品和农用生产资料价格的居高不下，农民手中可支配的现金收入实际上是在减少。农民再投入能力不足，无疑是制约粮食生产的一个重要因素。

看来，当前农民是在两种力量的困扰之中。困扰的结果会对明年粮食生产产生怎样的影响呢？

从当前正面临的小春生产来看，山区和坝区情况不大一样。在坝区，面积上，人多地少，往年就已经种满种尽，社员一般不会让地空着。种子上，群众已经看到了它的重要性，估计不会有大的问题。潜伏的问题可能是在肥料投入上。不过，小春用肥量小，播种又正好在秋收之后，因此，只要做好工作，问题是可以克服的。在山区，地广，产量低，面积上的弹性大，能否稳住和扩大面积，可能是问题的焦点。不过，山区小麦投入和商品率都低，适当扩大种植面积还是可能的。

看来，明年粮食生产上突出的问题不在小春，特别需要提前做好准备的是大春。这，一则是因为大春面积广，单位投入又高；一则是因为春耕前后收入来源少，主要是靠今年积蓄。

（本文实际是一份调研日记，原雅安地委政研室简报《调研情况》印发。）

## 成败在于传统村落改造

2014年1月6日　星期一

全天在雨城区调研农房建设选址问题。

先去上里镇。上里镇共和村重建聚居点，占用了一片良田。从效果图和施工情况看，确实有点“高大上”（高端、大气、上档次）。问题在于脱离原有村落，没有传承文化，没有很好地亲山亲水亲自然。

我们走访了一个相邻的自然村庄，那里有老宅、老院、老林盘，有上百年的老民居，有本乡本土的故事传说，还有上百年的桢楠树。而且依山傍水，错落有致。生态底色好，文化底蕴深。如果新建聚居点同传统村庄改造提升结合起来，科学规划，一定很有特色。

接下来到中里镇。中里镇刚开始平场的杨家院子，也是抛开传统院落新建的。不远处的老村庄，它的院落、林盘、下湿田，非常协调，改造出来肯定也很不错。

由杨家院子想到上里、中里的“五家口”。当地有杨家顶子、韩家银子、张家“锭子”、陈家谷子、胥家女子的传说，这就是地域性的农耕文化。如果规划设计好，引导老百姓建几个大院，应当能够做出点名堂来。

把 2013 年以来看过的新建和改造聚居点联系起来，可以得出这样的结论：传统村落的改造提升，是幸福美丽新村建的成败之举①。

第三站是多营镇。在多营镇看了两个村，他们的农房重建都同传统村落的改造提升结合起来了，而且有茶叶、猕猴桃产业的发展规划与之配套，体现了产村相融。潜伏的问题是地质灾害隐患。这两个村都在山坡上，都发生过泥石流。1979 年，多营镇的另一个村，整整一个生产队的人（100 多人），全部被泥石流卷走。这是一个历史的警示。

在其中的陆旺村，一位五六十岁的妇女正在建房，一楼一底，有二三百平方米，快封顶了。聊天时，主人家说到儿女们。据说有一个女儿不让母亲建房，要建就必须给 1 万元。确实是母亲给了女儿 1 万元才开建的，这有点像买断关系！

附近一家，两弟兄都六七十岁了，挨着建房。从建房起，一直有纠纷。我们在许多地方也看到过类似的现象：邻里、父子、兄弟、姊妹、夫妻等关系不是很和谐。应当明确，村美离不开人和。

---

① 2010 年 5 月，四川召开“5·12”汶川地震灾后重建现场会，其中总结灾后农村重建经验，提出把新村建设放在新农村建设更加重要的位置，通过科学规划建设新村聚居点，当年下半年又提出有条件的地方探索建设新农村综合体，由此在全省兴起新村建设热潮，一些地方借机开始“大拆大建”。此处提出的“传统村落改造”正是针对“大拆大建”提出来的，得到了四川省委的采纳。为防止同“传统村落保护”产生冲突，随后改为“旧村改造”。后来实施的幸福美丽新村建设“五大行动”中的“旧村改造行动”，正是从此逐步形成的。

## 村庄建设要续写历史

1月25日　星期六

对传统村落的改造提升等问题做了进一步的思考。

这次调研当中，我提出把传统村落改造提升作为成败之举，至少是为了：尊重自然，传统村落已经形成了相对独立的生态单元；讲究科学，成百上千年自然形成的村落必有其科学道理；传承文化，传统村落都有自己的足迹、符号、故事；彰显特色，不能千村一面、千篇一律；续写历史，这样才能在过去历史的基础上写出新篇章。

## 剪不断的是乡愁

1月29日　腊月二十九　星期三

原定一早就去龙门。临时改变主意，到小时候熟悉的地方走走看看。

### （一）

先沿公路徒步去安营重建集中安置点。安营原来是清源乡（现与仁加乡合并为清仁乡）向阳村的一个村民小组，几年前向阳与芦溪合并，现在就属芦溪村了。

路上遇见了10来个30多年前的熟面孔，见面都相互打招呼。他们差不多都能猜出我来，而我却记不起多数人的姓名了，实际上以前也叫不出名。既然相识，确实不好再问对方尊姓大名，尽管聊得很投机。

一位背着年货的中年男人，在去安营的岔路口我们就一起走。先问起好几位小学同学，接着把话题转移到他家的情况。谈到建房时，他说，老房子的房顶被地震震垮了，但遇上修大桥拆迁，面积换面积，换了城里120平方的电梯公寓（在建），还得了8万元。说到这里，不难看出，他心里有些乐滋滋的。据说，房子多的人家，一户就换了三四套。

### （二）

不知不觉，我们到了在建的集中安置点。一眼看去，几套轻钢房（保障房）已经全部入住了，30来户砖混结构的重建房已开工，但还没有一户砌完一层。大概是因为忙过年的事，都停工了。仔细看，总体布局和房屋设计都比较合理。依山傍水，选址也挺好。

聚居点中间，过去正好是我上初中时必经的小路。顺着小路的大体位置，走到河边。面向母校的方向，往事历历在目。

初中两年，上学都要从那里过河。冬天走独木桥，夏天涉水，遇洪水只好绕道从县城旁边过石拱桥。一个冬天的早晨，我作为学雷锋小组组长，带头背着一桶自己从山上捡的牛粪到学校，在独木桥上踩虚了脚。幸好，瞬间双手吊在了扶手上。另一个夏天的下午，放学回家，河里涨水，不愿绕道，铤而走险。蹚到河中间，水淹过肚脐，脚在水下打飘飘。每每想到此事，都有些后怕。

记忆中最惊险的一幕，还是刚进中学的时候。有一次，和同班同学老胥一起，在河对面走另一条小路。路过一姓李的家门，一条叫四眼狼的大藏狗冲出来，把我扑倒在地，好在主人家及时赶来。自那以后，我特怕狗。

足足站了一二十分钟，然后去保障房聊天。第一家是一位七十岁上下的五保老人，正在看电视，邻里的两个老年人正同他一起摆龙门阵。老人在“4·20”芦山地震前住侄儿家，做梦也没想过大灾之后还能住上这样两室一厅的“洋房”，由衷地感谢党、感谢政府。他还带我看了看房屋后面分给他的菜园子。我对“微田园”情有独钟，建议他们把房前空余的地方也开出来种种菜。

也许是赶进度的原因，屋里一些地方还有些粗糙。有趣的是，主人家指着不平整的水泥地面，笑着说：“他们怕地面平了让我们老年人脚打滑。”老人家的幽默，把大家都逗笑了。我也笑了，夹着一种酸酸的味道。

保障房建设还有一个问题，就是以村为单位集中建，据说全县都这样。住进保障房的都是老弱病残，这样一集中，生产就不方便了。就在这个安置点，有一两户就不得不翻山到原来的地方去种地，远点的要走四五里路。想调地也难，有的中间还隔着一两个组。

## （三）

主人家是安营坝人，我们顺便提到了曾经赫赫有名的私营企业老板老李。老李正是安营坝人，早先是泥工，当过包工头，20 世纪 90 年代初办石材加工厂。

芦山产花岗石，全国最好的红色花岗石就是芦山的“中国红”，号称可与“印度红”媲美。“中国红”这个名字还是 80 年代中期，一位高层领导在北京一个展览会上现场改的，之前叫“芦山红”。邓小平“南方谈话”后，花岗石、大理石作为建筑装饰材料，一度走俏。芦山、荥经、宝兴、天全、汉源、石棉，都兴起了一大批石材企业。整个雅安号称“石材王国”。每每向客人介绍雅安时，雅安人都会自豪地说：“中国的石材看西南，西南看四川，四川看雅安。”

当时搞石材开采、加工、销售的，一下就发起来了。老李就是其中最有名的两个人之一。另一名是大板村小板桥组的共产党员竹老，曾任村支书，办起国张石材厂，还投资700多万元建国张中学，因此被选为省委第六届党代表，一度成为热点人物。他的经验，据他讲，就是“政治经济学”“靠县委政府支持”。老李的规模和名气还要大些，他办的华营石材厂，曾进入全国私营企业百强。后来又办华营饭店，还自行设计、投资上亿元办拐子沱水电站。当地领导曾在现场称赞：“我们的农民企业家就是不简单，自行设计办电站。”没过几年，公司垮了，最先就栽在他自己一手设计的拐子沱水电站，问题就出在选址和设计上。

华营石材厂最早的名称我已记不清了，后来的全称是华营石材有限责任公司。以前曾听说，最初在取名的时候，老李雄心勃勃，取了个“华营石材无限公司”。经相关人士解释，才改成“华营石材有限责任公司”。

老李的兴衰是很值得研究的现象，留待以后适当的时候再来分析吧。这里还是听听老者的说法。几个老人东一句、西一句，都说是管理上的问题。他们有些同情地说，他垮了，“给他管理的人肥了”。同时，听得出老者心中还有情绪：但是，左邻右舍的人好多都吃了亏。比如，老李修祖坟，包括进祖坟的路，大家帮着干，说的是要付钱，实际上只吃了一顿饭，一分钱都没拿到。

但是，不管怎么看，老李是有贡献的。不只对清源乡有贡献，而且对全芦山、全雅安都有贡献。至少，他带动了一大批人办企业，曾经创造了那么多的就业岗位。

## （四）

告别保障房的主人家，向河对面的大板村走去。铁索桥这边几十米处，一家的房子，砖木结构的，建得大，建得漂亮。我刚停下来看，主人家就出来了，非常热情地打招呼。我还是连姓都记不起来，也不好意思开口问。

看到我对他们家房子的关注，60来岁的女主人说，工业园区办厂，想拆他们家的房子。我说现在拆迁是好事，还您房子，厂办起来年轻人还有事做。主人家还是有些担心。她说，老年人能做啥；年轻人没技术也麻烦，地退耕了，田占完了，养猪都没有地方。征地也才3万元钱一亩。

男主人和邻居也热情地走过来一起聊。我们坐在路边上，晒着太阳，喝着热茶，谈“古”论今。从农业学大寨、开田改土、修清思堰，谈到包产到户、取消“皇粮国税”、抗震救灾。都说现在党的政策好，“地震是天灾，政府都要拿钱来管”。

男主人还提起了20个世纪70年代借粮的情景。他回忆道：“那个时候，粮食不够吃，年年都要外出借，到柏树也借过。”我家就在柏树，当时叫清源公社芦溪大队柏树生产队。那时，柏树相对来说，人少地多，虽然缺大米、小麦、大豆，但玉米还是够的。每年把公粮交清，把口粮分配了，还有余粮，当然只是玉米。记得每到腊月，就有外地人到队里仓库门前排队借粮。曾经听说，到80年代初，全队累计有几万斤借出去的粮没有收回。

说到那一段，年轻人都没有记忆了。一起聊的人是“70后”，刚40岁，把话题扯到了外出打工上来。他去甘肃那边打工，一去就是10多年，看样子干得还不错。我称他老板，他不接受，说是自己给自己干。我说，给别人干是打工，给自己干就是老板。

一聊就聊了两个多小时，茶也喝了一大壶。已经是下午四点钟了，起身告辞。

## （五）

过了河就是清仁乡乡政府所在地——大板村。该村重建聚居点就在原来的清源小学前面，建设进度比芦溪村的要快些。正准备进工地时，看见学校门口四个大字：“板桥人家。”出于好奇，我直奔了过去。

走到门口便听到有人招呼。一看，原来是“瞿百万”，正和家里人打牌。“瞿百万”是大板村建国组人，家住清源小学旁，我上中学时他读小学。10多年前在外打工，买彩票中了500万元，回家创业，还花钱为学校修了路。“板桥人家”就是他把原清源小学的地盘买下来建的。多年不见了，他非常热情，陪我走了一圈。原来的办公室、老师宿舍、教室都改造成了棋牌室和饭厅。后面还盖起了住宿楼。地震前生意不错，现在仍在恢复当中。

## （六）

我的兴趣当然在村庄。学校旁边的山沟里，以前有一个叫“爱国”的生产队。我顺路进去看了看，一直走到沟里头。山上还有一些人家，时间晚了，没有去。沿途可见，道路硬化了，卫生也不错，民风依然淳朴。让我兴奋的是，那里的山水、林盘、村庄太美了，还有上百年的老宅子。走了几家，听得津津有味，就是看不出个门道来，毕竟是外行。遗憾的是，有一家的老四合院，地震后拆了四分之三！另一家的老房子，平时没有人住，破旧不堪，只是每年过年的时候有人回家上几炷香。

竹林深处有人家。返回的时候，快要出村子了，有个热心的中年人见我对老民居感兴趣，主动带我到另一条小山沟的半坡上去，看一栋老房子。满山坡都是退耕还林种下的竹子，密密麻麻的，看样子成林有些年了。顺着林间弯弯的泥土小路，听着村子里一则则的小故事，不到一支烟时间，我们便到了目的地。“看，就这家。”主人家，一位七十多岁的老人，听到我们的声音，便出门迎客。

老人家身体硬扎，热情好客。边向我们讲述着他的家史，边领着我们到房前屋后、屋里屋外转了转。房子面积较大，有几分艺术。据老人回忆，至少建有上百年了。地震的时候，虽然山背后不远就是震中，但是，除屋顶的瓦掉了外，整体结构、墙壁，依然完好。子女不喜欢老屋，都想出去。老人却习惯了，舍不得离开。或许更有意思的是，这里看不出“现代化”的暴虐，没有钢筋，没有水泥，没有玻璃，没有任何打造过的痕迹。

走访完了，才知道这是地震前雅安市“五十百千”新农村建设工程的一个点，投了500万元打造。当地村民还提到，政府曾经动员他们搬出去，然后引老板开发建别墅。这里的老百姓不愿意。

近几年，我们到各地调研时看到，许多地方，只要找到好资源，或者只要老板看上哪个好地方，就会动员老百姓让出来，给老板开发。我觉得，这是有问题的。为什么老百姓就不能分享祖祖辈辈留下来的宝贝？

## 最苦恼的是市场

2月28日　星期五

今天走访产业重建情况。整天都在李伙、张伙、河心转来转去，主要是在田边走访，也进过3户村民家聊天，先后接触了30来人，多数是老人和妇女。

### （一）

本来是了解产业方面的情况，但一开口，村民都会把话题抢过去，接到建房上，而且会有三五个村民闻声而来。他们讲述自己的困难，诉说对前期一些工作的不满，表达对政府的期待。在谈到地方上的一些政策时，一位腿上有残疾的中年妇女举例说：“中央的政策好，但地方上说话不算数，说变就变。”

提到安置点建设，多数村民都表示，国家要“征地”，他们支持。就是标准太低，不过大家都一样，也没啥话说。他们希望在建设当中考虑他们的困难，尊重他们的意见。比较集中的想法有四点：一是不要一说就要求先交10多万，一下子确实筹不到那么多钱。二是强烈要求自建，自己请人少花点钱，家里人也可以做点事，而且有干泥工的，相信大家会照规划建。三是请求允许只建一层，以后有条件再修二楼。许多村民反复强调，眼下确实有困难，比如，有的前几年建新房就把积蓄花光了，借的钱也还没有还清。四是希望县上领导像邛崃那边，想办法再给每家每户解决点。这些意见，在其他地方走访时都听到过，县乡的同志都知道。

应该说，乡里的考虑也有道理。这事，真还有些纠结。

## （二）

回到产业上，除了乡村组干部和外出打过工的人以外，一般都是传统思维。谈到今后的发展，普遍感到茫然、困惑，表示随大流。

最苦恼的是市场。村民都说龙门这个坝子好，“种啥都得行”，问题是种来卖给谁。他们说，龙门“就那么大个地方，大家一种就卖不脱”。“运出去呢？”几天前我问过河心一个30多岁的小伙子。他对我说，去成都看过，还专门去过白家市场。他用一口土说话：“阿马，你咋挤得进去？”“龙头企业进来呢？”我用同样的话问过村民。得到的反应惊人的一致，而且都举出同一家企业，但都叫不出具体的名字来。

返回乡上才了解到，村民提到的是重庆乌江榨菜厂，是2013年11月以后来芦山龙门乡王家村的，主要是收购原料，就地做一些简单处理。经过实地考察，支持农民种娃娃菜，由公司送种子，并签订保护价，负责收购。最近《雅安日报》还有专题报道，说王家村人种“金娃娃”，每亩比种油菜增收30%，群众高兴。

王家村的群众高兴，但青龙场的高兴不起来。村民们承认公司发了种子，承认公司来收购蔬菜，承认公司给农户认订了保护价。村民最不满的是价格太低。前段时间，每斤才一角七分五。老百姓算了一下账：种娃娃菜，亩产5000多斤，毛收入875元；近几年油菜籽单价在2.3元～2.8元/斤，按亩产400斤、每斤2.50元计算，收入1000元，再减50斤下来，正好也是875元。老人们还说，种娃娃菜，“你要多背好多背啊”。所以，许多老百姓说起就生气。

有趣的是，下午两三点钟，在张伙组，老骆、小张，还有两三个叫不出名的干部站在油菜地中间的村道上，为县上引进的一家猕猴桃加工企业的土地整理项目选地。带着村民反映的情况，我顺便提到娃娃菜的事。

老骆的看法与村民有点不同。他同样通过算账来说话。他说，娃娃菜亩产七八千斤，就是0.175元/斤也比种油菜划算。而且别人还要送种子，现在价格也提到了0.22元/斤。

没等老骆把话说完，小张就打断他的话，重新算了一番账。小张说："亩产哪里能上七八千斤，一般就是四五千斤。不要说一两块钱一斤，说多了不现实，你起码该给3角吧。就算收入跟种油菜差不多，也不划算，因为种油菜用工要少些。"

小张还当着乡村干部的面讲了两件事：一件是，有一次他背去的800多斤菜，收菜的人先只称出500多斤，后来用别的秤重新称了。据说，问题出在公司的秤被拖拉机顶住了。当时发生了争执，还打起赌来。当然，小张也不认为是有意的。另一件是，有一次收了菜之后不马上付钱，他不答应。老骆不开腔了。

## （三）

娃娃菜引出的问题，我认为，应当用发展的眼光去看。首先，必须承认，地震之后公司到灾区发展蔬菜基地，是支援灾区恢复重建，是为民之举。其次，看得出公司走的是"公司+基地+农户""公司+合作社+农户"的路子。这样的路子，自20世纪90年代以来，得到了东西南北各地实践的检验，是成功的，是我国农业现代化的必由之路。第三，娃娃菜问题的关键在于利益联结机制。公司当然要赚钱、要发展，但必须让老百姓共享、双赢。老百姓活不出来，公司发展就没有根基。

当然，公司刚来，有一个磨合期。不过，现实生活中，很多有眼光的企业，发展之初往往宁可做点牺牲，也要让老百姓有利可图。我相信，公司是会做出明智选择的，从把单价由0.175元/斤提到0.22元/斤中，已经看到行动。

## （四）

一晃，来龙门蹲点调研已经两个半月了。除了集体跑面和元旦、春节两个假期外，我实际在龙门乡青龙场走村串户的时间约一个半月。在与村民交流当中，我坚持"三做三不做"。

"三做"：倾听，耐心倾听，再难听的话都坚持听下去，挨几句骂也不在乎，通情才能达理；解释，有针对性地宣传农村政策、重建政策，介绍外地的好做法、好经验；分析，认真分析从群众中得到的情况，作为研究工作、提出对策建议的重要依据。先后筹备的几个会，都充分应用了这些日子的调研思考。

“三不做”：不争论，村民一时不接受，听不进去的，决不去争来争去，这不只是给别人时间，更重要的是给别人台阶，心理学的认识不协调理论可以给我们有益的启示；不表态，也不只是有没有这个权的问题，即使有，也不清楚事情的来龙去脉、前因后果，管不住自己的嘴就会添乱；更不讨论敏感问题，听是“必须的”，说还得看场合、守纪律，即使是听，遇到有些问题也须把注意力引到另一边去。

另外，从这段时间的观察来看，重建当中，面对前期的折腾、上面的压力、群众的抗争，乡上的一些做法当然不是上策，也很难说是中策。但是，换一班人来，或许只能出下策。

（压缩后发表在《四川党建（农村版）》2014 年第 5 期。）

## 现代农业路漫漫

3 月 1 日　星期六

继续走访产业发展问题。还是往昨天的方向，边走、边看、边聊，再访了张伙张组长。

### （一）

总的来看，李伙、张伙、河心的农业仍然是传统农业。传统的农民，主要是老人和中年妇女，靠上一代传下来的经验种地。传统的产业，地退耕了，田里大春种水稻，小春种油菜，零零星星种点蔬菜、苗木，再养一两头猪、几只鸡。传统的耕作，家家户户的农具不外乎锄头、镰刀、背篼、粪桶。传统的规模，以户为单位，多的四五亩地，少的只有几分，一般每亩地毛收入二千七八百元，纯收入不过一千六七。

当然，家庭从业结构、收入来源已经有了很大变化。青壮年农民绝大多数外出打工去了，绝大多数家庭的收入主要靠打工。张伙，一个三十五六岁的小伙子，在成都市郫县石材工业区打工。据他讲，工资是计件制，月收入高的时候上万元，少的时候也有四五千。在那里，干得多的，听说偶尔飙上一万四五。地震以后，在几个灾区县，我们看到，一点技术都没有的中老年妇女，就近到工地上打打杂工，一天少不了百十元。所以，越来越多的农民，特别是年轻人，不像以前那样看重土地、珍惜土地了。

但是，说到现代农业，这里的种田人，那些满手茧疤的老农民，面朝黄土背朝天，肩挑背磨一辈子，对那“洋玩意儿”，一个字：晕。还是那些不沾泥土、走南闯北的年轻人，张起口来头头是道。有的甚至扯到了国外：“你看人家美国，全部是机械化，像我们青龙场这个坝子，给人家一个人都不够种。”

## （二）

问题是，我们必须面对现实。这几天青龙场的干部群众在产业上谈得比较多的是种猕猴桃。

对他们来讲，猕猴桃并不陌生，以前叫毛梨儿，山上都有，野生的。人工也种植过。记得 20 世纪 80 年代后期，我在雅安地委政研室工作，随领导到龙门调研，就见过一位曾任过村干部的老头，种了一片猕猴桃。我们在地里跟他聊了一阵。老人家很风趣，在提到有人偷他的幼苗时，他笑着对我们说：“那是人家瞧得起我。”他还给我们讲了一些事，比如，老百姓种的玉米有两种，一种是本地玉米，喂出来的猪，肉好吃些，自己用，另一种是杂交玉米，喂的猪是杀来卖的。这两件事给我的印象很深，后来我曾向许多人谈起过，近几年还偶尔提到。估计没种出名堂来，这次来问了好几位同志，都不知道。

龙门猕猴桃产业反映出的，实际上是雅安北部雨城（原小雅安市）、名山、荥经、天全、芦山、宝兴六个区县在产业发展特别是水果发展上的曲折，其中的教训值得吸取。

我 1986 年上半年从武汉调回雅安，在雅安地委政研室从事调研工作。那时政研室的重点就在农村改革发展领域。当时雅安地区在调整农业结构、发展多种经营中，兴起开发农业热潮，实际上是搞农业综合开发，有些涉及这些年来大家关心的农业多功能开发问题。种植业上，药材、水果、茶叶、蔬菜、食用菌、林竹都在开发。水果当中，农业专家，包括川农大教授和地区农业局的技术员，都主张在北部几个县发展猕猴桃。据说，这些地方海拔 800 米左右的山坡很适合猕猴桃生长。

我也在凑热闹。在武汉的时候，我曾买过一本叫《风雨行》的书，是著名学者童大林去新西兰等国考察回来写的，里边就讲了猕猴桃，说是从我国贵州一带引种去的。经过品种改良，取名奇异果，品质好，价格高，很多人种猕猴桃成了百万富翁。看了之后很激动，回到雅安向领导讲，向同事讲，向同学讲。有一次回老家清源乡（现在与仁加乡合并为清仁乡，实际上，20 世纪 50

年代就是一个乡，也叫清仁乡）芦溪村。走到向阳坝，碰上一位小学同学，当时是清源乡招聘干部。他们正在宣传推广种柑橘，好像全乡的任务是四五十万株。我向他作了反宣传，建议种猕猴桃。

“说得闹热。”干起来还得摸着石头过河，先试种，再示范推广。记得20世纪80年代中期，雅安地区就在雅安市（现在的雨城区）八步乡一带试种猕猴桃。花了不少钱，好像两三年就宣告失败。原因很简单，苗子出了问题。说的是良种，实际上是实生苗。雅安八个区县，先后推广过柑橘、葡萄、苹果、桃子等，除南部的汉源、石棉县外，都因为土壤、气候的不适，很快就衰了。以柑橘为例，挂果后，果子越来越小，越来越酸，没人吃。不过以前在芦山县的苗溪劳改农场（早已改名川西监狱，迁到了成都市龙泉驿），后来一直在种猕猴桃，主要销往广州、上海，供不应求，价格高，效益好，但本地干部群众还在“怕井绳”。

应该说，雅安猕猴桃种植比苍溪、都江堰起步早。如果像那些地方一样，今天雅安北部，包括青龙场，其农业主导产业很可能是另一番景象。

## （三）

亡羊，还可补牢。在灾后农村产业重建中，县上根据本地的实际条件，吸取过去产业发展中的教训，再借他山之石，把猕猴桃作为两大主导产业之一（另一个是茶叶）进行规划。青龙场正是发展猕猴桃的一个重点区域。据我观察了解，县上正致力于园区推动，思延现代农业园区的主要任务之一正是猕猴桃的种植示范和产品加工；龙头带动，引进龙头企业把农民带上农业产业化经营的路子；政策激励，正在研究出台在规划区内鼓励千家万户种植的办法；创新驱动，在农村改革上也将有新的尝试。这些，我认为，方向是正确的，路子是对的，办法也是可行的。

关键还在沙场见兵。回到“现在而今眼目下”，我们来看看青龙场的老百姓，看看李伙、张伙、河心的村民们怎么想、怎么办。见到村民，一提起发展猕猴桃的事，多数都知道，都很关注。他们说，政府引老板来了，要租地，正在宣传动员，报名签字，来地头看，快要动土了。大家关心的问题，概括起来主要有三个：

产业前景问题。张伙、河心的几个老农都说，青龙场土质好，种啥都行。别的地方能把毛梨儿种好，“青龙场还有啥子问题”？技术上，若真正发展，肯定有人来指导。但是，大家还是担心。河心一个常在外边跑的年轻人说：“说好肯定好，但是说来说去，说一千道一万，还是要看卖给哪个？有没有公司来收？现在外边到处都发展起来了，你还搞得赢人家吗？”他举例说：天全县就种了很多，你看老百姓从天全就摆到飞仙，有几个人买？一天卖好多钱？河心的村民也有拿花生来比的。有个老年人算了一笔账：种花生，产量高的400多斤，少的两三百斤。现在15元一斤，前年卖到20元一斤。一年一季，轻轻松松几千元钱。他也指出，花生不能年年在同一块地上种，今年在这块地种，明年就要换到那块地种。

企业经营问题。沿途交谈当中，大家都承认现在不管发展啥子产业，没有企业来不行。“电视上看到人家那些发达地方，农业搞得好，老百姓得实惠，都是有大的龙头企业。但是，我们这些边远山区同人家比不得。”他们举例说，这些年，芦山县也引过一些龙头企业来，有加工魔芋的，有收购蚕茧的，有杀猪宰鹅的等，一开始都干得热闹，没过几年就垮了，老板也跑了。他们希望政府要引企业，就引那些实力强，有长远打算，又善于经营的。他们担心：“引来的加工企业干不久又垮了，或者老板把国家政策用完、赚了钱就跑了，那老百姓就惨了。你看种魔芋、种山药、养蚕、养鹅的，现在还有哪个去管。”

土地流转问题。听老百姓讲，现在是政府出面动员大家把地让出来，租给企业，每年的租金为600斤大米或1400元钱，五年以后分5%的红，十一年后分30%。在这个问题上，走访的村民中，有三种态度：一种是赞成。河心的骆大爷正在挖地。他放下锄头对我讲，他76岁了，老伴长期身体不好，正在成都做手术。三个儿子都在外打工，他在家带孙子读书，还要种地，“早就巴不得企业来租了”。另一种是随大流。多数村民都说只要别人租出去，自己也愿意跟着租出去。但是，希望租金高点，希望把这一季油菜收了再动或者给点青苗费；也担心企业来把地推平了，以后不干的时候，张三李四扯不清。第三种是反对。李伙有个中年妇女说：“现在一说有好项目要发展就喊我们把地拿出来租给老板，我们农民就不种吗？”

## （四）

对这样的土地流转，我有些担心。记得2011年7月下旬，在省社科院和川大举办的农业现代化与粮食安全理论研讨会上，我曾指出土地流转中的“两个热衷于”值得注意。我所谓的“两个热衷于”，指的是：“越来越多的城市工商资本盯住农村，热衷于长期大规模租赁经营农民的承包地，发展设施农业，开发农业的多种功能；与此相应，一些基层的同志急于发展现代农业，热衷于用农村的土地去招商引资，通过工商资本来促进农业的规模经营，建设专业化、标准化、集约化的农业生产基地。”

我认为，“两个热衷于”的现象，值得高度关注。当然，我并不否认城市工商资本进入农业的积极意义。问题的关键，在于“三农”问题本身的特殊性和复杂性。千万不能忘记，我们要解决的是农业、农村和农民问题，绝不仅仅是农业问题。“两个热衷于”，其严重后果，可能是广大农民在农业现代化进程中出局，成为局外人。应当倡导的是发展适度规模的家庭农场，引导农民走向新型合作。这个观点很快得到了高层的重视。现在看，仍然有着现实的针对性。

还应当注意到现阶段我国农民工的特殊性。随着我国经济的转型，特别是当新型城镇化达到一定水平以后，还会有那么多适合农民工的工作吗？那么多农民工都能继续在城里干活吗？看看现在大学生的就业难，我们完全可以预料，到一定时候，相当一部分农民工很可能会重新回到农村。如果现在政府简单动员农民把大片大片的土地长期租赁给城市工商资本，一旦农民工返乡，我们来想一想，会出现什么样的情况？

（本文压缩后发表在《四川党建（农村版）》2014 年第 5 期。）

## 村美还须有故事

3 月 7 日　星期五

（一）

应钟乡长之约，向乡上请来的四川省远景设计研究院执行董事、建筑设计高级工程师、国家二级注册建筑师老唐一行介绍幸福美丽新村建设有关情况，重点就如何完整准确把握幸福美丽新村的内涵和要求及规划当中需要注意的问题，做了简要介绍，也谈了自己的想法。

之后，与老唐一行、县农办负责同志、钟乡长等，到现场看了红星村的情况。红星村有一个老村庄在河边，离县道只有 2 公里，住有 600 多人。那里的院落布局很不错，还有上百年的老宅子、桢楠树、小水井等，村道也硬化了。尽管遭受地震损坏，但是，规划好了，恢复打造出来，一定很美，而且有文化。问题在于村民不懂。他们急着往公路边迁移，正在建一个新的聚居点。

途中，向规划单位和县乡村的同志谈了我去年 8 月在泸定县杵坭乡杵坭村谈的一个想法：找一些 1840 年以来，本地不同年代生长的树，记录时代风云和本土故事，以反映民族的伟大复兴。也就是以生态文明为载体，用生动的故事，反映中国梦圆梦的历程。我自己认为，这是一个好的创意，搞好了，可以从多个方面收到一些意想不到的效果，建议作为一个规划项目来考虑。我还开着玩笑对老唐等规划师说，成果是你们的，知识产权归我，免费使用。

（二）

说到幸福美丽新村，2013 年 3 月份起，我就开始思考，既学习领会中央新精神，又总结这些年我省新农村建设的成效和做法，还分析了发展趋势，借鉴了浙江、江西、安徽等地的经验。因此，基本想法既有前瞻性、创新性，又有现实性、可操作性，得到领导采纳。2013 年 9 月，四川省委办公厅下发了我们代拟的《关于建设幸福美丽新村的意见》，各地反响很好，还引起了外省如浙江省分管农村工作的领导的关注。浙江省委农办专门找我询问了相关情况。

回想起来，我从事新农村建设工作已经两年多了。为着新农村建设，两年来，可以说是呕心沥血。做过不少调研，读过不少书，思考过不少问题，写过不少材料，熬过不少夜，牺牲过不少节假日。全省新农村建设，无疑凝结了我们的心血。看到农村的每一点变化，看到各方面的评说，由衷地感到高兴。3 月 3 日《人民日报》头版准头条报道了我省的新农村建设，题目是《四川产村相融幸福提速》。当我从网上搜出来，一段一段往下看的时候，心里乐滋滋的。

当然，我们还骄傲不起来。我省新农村建设总体上还在新的起点上，很多工作才刚刚开始。目前发生的变化也是多种力量促进的，而且带局部性，同农民群众的期望还有很大距离，横向比水平还不够高。面对现实，我们还有很多困难和问题。2013 年，我在相关培训班上，概括了“四种现象”：二元化、去农化、边缘化、空心化。后来，我又增加了“荒漠化”，指文化的丢失。这次蹲点调研，更加深了我的印象。幸福美丽新村建设任重道远，“同志仍需努力”。

（笔者的青龙场蹲点调研日记近 4 万字，被原四川省委农工委套红印发。）

# 适度，不是一个常数[①]

2014年8月7日　星期四

六点钟起床，看了几页张晓山、李周主编的《中国农村发展道路》。不到7点就吃了早餐。曾大姐煮的面，清淡，味道好。饭后便出门了。大约9点钟，李支书李追了上来，一定要给我带路。

今天主要熟悉一组和七组。印象深的是：

骗子多，村民有了警惕性。早晨出门的时候，同见面的村民打招呼，有两位中年妇女就是不搭理我。其中一位还像见了仇人似的，马着脸，估计心里火冒三丈。我主动同她们一起帮七组82岁的张大爷家打玉米叶子，她们才慢慢解除戒备。后来才知道，前几天刚来了个自称“组织部干部”的年轻人，说是了解农村低收入群体的情况，话说得很好听，结果骗走了主人家几百元钱。说到这件事的时候，一位老党员“张连长”（参过军，当过民兵连长），提起了刚刚接到的手机短信，说有2000多万元的受贿案涉及他。

地过碎，不便农民耕作。张大爷家，包括他三个儿子，10来亩地，分别分布在7个不同的地方，地块间距离远的超过两公里。“张连长”家五口人的地，有20多块。据李支书讲，去年给“张连长”家增加的2份地2亩多，就多达11块。回到住地，给曾大姐聊起这事。曾大姐说她家5亩地，有10块，其中田4块，地6块，最大的一块一亩二，“收割机来都不好整”。

我们边聊边议。我向李支书和村民介绍起中江县试点的“小集中”（在村民自愿的基础上，通过互换，把各家的承包地尽可能相对集中在一个地方），他们都说好。当然，做起来也不是件简单的事，但却是推进现代农业建设的一项重要的基础工作。30年前土地承包到户的时候，肥瘦搭配、远近搭配有其合理性，30年后却成了土地适度规模经营、发展现代农业的障碍。一家一户就是那么几亩地，已经超小规模了，还分割成几块、十几块，东一块、西一块，小的小到一两分，怎么适度？现在大家更多地关心引老板来，几百亩、几

---

① 2014年8月4日—9月22日，按照原四川省委农工委安排，笔者到三台县永新镇永征村蹲点调研。出发前，笔者提出编制《四川省幸福美丽新村建设行动方案（2014—2020年）》（以下简称《方案》），并用两个半天时间写出《方案》初稿，提出扶贫解困、产业提升、旧村改造、环境整治、文化传承“五大行动”。这次蹲点，主要是研究“五大行动”。不到两个月的蹲点调研，证明了“五大行动”的可行性。还在笔者调研期间，采纳笔者建议，2014年9月中旬召开的全面深化农村改革推进工作会议正式提出实施幸福美丽新村建设“五大行动”。随后，经反复征求意见和讨论，《四川省幸福美丽新村建设行动方案（2015—2020年）》于2014年12月上旬正式由四川省委办公厅、省政府办公厅印发。

千亩甚至上万亩地发展，却不肯在“小集中”这样的“小玩意儿”上动脑筋，这是有问题的。其实，“小集中”搞好了，正是我们发展家庭农场、培育新型农业经营主体的基础工作。

奇怪的是，一说起家庭农场，有见识的人通常马上想到西欧，几百、上千亩；北美，几千亩、上万亩。其实，我们还应该看看东亚，看看日本，那里的家庭农场也有六七亩的。有资料显示，日本 7.5 亩以下的家庭农场占 20%。这样说，并不是为我们目前的超小规模辩护；而是说，我们必须正视现实，从实际出发，适度规模经营，现代农业还得一步一步地走。何况“适度”并不是一个定数，它是各种因素决定的，是动态的。法国有法国的适度，美国有美国的适度，日本有日本的适度，我们也应该有我们的适度。而且，不能用今天的适度去衡量昨天的适度，更不能拿去框定明天的适度。

枣熟了，价格一天不如一天。昨天到曾大姐家安顿好，在送老周、小吕去芦溪镇的路上，看到小贩正在与永征村紧邻的岓山村收购枣子。我们在车上听得很清晰：一块九一斤。今天上午 11 点左右，我们在一组先后遇到了两个收购枣子的小贩。先看到的是一个 30 多岁的小伙子，装满一小货车，顾不上理睬我们，打燃火就跑了。路上还堆了几塑料袋枣子，看样子，小伙子着急跑是在赶下一趟。枣农说，小伙子出的价在一块五到一块七不等。一位 40 来岁的女同志见我同李支书一起来，主动告诉我：“这小伙子很对的，来收几年了，我们就认他。别的我们不卖，哪怕他少给角把钱我们也愿卖给他。”继续走约里把路，又看到一个收枣子的摊子。三男一女正忙着在捡枣子，大的、小的分开装。我问：“老板，今天收成多少钱一斤？”“一块五六”，站在旁边的枣农大户——一个中年男子回答道。我说：“昨天一块九，今天咋才一块五呢？”捡枣子的人回答我：“昨天市场上 10 元钱 3 斤，今天 10 元钱 4 斤。”我也问过好几位枣农，这几天市场上的枣子多少钱一斤，都说不知道。别说绵阳、成都，就连三台县城的情况都不清楚。

有基础，管理没有跟上去。聚居点，路灯安上了，从来没有亮过，支书说是线路问题，村民说是聋子的耳朵——摆设。花台、草坪，杂草丛生，据说有领导来检查工作时才组织村民除一次草。曾大姐曾在门前花台里种过大豆，被村里推了。我向李支书、张主任和当地老百姓介绍“微田园”的做法，大家都赞成。李支书表示，下来就支持大家干。产业上，枣子生长情况、产出水平相差较大。2013 年 10 月，林业部门支持的枣子科技丰产园 200 亩，送苗子，给劳务补贴，每亩 2 个工，每个工给 50 元。没管好，验收不合格，2014 年 4 月补栽 100 亩，涉及一、三、七 3 个组。我们在现场看到，多数枣苗地里种了玉米，有的苗子已干死，我开玩笑说我们在“发现枣苗”。另有一块荒地，草比枣苗长得好。公共厕所就别提了，外面一看，同城里公园当中的不相上下；可一进去，天啦……

（省走基层办《简报》2014年第151期，有删改。）

## 村史，耕读文明的故事

8月9日　星期六

走访4组。

路过老组长老张家，被老张看见了，招呼我进他家坐。

记得6号那天路过老张家的时候，他正站在老屋房顶上摘枣，李支书记让我们相互认识了一下。今天，看上去他有点闲工夫，我们便聊了起来。

老张今年63岁，曾先后任村文书和四组组长，2013年才调整下来。老张回忆说：永征村以前是最穷的村，也是上访出名的村。这些年，修了路、打了井、盖了房、通了气，确实发生了很大的变化。

提到自家的事，老张说：他家8亩地就有17块，坡地种枣子，今年可望卖二三万元；地震后，享受国家政策，盖了新房，老屋（土坯房）养着几十只鸡，白天放在枣林里，现在每斤卖12元；儿子长期在外打工，这几天请假回家摘枣；孙子在镇上念小学，每天来回跑。

正聊得起劲的时候，来了一阵雨，老张的爱人和儿子，还有两位请来摘枣子的老大娘回来了。两位大娘来自本县一个比较偏远的乡，据说路不好，气没通，现在还是烧柴火。

雨一过，大伙儿又要忙着去摘枣。我起身告辞。

返回的时候，同五组的小谢夫妇聊了一阵子。小谢正当壮年，2013年村里换届，任会计。提到村里建设中的一些事，他说过去的都不清楚。这样，我们就只好聊家事了。

十六七年前，小谢一家搬到长征水库旁，在这里盖起了新房，办起了加工作坊，还开起了小卖部。谈到创业经历，谢夫妇俩都有点自豪，他们家是最早在水库旁建房的人家之一，后来陆续搬来几家。地震后，搞新农村建设，挖山、填田，一下就新建了十六七家，旧房子也全部进行了风貌改造。

他们的家业也发生了较大变化。过去，来打米磨面的人多，生意还可以。现在，来的人少了，生意不好做，老摊子难以维系。好在这几年养了猪，每年出栏百十头，成为全村养猪大户，养猪规模仅次于外来的绿缘养殖场。而且，算得准，没有亏过。前段时间猪价下滑，正好他们家上半年没有养。现在价格回升，猪儿又长大了。经主人家同意，我走进猪舍，看见一头头架子猪，白皙皙、肥溜溜的，差不多可以出栏了。

主人家还说，他们家的猪，主要喂玉米面，当然也要自己买些饲料来搭配。所以，肉质好，卖到三台价格上不去，不划算，都是拉到绵阳去卖。

老张、小谢，还有这几天走访的村民，都或多或少回顾了过去，包括村的过去、组的过去、家的过去，每个人的过去，还有些轶闻趣事。那些 80 多岁的老人，更有着丰富而“稍纵即逝”的人生经历和社会阅历。由此我想，在我们幸福美丽新村建设的文化传承中，应当广泛征集故事，特别是抢救老人们的故事，编辑村史。

说到文化传承，一些人通常高谈阔论，谈得玄之又玄，有点妖魔化。其实，文化就在我们身边，发生在每一天，由一个个具体的元素、一组组形象的符号、一串串优美的举止、一则则活生生的故事表现出来。把那些不起眼的小元素、小符号、小举止、小故事汇集起来，编好我们的村史、家史、传奇故事，就能给人以启发，就能形成正能量。这正是文化传承的一项基础性工作。①

值得注意的是，文化有时又是一碗迷魂汤。有的人正是通过文化灌输给人洗脑，以达到自己的目的。这是危险的，甚至是可怕的。

（省走基层办《简报》2014 年第 151 期印发，印发时有删改。）

## 自治，也带规律性

8 月 11 日　星期一

读中国农业大学叶齐茂教授编著的《发达国家乡村建设考察与政策研究》。这是叶教授到欧美发达国家实地考察半年之久写成的，内容丰富，资料翔实，我经常把它带在身边。今天主要看看发达国家乡村建设带规律性的东西，看看值得我们参考借鉴的做法。

同时，简单浏览了中国人民大学刘运梓教授写的《比较农业经济概论——

① 2015 年年初，在修改四川省 2015 年一号文件的时候，笔者将“支持有条件的村编写村史”作为修改建议写进修改稿，得到采纳。

中外农业经济理论与政策的比较研究》。

回过头来看，前一段时间在思考村庄演进规律时，分别从村庄与城镇、村庄与产业、村庄与自然、村庄与村庄、村庄与历史文化的角度，提出互动律、融合律、和谐律、差异律和传承律，还是有道理的。看了发达国家的情况，再联系我们国家的实际，我认为还有一条非常重要，这就是自治律，揭示的是村庄与政府的关系。从古到今，由中而外……

## 业兴，让村民有事干、有钱赚

8月14日　星期四

早餐之后，便只身徒步去崭山村。路不熟，边走边问。赵老，一位满头银发的退休教师，从永新镇上把我带到了崭山村口。从永征到崭山，足足走了一个多小时。一进崭山，天蓝地绿，枣熟果红，林海间浮现出一群群灰瓦白墙、别墅式的小楼房，如诗如画。

本来想悄悄地去，悄悄地回，可越走越兴奋，才同镇、村的同志联系。文支书，人到中年，话语不多，但精明、务实。我们边看边聊。

崭山村8个组，367户，1387人，人均耕地0.8亩。2013年，农民人均纯收入11300元，高于全省农民人均纯收入平均水平3400多元。收入来源主要靠米枣产业。

米枣是崭山的特色产业，20世纪80年代起步，90年代后期发展加快。现在枣园面积已发展到2600多亩（多数是以前的荒山荒坡），人均枣园近2亩，枣业收入人均七八千元。枣业已经成为崭山村的主导产业、支撑产业，农家乐也有了一两家。在崭山村看到的景象是：家家有枣，人人有业，户户增收，产村相融。打工仔返乡创业，有志者租地种枣，枣农大户枣园面积二三十亩，年收入一二十万元。

枣业发展带来了村容村貌的巨变。在崭山转了一圈之后，我把它的变化概括为4个全覆盖：枣业全覆盖，楼房全覆盖，基础设施全覆盖，基本公共服务全覆盖。不只覆盖到组，而且覆盖到家家户户。

过两天，镇上将在这里举办米枣节。尽管是民间组织，市场运作，但为了活动的成功，镇上、村上的同志，个个忙得“不亦说乎”。我到的时候，杨书记、李镇长刚刚离开。

我看，崭山是部活教材。在这里，我们可以得到一些有益的启示。去年，省委、省政府提出建设“业兴、家富、人和、村美”的幸福美丽新村，产业先行、产村相融正是建设幸福美丽新村的根本途径。像崭山村这样，因地制宜，“一村一品”，发展特色产业，村民才有事干、有钱赚，才能安居乐业、幸福美满；农村才宜居、宜业、宜游，充满生机和活力。

当然，这部教材还只写出了初稿。以崭山米枣产业为例，目前面临的问题是，合作社的作用没有发挥出来，品改（指品种改良）还没有走上路子，枣业的多功能还没有体现出来，乡村旅游还没有发展起来，产业的综合效益还有很大空间。重要的是，对这些问题，文支书已经有了一些答案。

## 农村，“二穷二穷”但空气好

8 月 17 日　星期天

走访永征三组。

刚进入三组，看见 75 岁的李大娘正在自留地边，赤着脚拔草，边采边往旁边的塘里扔。据李大娘讲，组上有 4 个塘，这个最大，都是集体的，由农户承包。承包后养鱼，还向里面排猪粪。现在承包期到了，想包的人多，大家不同意。“为什么？”我问道。李大娘回答说：“包了大家见不到钱，还把水弄脏了，洗衣服不方便。”“不是有武引（武都水库引水工程），家家户户还打了井吗？”我有点好奇。“在塘里洗衣服宽敞。”李大娘就像事先知道我要问啥似的。

我正准备离开时，见一位 70 多岁的大娘端着一盆衣服从另一边走向了塘边。返回的时候，也在这口塘边看见另一位五六十岁、穿着讲究的妇女正在塘里洗衣服。中途路过两口小塘，尽管水很脏，还浮有牛粪，也见塘边堆有衣服。

走到一口小塘旁，见 62 岁的老张和他的弟媳 45 岁的小杨正在塘边。我站在对面打招呼示意，主人家表示欢迎。老张就住在塘边，五六十平方的砖混平房连着破旧要倒的土坯房。直线距离不到十米，但塘的右边是杂树杂草，左边对面有一条坡坡坎坎的泥泞小路，横着通向秀才家门。我从左边绕道。老张兄妹热情好客，马上端出木椅，擦了又擦，让我坐。老张的爱人耳背，在家忙着。老张当过队长，我们的话题从生产、生活、打工、建房，到村务、婚嫁，扯得很宽。他们对党的政策满意，对生活现状也知足。用小杨的话说，“二穷二穷”的，但空气好，环境好，喜欢住在农村。

他们关心的是：谁来种地？全队（村民小组）130 多人，平时在家的多是老人。年轻男人有 3 个，最小的 45 岁，脑出血，半瘫；其次是“何百万”，50 岁，在本地搞建筑、养殖，也经常外出；再就是秀才了。谁来管理？过去每个队一个队长（组长），现在全村 7 个组，由两个人分别管，一个管 3 个组，另一个管 4 个组。集体的鱼塘，承包出去，收多少钱，怎么用的，不知道。垃圾堆起，没人运。村上有一辆专用的三轮车，可能也放坏了。设施怎么配套？村道、社道硬化了，但田地间作业道不通，耕作机去不了。土坯房怎么办？组里还有不少土坯房，多数户主已建了新房，有三家还有人住。建了新房的，土坯房还有用。老杨家的新房窄，旧房（土坯房）还要堆放农具、关牛。

返回的路上，走进 29 岁的小张家坐了一会儿。小张在浙江厂里打工多年，外面的事了解不少，村里的事知道不多。小张讲，在外打工也艰辛，月收入 2500 元左右。广东工资高，但每天要干 12 个小时。浙江每天工作 8 个小时，收入自然比不上广东。最近回家休息，过一段时间再出去。

往返都碰上“何百万”。“何百万”是三组人，在新村聚居点的旁边花 8 万元接手一个养殖场。早上出门的时候，见他正忙，只进养殖场转了一圈。返回的时候，我们坐在塘边，聊了好一阵子。

另，这几天都在思考“迎检经济”和亮点思维。难道发展就是为了迎接检查？难道建设就是为了打造亮点？道理似乎显而易见，反观自己，常常也在局中。

## 老人，新农村建设中无奈的群体

8 月 18 日　星期一

走访永征六组。

村民们，有的去崭山摘枣了，50 元一天，包吃包住或包吃包接送；有的赶场去了，永新镇现在是逢“二、五、八”赶场，据说从 9 月 1 日起，将改为逢“双”赶场。沿途要想看见一人，还真有点不易；偶尔遇到一两个，也是骑着摩托或电瓶车，飞驰而过。

快走出六组了，见一土坯房开着门，便停下脚步。“主人家在吗？”我一开口，狗就叫起来了。主人家门前两条狗，一条拴在树下，花的，一双眼睛上面有两个白点，有点凶猛，看样子是会咬人的；另一条敞放着，雪白的，向我跑来。我又对着门口喊一声，这时出来了一位老人，勉强让我进屋，客气着要给我倒水。

屋里有一张床、一张桌、一台电视机、两个小凳子，都是旧了又旧的。桌上有一碗玉米糊、一个白酒瓶，角落里还横竖堆着几个空啤酒瓶，屋顶有两匹玻璃“亮瓦”。

我还没有来得及开口，主人家已经忍不住了：“你不用说，我也知道你是来干啥的。你们来散散步，呼吸呼吸新鲜空气，娱乐娱乐老百姓罢了。”我说：

“我是省委农工委搞新农村建设的，这次来你们村上蹲点，想听听大家有什么想法……”

我把话题引到新农村建设上来。他说：“新农村建设是别的地方搞，我们这里没有搞。”我问：“现在路通没有，水、电、气通没有?”他回答：“通了。”我说：“这就是在搞新农村建设。”说到路，他回忆了修路的故事：“下面那段路（指村里的路），我们集了资，每人400元。上面那段路（通往永星村），也要六组集资，大家不赞成，后来就没有收钱了。”

我们还谈了土坯房改造问题。我以为他们全家都住在那里，摆谈中才知道，他有两个女儿，在城里买了房。那是地震后的事。当时他家的一处瓦房垮了，享受重建补贴，到城里买了房。但他不习惯城里生活，自己一个人住在老屋里。他说：“上面派人来拍了几次照，要拆我的房，没同意。你说该不该拆?”我从灾后重建、农村危房改造、农村宅基地管理等方面同他交换了看法。我说：现在住的土坯房应该属于危房，国家有改造政策，当然要根据规划来。但是，您在灾后重建中享受补贴政策，在城里买了房，危房改造政策您不一定能享受。不过，您的宅基地使用权还在，这是法律和政策赋予您的权利。我还同他探讨了维护和实现这一权利的做法。他表示认同。

我们的交流越来越友好，老人满脸笑容。我很自然地问起了他的情况。老人姓李，今年66岁，曾任组干部。后来做过生意，还去东北买卖人参，卖到了朝鲜。见多识广，对政策也比较熟悉。

告辞的时候，老李非常热情地把我送出门，并欢迎我再去。

从老李家出门，我继续往前走。一不小心就走进永星村（六村）的地盘了。六村七组的路边一户土坯房门前有10来位老年人正在娱乐，一桌麻将，一桌斗地主，还有“抱膀子”的。我刚站没两分钟，老李也去观战了。

再往前不远，也是永星七组，有一小卖部，里面摆了一桌，是几位六七十岁的老人在打长牌。看不懂，只聊了一会儿。老人们都说党的政策好，眼下的日子也觉得过得去。但是，说到建设，都感到无力、无助、无奈。一位七八十岁的老人对我说：“你看我们能干什么，还是出来打打牌算了。”

之后，走到了永星三组。看到路边水沟面上布满了杂物，没有流动，我便走到边上观察。一位姓冯的中年妇女好奇地过来，我们站在路边聊了一些情况。据她讲，她的弟弟做牛肉生意，在家养了五六十头牛，多的时候七八十头。她在家替他弟弟看管。

小冯的邻居，56岁的老冯请我到他家聊了一阵。他提到邻居养牛的事，说养殖区就在他家后面紧挨着，一到夏天，很臭，苍蝇很多，污染环境。他家门前的水井也污染了，反映也没用。建议按照人畜分离的要求，搞好养殖区污染治理。从老冯家出来，我一个人去看养殖区。有一条大狗看守，不好靠近。

规模养殖的污染问题确实值得注意。永星七组的路边上，原来的小学改成养殖场，养猪，前后左右都污染了，还没走近就会闻到一股臭味。新聚居点周边紧靠公路和水库，也有 2 个养殖场（户），一个养兔、羊，一个养猪。这些都是污染源。

现在的农村，山青了，看得；但是，水脏了、臭了，闻不得。

## 新村，再烧一个回锅肉

8 月 21 日　星期四

上午与村社干部座谈，参加人员有李支书，张村主任，谢会计，村计生主任小何，三、四、五组专业组长老张。

今天印象深的是：

“年年栽树不见树。”张主任曾经是镇上的林业员。2003 年永征村开始实施退耕还林项目，他带头栽米枣。当年，按退耕还林补助面积计，栽了 114 亩，实际超过 150 亩。后来，年年都在栽，其中 2006 年栽 300 亩，2009 年栽 500 亩。到 2011 年，即新农村示范片建设的第二年，全村枣园面积已达 1300 亩。2013 年实施林业部门的科技密植园项目，又成片新栽 300 亩，因验收不合格，2014 年上半年又栽 200 亩，最近又栽了一次。但是，由于价格波动，加之枣园用工多，技术要求高，老百姓有抵触情绪，一栽了事，甚至过几天就把苗拔了。任过多年村会计的李支书说：现在全村果园面积最多不超过 800 亩，见效的只有四五百亩。村里还组织栽过核桃 300 亩、桃子 200 亩，都是 2011 年栽的。现在存活下来的分别只有 150 亩、30 亩。

“再烧一个回锅肉。”永征村原来是一个自然条件差、经济基础薄、发展较滞后的后进村。几天前，四组曾当过组长和村文书的老张回忆说，十村（永征村）以前是全乡最穷的，曾经还是上访最多的。这些年，确实发生了很大变化。座谈时，大家都如数家珍：文化广场、村社道路、污水处理，公共服务、农房建设、风貌改造……新农村示范片建设，国家投到永征村的钱就有 850 万元。张主任说：灾后重建、新农村建设，永征村的变化可谓翻天覆地。反映在农民收入上，2007 年，全村人均年收入才 3700 元，2011 年超过 5000 元，2013 年达到 8600 元。同时，大家也看到这些成绩还是初步的，话语中也反映出对国家的依赖。有意味的还是张主任的话：“框架起来了，有骨头没得肉。

看今后国家还有没有政策，再给我们烧个回锅肉。”

“都是新农村建设整乱的。”摆谈中，每个同志从不同角度分析了面临的新情况、引出的新问题、产生的新矛盾。其中的焦点，或许可以概括为“两不一欠”。首先是发展不平衡。新农村示范片建设项目，集中在长征水库周围，受益多的一、二、七组。谢会计说：“老百姓说我们十村是两个村，水库以上是一个，水库以下是一个。”现在六组的人在交水费时就说，新农村建在哪里，你们就到哪里去收。其次是建设不配套。村道、社道硬化了，田间作业道不行。硬件有了，软件跟不上，缺少管理。再者是往来有欠账。大家关心的是村上欠群众的账。前几年村上组织栽枣子、核桃、桃子，这几年组织群众迎接检查搞清洁卫生等，都欠了工钱。

“让老百姓自己来做主。”回顾了这几年的新农村建设情况，分析了问题和矛盾后，李支书说：新农村建设是老百姓自己的事，但老百姓还是认为是政府在搞。项目建设，都是政府规划，政府实施。工程是怎么来的，多少钱，这些问题，老百姓都不晓得。李支书强调，应该让老百姓自己来做主，自己去建设。谢会计举例说：新农村示范片建设中实施的“世外桃园”项目，现在摆在那里，实际没人管。杂草丛生，树子没长好。如果让老百姓自己做主，自己栽，肯定比现在好。

（省走基层办《简报》2014 年第 151 期，有删改。）

## 枣业，文章还多

8 月 24 日　星期日

秋高气爽。趁着蓝天白云，又下山一只“秋老虎”。

按昨天的约定，中午去一组拜访张主任。出门的时候，主人家曾大姐劝我，休息一会儿，下午些再去。见我坚持，嘱我带上伞，“不要晒黑了”。我还是那样固执，像平常一样，只带了小包和水杯。

从曾大姐家到张主任那里，走大路，左、右都要绕一大弯，我便操小道。所谓小道，也不尽然，有一半还是水泥路。水泥路的尽头有个小水塘，上面才是羊肠小道，才穿玉米地、钻枣子园。

连下了两天雨，乡亲们此时正忙着摘枣子。张主任家有三四亩枣树，他的爱人和儿女又长期在外打工，只有他一个人在家照看。平时忙于村务，家里的地成了业余。看着枣子一天比一天红，今天终于狠下心来，请人采摘。

我不忍心打扰张主任，自己也自由起来了。游手但好奇。张主任的邻居小张兄弟俩正忙着从地里运枣子卖。枣贩在那里设了临时收购点。我便凑了上去。

2014 年枣子的单产比去年略低，但价格还好。这几天正是大规模采摘的时候，单价一般都在 1.5 元至 1.8 元之间。好的卖到七八元，低的也是一元一二。枣农们讲，枣价只要上了一元（当然是产地的收购价），种枣就比种粮划算。

我并不认为现在的枣价就好到哪里去了。从目前水果市场的总体情况来看，我认为，作为原产地的崭山米枣，当下它的产地收购价，应当在 3 元以上。这个分析得到了大家的认可，包括一些枣贩。显然，现在的价还是低了。

尽管如此，这些日子，枣农们也乐坏了，谈起枣子来，个个津津乐道。我趁热打铁，同小张聊起枣产业的综合开发、系列开发来。从枣子的生产、管理、营销，到枣园的观光、体验、休闲，大家都很来劲。

我这个人，常常异想天开。谈到每年二三月份都有个把月掰枣芽、边掰边扔时，我便问枣芽能不能吃。小张夫妇和在场的村民都说：“没吃过，不知道。”我建议他们试试看。

看什么呢？我分析道：第一，看看有没有毒。枣子能吃，我想枣芽也应该能吧。第二，看看有什么有益成分。如果有保健等功能，那就正好。第三，看看味道怎么样。怪一点或许更好，现在的人就吃得怪。

见大伙听得入神，我说，如果能上餐桌、进茶杯，就能变废为宝，增加收入。

小张 45 岁，是个有头脑的生意人，长期带着周围的一帮兄弟们在县内搞建筑安装，对生财的事很敏感。他恳请我留下，到附近走一走，晚上再一起好好地聊。

永征村不像崭山村那样家家有枣、户户成园，枣园主要集中在一、二、七组。小张去地里运枣，我就自己钻枣园了。

二组 40 来岁的小梁，平时在新疆打工，最近请了一个月假回家摘枣。他家不只种自己的地，还替邻居“看管了”好几亩，一共有 12 亩枣园。我到的时候，他刚卖了一车枣子回到地里，同他一起摘枣的有六七人。除一位中年男子外，都是妇女，年龄大的五六十岁，小的 20 多岁。

我把同小张讨论的问题兜出来，还掐了片枣叶尝了尝，微苦。小梁同样感兴趣。我进一步谈了一些设想：如果可吃，有益，可以先送给餐馆，做枣芽汤、枣芽煎蛋、凉拌枣芽、枣芽茶等。

无意间，看见一位姑娘正用手机镜头对着我，嘴里还反复小声念着“枣芽汤、枣芽蛋……”

与走访三、四、五、六组看到的许多人家人走楼空屋旧不一样，一二组一眼就可见三五成团，三四十户新建和旧貌换新颜的楼房，依山傍水，错落有致。或许是因为正是秋收的季节，家家有人住，人人有事忙。

只见两个有点例外：一位年近80岁的张大爷，曾任过生产队队长，自称是“耍哥”，每天都到镇上去喝茶。今天也是一大早就去了，下午五六点钟我才见他回家。他三个娃儿，有一个，小时候就送了人；另两个，都就近盖了新房。他不愿与儿子同住，一个人住在破旧的土坯房中。另一位老大娘，儿子在海南打工，仍然住在旧房里面。

让人担忧的是环境卫生问题。对比鲜明的是：山青，水臭。一位来自江苏，长期住永征一组，在三台做彩钢生意的小伙子，说这里什么都好，就是人畜不分离，小蚊虫太多，一到晚上就受不了。小张也承认，这是“最大的问题。”

晚上快9点钟，在小张家吃饭。他请来了一起做生意的老杨，边喝小酒，边接着白天的话题聊。

晚饭后，已经10点过，满山遍地的枣园，由绿变黑。远看，有些星星点点。小张带着一股股酒香，驾着摩托车把我送回住地。

（省走基层办《简报》2014年第151期印发，印发时有删改。）

## 农民，这个主体在哪里

8月25日　星期一

与县农办老陈一起去看三台县统筹城乡示范区。示范区包括芦溪、立新2个镇的5个村，规划面积17.28平方公里。今年重点建设芦溪镇的五柏、玉星村和立新镇的高棚村，面积11.14平方公里，涉及1655户、4890人。我们先到五柏、五星，后去高棚。

县上提出“一年成型、三年成势”的建设目标，途径是资源向示范区集中、农民向新村集中、土地向规模经营集中。沿途我们看到，一波又一波的县、镇、村领导和企业负责人现场指点、督战。挖掘机、推土机、大货车，轰隆隆叫个不停。修路、整地、挖沟……天翻地覆。

示范区的产业有水果、蔬菜、藤椒、花卉、苗木、林下养殖、水产养殖、乡村旅游等。藤椒已栽了好几百亩，七八个老年人正顶着烈日在一角干活。这些产业的主体都是企业。目前已进入佳鸿、梓州、山顺、园林苑、美地、通宇和七洲农

(果)业7家企业，其中最大的两家还是三台县的两个房地产老板办的。

政府负责总体规划，并按照总体规划和企业发展规划整合项目资金，为企业搞好道路、水利等基础设施建设配套和高标准农田建设。据了解，目前整合的项目资金已上亿元，其中道路建设4038.6万元，排洪中沟、山坪塘、蓄水池、灌溉沟渠衬砌、新建沟渠、提灌站等水利建设2376.7万元。

以上两个方面，大概就是他们提的“政企联动”吧。在示范区建设的指导思想中，清清楚楚写着这样两句话八个字：“政企联动、农民主体”。

那“农民主体”呢？据说主要体现在3个方面：一是土地出租。芦溪镇的五柏、玉星两个村，除个别社（组）的农民没有出租土地外，其余全部租赁给企业。二是征地拆迁进新村聚居点。据介绍，在五柏村三组和高棚村五组各新建1个新村聚居点，安置梓州农业、佳鸿农业征地拆迁区域106户227人。工程启动了，地还没有拿下来。三是今后村民们在这些农业企业务工，当农业工人，这也是主体。

我认为，这是值得研究的。第一，统筹城乡落脚点在于解决“三农”问题，实现城乡一体化；而我们在这里看到的却是资本排斥农民，农民在边缘化。第二，围绕企业转、跟着老板走。本地房地产老板请的农业项目负责人蒋总，正是县人社局干部。另一负责人也是原镇人大负责人。同时，巨额项目资金投入，实际上主要在锦上添花。第三，作为新农村建设示范县，把过多的建设资金集中在三五个村，也不符合省上的要求。

基于以上分析，我建议他们将示范区改为“新型现代农业经营主体培育园”，并做相应的调整和完善。一是不能只支持企业，要注重培育家庭农场和农民合作社。二是通过项目资金整合实施的生产性投入，应当作为村集体或农民合作社的股份，参与相关农业企业的生产经营和利益分配。三是维护好拆迁进入新村聚居点村民的合法权益，特别是宅基地使用权。四是作为示范县规划片区的一个部分，应当防止过度投入。

## 建设，重在行动

9月12日 星期五

应《四川党建（农村版）》之约，撰写幸福美丽新村建设专稿[①]。全文

---

① 成稿后，由四川党建杂志社记者改写为通讯稿《幸福美丽新村建设全速行动》，发表在《四川党的建设（农村版）》2014年第10期。

如下：

## 幸福美丽新村建设全域全面全速行动

小康不小康，关键看老乡：中国要强，农业必须强；中国要美，农村必须美；中国要富，农民必须富。习近平总书记系列重要讲话对新农村建设提出了新的要求。

建设幸福美丽新村，正是我省贯彻落实习近平总书记系列重要讲话精神的一项具体行动，已经在全省上下形成共识，正在汇聚各方力量，全域、全面、全速向前推进。

**新起点**

2005 年 10 月，党的十六届五中全会提出建设社会主义新农村的历史任务。四川省从实际出发，积极开展新农村建设实践探索。特别是总结推广“5·12”汶川地震灾后农村恢复重建经验，走出了产村相融、成片推进的新路子。

党的十八大以来，四川省新农村建设呈现出新的特点：把产业发展放在优先位置，特色产业助农增收效果明显；把扶贫解困作为重中之重，农村廉租房、保障房建设创造了新经验；把旧村庄改造作为成败之举，院落整治取得新成效；把文化传承融入新村建设全过程，耕读文明正在弘扬。

总体上看，四川省新农村建设取得了良好的阶段性成效，主要表现在五个方面：

产业基地形成规模。农林牧渔走向专业化、规模化、集约化、产业化，乡村旅游蓬勃兴起。四川省已建成现代农业基地 3026 万亩、规模养殖场 40 万个，培育龙头企业 8500 家、农民合作组织 3.7 万家。安岳县的柠檬占到国内市场的 80%左右，该县因此成为全国举足轻重的柠檬强县。

农民收入五年翻番。2013 年，四川省农民人均纯收入 7895 元，在 2008 年基础上翻了近一番。城乡居民收入比由 2007 年的 3.07∶1 缩小到 2.83∶1。新农村示范片农民收入增幅比全省农民收入增长幅度高 2 个百分点。丘区县丹棱县，今年农民人均纯收入将突破万元，部分农户家庭收入已经超过 10 万元。

农村面貌今非昔比。重建新村、移民新村、藏区新居、彝家新寨、巴山新居等新型村庄崛地而起。四川省已新建和改造新村聚居点 2.63 万个，建设农村综合体 1047 个，涉及农户 200 万户左右。国家级贫困县平昌县，一座座巴山新居崛地而起，农民群众生产生活条件显著改善。

公共服务向农村延伸。以村两委活动场所为平台，建成了 1.33 万个集便民服务、农民培训、文化体育、卫生计生、综治调解、农家购物于一体的“1+6”村级公共服务中心。在阿坝州最边远的山区，村民们每年也能享受一次健康体检，汶川县农民体检的专款达到800万元。

干群关系明显改善。四川省委农工委曾经委托四川省社科院和四川农业大学对60个省级新农村建设示范片，进行了包括对村组干部的满意度在内的若干项目的问卷调查，随机发放问卷6000份，收回5500多份。汇集起来，经相关专家分析，结果表明，农民群众的满意度在95%以上。

走进广大农村，各项建设方兴未艾、蒸蒸日上。

**新挑战**

更要看到面临的困难、问题和挑战。目前四川省新农村建设面临的挑战，可以概括为“五个化”：

二元化。总体上看，各种新农村建设试点示范项目实施区，一年一个样，三年大变样。问题是发展不平衡。不少地方，同一个村的组与组之间，产业水平、公共设施、生活条件、卫生环境也形成很大的反差。同一个组内，聚居点同非聚居点也不一样。同样是农村，有的像欧洲，有的像非洲。

去农化。有的地方耕地农转非，甚至变相搞房地产开发。有的地方继续钢筋混凝土崇拜和城市景观崇拜，“城市病”传到农村。个别地方甚至以建设新农村综合体或发展乡村旅游为名，在农村修建电梯公寓，赶农民群众进小区、上高楼，远看像楼盘，近看是城市的浓缩版，搞得城不城、村不村。

边缘化。有些地方，农民群众主体意识和主体作用弱化，在新农村建设上要么“等靠要”，要么成为旁观者。实际建设中，有的政府唱独角戏，有的工商资本强势进入。往往，农民群众的承包地也一租了事。个别地方，甚至整村、多村的土地集中流转给房地产等非农企业，造成农民失地又失业。

空心化。隆昌县胡家镇盘石村曾支书，将农村情况形象地概括为“五多三缺”：老人多，娃儿多，空房多，狗多，草多；缺劳力，缺技术，缺钱。实际上，不少地方公共服务设施也成摆设。最近，四川省委农工委、四川省住房建设厅对部分新建聚居点的随机调查表明，平均入住率不到80%，低的只有36%。

荒漠化。这里指的是文化现象。一方面仿古建筑纷纷出现，另一方面传统民居不断被捣毁；一方面知识水平提升，另一方面伦理道德滑坡；一方面科学文化下乡，另一方面封建迷信泛起。在地震灾区，有的成了家的子女不仅不支持父母建房，还趁机讲条件，提出倒给多少钱才允许父母建新房。

类似现象，当然不只四川省有，中科院研究员刘彦随称之为“乡村病”。

进一步看，“乡村病”在发展中国家有，发达国家在城镇化一定阶段同样不同程度发生过。可以说，它是伴随城镇化的普遍现象，既在城镇化中发生，又将在城镇化中解决。

**新任务**

2013年6月，四川省新农村建设成片推进崇州现场会提出建设幸福美丽新村。9月，四川省委办公厅、政府办公厅出台建设幸福美丽新村的意见。10月，川东北片区新农村建设座谈会要求幸福美丽新村建设不能落下一户一人。

2014年2月，四川省委把建设幸福美丽新村写入全面深化改革的决定。4月，加快推进幸福美丽新村建设和“百万安居工程建设行动”农村住房建设专题会集中回答了七个重要问题，四川省县域经济发展大会提出幸福美丽新村建设的战略目标。5月，推进幸福美丽新村建设现场会又进行了再动员、再部署。

四川省幸福美丽新村建设的总要求是：业兴、家富、人和、村美。

业兴。发展“一村一品”，推动产业化经营，促进农旅结合，实现一二三产业互动，把产业发展起来，让农民群众拥有创业就业、增收致富的主导产业，主导产业成为农民家庭收入的重要来源。三台县永兴镇崭山村发展米枣产业促进产村相融的实践告诉我们，农民群众有事干、有钱赚，才能安居乐业。

家富。农民群众的收入水平和生活水平显著提高，达到全面小康社会建设标准。而且强调共同富裕，不仅缩小农户之间的差距，还要缩小城乡差距，让农民群众都能“住上好房子，过上好日子”。在广大农村，我们看到，农民最大的愿望还是发家致富，有朝一日能过上城里人那样的幸福生活。

人和。农民群众人人享受基本公共服务，实现“学有所教、劳有所得、病有所医、老有所养、住有所居”；村民养成好习惯，形成好风尚，实现家庭和好、邻里和睦、社会和谐，公共秩序良好。“家和万事兴”，我们在深入农村调研中注意到，凡建设得好的地方，都通过村规民约形成了好风气。

村美。以田园风光为形、农耕文化为魂，体现生态美、村容美、庭院美、乡风美、生活美，展示民族文化、地域文化、农耕文化和山水生态、田园风光。这样，农村才充满生机、活力和魅力。现在，农民群众已经有了审美意识。到丘陵地区，我们听到，村民们满意的是山绿了，不满的是水黑了。

四川省委、省政府提出，到2020年，全省农村要基本实现“业兴、家富、人和、村美”的建设目标。届时，80%左右的行政村要完成幸福美丽新村建设任务。

据四川省委农工委初步预测，当我国实现伟大中国梦第一个百年目标的时候，四川省将有 3.5 万个行政村跨入幸福美丽新村行列。

**新行动**

千里之行始于足下，幸福美丽新村建设重在行动。

四川省正在编制幸福美丽新村建设的行动方案，明确与全面小康社会相适应的幸福美丽新村建设奋斗目标和建设标准，并开展时空布局。今后，将据此进行细化落实。

初步考虑，按照基础设施、新型村庄、产业发展、公共服务和社会管理“五位一体”的要求，实施扶贫解困、产业提升、旧村改造、环境整治和文化传承五大行动。

扶贫解困行动。2014 年 4 月召开的专题会议，响亮提出把扶贫解困作为新村建设首要任务，先难后易、攻坚破难，雪中送炭、济困解危。当前一个重要举措是总结推广农村廉租房建设的做法，确保到 2020 年四川省农民群众住有所居、住得安全。为此，四川省政府办公厅转发了省委农工委等五部门关于推进农村廉租房建设的意见。

产业提升行动。优化农村产业结构，推广先进实用技术，创新生产经营体系，发展适度规模经营，推动传统农业向现代农业跨越。比如，实施“一村一品”，做强特色产业，发展非农产业，促进一二三产业联动；扶持专业大户、家庭农场和农民合作社，培育新型农业经营主体。青神县设立专项资金支持家庭农场，已经见效。

旧村改造行动。遵循村庄演进规律，根据新型工业化、城镇化带来的经济社会格局调整和农村人口转移，以县为单位，在基础设施建设、公共服务设施配套和民居内部功能完善上下功夫，对村庄改造提升进行整体规划布局，全面改造提升旧村落，让广大农村旧貌变新颜。实践证明，这是幸福美丽新村建设的成败之举。

环境整治行动。流动现场会提出，以绿化、净化、美化、文化“四化”为追求，由治理“脏乱差”入手，全面开展农村院落整治，加快改善农村人居环境。包括改水、改厨、改厕、改圈，梳理沟渠、堰塘，治理面源污染；保护村落林盘，建设“微田园”，展现乡土味道和田园风光。都江堰市的院落整治，花钱少，效果却非常好。

文化传承行动。挖掘耕读文明的元素、符号和故事，融入幸福美丽新村建设各个环节和各个方面。比如，保护传统村落民居，一村一策、一户一策打造文化名村，保护修缮古井、古树、塔楼、林盘，编写记载重大事件、历史人物、乡土故事的村史，等等，留住乡愁记忆。苍溪县元坝镇将军村，就是文化兴村的成功案例。

展望未来，四川农村的明天，更加幸福、美好！

## 发展，不能猴子掰苞谷

9月15日　星期一

上午，再次走访谢会计，核实一些情况，并做数据分析。

下午，先是按委里安排，接受记者采访，谈新农村建设。我谈的内容如下：

> 这两年，我省新农村建设在产村相融、成片推进的基础上，又呈现出许多新的特点。比如，把扶贫解困作为重中之重，农村廉租房、保障房建设创造了新的经验。又比如，把旧村落改造作为成败之举，农村‘三建四改’、院落整治收到了良好的效果。
>
> 站在新的起点，去年省委、省政府做出了建设幸福美丽新村的科学决策，今年又提出到2020年全省农村要基本实现‘业兴、家富、人和、村美’的建设目标。初步预测，当我国实现第一个百年目标的时候，我省将有3万多个村跨入幸福美丽新村行业。
>
> 现在，省里正在编制2014—2020年全省幸福美丽新村建设行动方案，进一步分解建设任务，进行时空布局，研究保障措施。初步提出了五大行动，分别是扶贫解困、产业提升、旧村改造、环境整治和文化传承。定下来以后，我们将全域、全面、全速向前推进。

这是第二次对着镜头说，试了几下，边说边调整内容。新农村建设涉及范围那么宽，有那么多事情，要在1分钟时间说个清楚，难。

3点钟，在永征村委会，同县、镇、村的同志座谈。参加人员有县委农办景副主任、永征村李支书、张主任、何主任（计生主任），永征一、二、六、七组组长宗烈，三组老同志永能，四组年轻人“刘女子”。座谈内容主要是：实施扶贫解困、产业提升、旧村改造、环境整治、文化传承五大行动，永征村怎么办？

与会同志首先想到的也是最关心的，还是产业发展问题。李支书说：幸福美丽新村建设最重要的是富民，主要问题在产业上。现在，村两委的主要精力就是抓产业发展。2013年以来，村上组织出去考察了冬枣、无花果，前一段时间大家在发展无花果上想得多，岳老板也准备办初加工，搞烘干。最近枣子收完了，2014 年市场好，大家又有了信心。一组长期在外打工的老张，现在想回来租地种枣子了。张主任说：一定要借“中国米枣之乡”的牌子，把枣子发展上去。他还针对发展无花果的主张指出，发展产业不能像猴子掰苞谷。

说到产业发展，60 多岁的永能有着切肤的记忆。他回忆说：永征这一带，以前叫石板滩，过去是很穷的地方。人民公社时代在永新任过公社党委书记的刘老曾经编过一个顺口溜——“石板滩，馍馍店，十年就有九年旱，十个男子就有九个单身汉。”李支书插话说：“这就是文化。”永能接着说：这些年发展变化大，但还面临许多困难。中烈说：“远看，架子搭起来了，是一个好的势头，像个样。近看就不行了。”

在产业提升上，李支书说：要把观光农业发展起来。永征附近的祠堂湾水库是县上的重点工程，正在规划，这是一个大的机遇。要整体规划，分块打造，配套基础设施。耗资最大的是土地整理，这是第一步，包括游道、林间作业道、山坪塘、提灌站等。现在迫切的是争取上面的项目支持。为岳老板负责永征这边土地、鱼塘日常管理的中烈说：岳老板 30 多岁，准备把其他地方挣的钱都投到永征来，计划投入 1500 万元发展乡村旅游，最近还在继续买树栽，工资也打算从每天 45～55 元提高到 50～100 元。他建议：“借岳老板发展的东风，把农家乐搞起来。”

大家发言的又一个焦点是发展的不平衡问题。永能说：“上面（指长征库以上的一、二、七组）基本上看得，下面的几个组就基本上没有看头。所以，下面几个队的意见大，十个人当中就有九个有意见。”他举例说：机耕道没有修好；农毛渠不通，四组连尾水都没有放去；果树，五、六组连树苗都很少能看到。李支书也说：“四、五、六组这几年基本上没啥变化。”永能强调：“十村应该一个样。”他们希望下一步把下面的几个组作为建设、发展的重点。

我根据讨论的情况，把话题引导到扶贫解困上来，讲了 2014 年以来省里边的新要求，把省委领导的有关讲话给大家背了几句，比如要响亮地提出把扶贫解困作为幸福美丽新村建设的首要任务，要雪中送炭，不锦上添花，不把新村建设搞成“富人运动”。我还向大家传达了省上关于建设农村廉租房的主要精神。对省上这些新的精神，大家都非常赞成和拥护。

一下子，在座每一位的精神又来了。大家一起逐个搜索分析困难户的情况：三组小李，20 来岁，没文化，14 岁就出去了，现在没有消息。四组小张，47 岁，老婆离了，2013 年别人碰上他的车死了，赔了 5 万多元。六组张大爷，老两口都 70 多岁了，他本人 30 年前右手因公伤截肢，老伴多病，大儿子前些年被电烧死，二儿子上门，三儿子在外打工也没挣到钱。还有……大家分析说，像这些家庭，就是政府给他们危房改造补助，他们也把房子盖不起来；如果建廉租房，就能给他们解决问题。

## 行动，都是老百姓急需的

9 月 16 日　星期二

上午，翻阅南京师范大学杨山教授主编的《乡村规划——理想与行动》和清华大学退休老教授陈志华、高级工程师李秋香合写的《中国乡土建筑初探》。

下午，步行到永新镇政府与村支部书记们座谈。除永征村李支书外，其他 9 个村的支部书记都参加了。李支书不参加，是我的建议，因为我们经常在一起，昨天又刚在永征村座谈了。参加座谈的县乡领导有永新镇杨书记、李镇长、县农江副主任等。书记、镇长是主动要来听的。座谈的主要内容是：扶贫解困、产业提升、旧村改造、环境整治、文化传承五大行动符不符合实际？村上有什么打算和建议？

杨书记先做介绍，让我和大家相互认识。接着，我就座谈的想法和意图做出简要说明。然后，支部书记们一个接一个发言，最后江主任也谈了他的意见和建议。

对五大行动，村支书们都对照本村实际进行分析，表示认同。永久村谢支书说："五个行动都符合我们村的实际，都是老百姓很急需的。"

关于扶贫解困行动。支部书记们分析认为，整村整村贫困在永新镇已经不存在了，因疾病、灾害等致贫的，每个村都有，少的六七户，多的一二十户。永乐村冯支书说：永乐村就有一二十户，给他补助也建不起房，村上根本解决不了问题。永胜村李支书说：他们村上还有十七八户住土坯房，其中有 2 户还是危房。"如果房子垮了，出了人命，我们当干部的根本担不起这个责任。"对扶贫解困的办法，大家建议把重点主要放在贫困户上，根据每户贫困户的具体情况，有针对性地给予支持和帮助。

关于产业提升行动。归纳起来，主要有五点：一是要尊重农民意愿。永连村朱支书说：永新镇米枣、核桃栽了那么多，保存率到底有多少？关键是老百姓愿不愿意。应该是，愿意的就让他去做，不愿意的就把他搁置一下，不能靠政治任务。冯支书也说：主要是示范引领，尊重农民意愿。二是要搞好品种改良。永清村苟支书说：前几年永清村栽了近千亩核桃苗，还是林业部门统一配的苗子，可是一半以上不结果，盆子大的都不结。前年搞嫁接，成活率不到 10%，还是不成功。三是要加强日常管理。谢支书以核桃为例说：要除草、去杂，每株每年至少花一个工，一亩 33 株要花三四十个工。管得好的，效益还可以。现在，核桃打下来皮都不剥也要卖 10 元/斤。管得不好就成为“生态林”，有的连树子都见不到。四是要配套设施建设。苟支书说：田间作业道是一个问题，走别人的地里过要先征得同意，不同意还不好办。崭山村文支书拿米枣来说：搞大棚可以延长收获期。如果延长 10 天，单价可以提高 1 元。五是要重视品牌建设。文支书建议加大对品牌建设的支持和奖励。

关于旧村改造行动。主要也有五点：一是不能简单搞集中。冯支书说：村庄改造不能弄到一堆来，弄在一堆有很多问题。比如，承包地远了，种地就不方便。永星村方支书说：不宜搞集中，把路、水弄通就行了。李支书指出：太分散也有问题，路都不好修。二是关键在农村基础设施建设。文支书说：旧村改造不要只做形象工程，关键是道路、水利等基础设施建设。他举出本村的道路进一步说：前几年硬化的道路，枣子发展起来就不适应了，客商反映路面太窄，错不了车。冯支书说：老百姓最急需的还是解决好路和水的问题。李支书说：红层找水打井，起码 50%以上是失败的，小井 90%以上都不行，多数都只管半年。三是农房改造要区别对待。方支书说：村里面，有的建了楼房，有的还是土坯房，各家的经济条件、住房条件不一样，旧村改造要分类、分档次，分别对待，不能一个样。金瓜村李支书说：可在危房改造上给点补助，不搞一刀切。四是要加强工程指导和监管。方支书说：招投标表面上看起来很好，实际上是层层剥葱，到基层就只剩点心子。最后，项目就做成豆腐渣工程。五是发挥村民自治的作用。朱支书说：旧村改造要发挥组村的作用，即使是国家给的项目，也要尽可能交给村上、队上去组织，交给农民去做。这样，既节约成本，又便于管理。农民自愿的办法也要改进，要让农民自己去管。

关于环境整治行动。苟支书说：养殖起来了，环境污染了，治污是村上的头等大事。垃圾清运也是一件大事。李支书说：七八月份，场镇周边的水臭得很。文支书说：主要是各个院落的垃圾汇集、处理。冯支书说：对保洁员的务工，垃圾清运等，公共财政应当给一点补贴。江主任说：环境整治的重点是场镇、垃圾和农药残存。

关于文化传承行动。文支书说：文化传承也是很好的工程。苟支书指出：从国家层面说，文化下乡，搞农家书屋、远程教育、电影放映；站在老百姓角度看，家家都有了电视，还通了网络，有些事情是热情过度了。他认为，应该多组织些唱歌、跳舞等群众参与性强的文化活动。冯支书建议：以乡（镇）为单位建民俗文化馆。江主任认为“文化传承”太窄了，建议改成群众文化建设。

江主任还建议，在五大行动之后，再加一个组织建设行动。

## 空房，也有规律性

9 月 20 日　星期六

上午，同李支书一起，逐户了解新村聚居点农户入住情况，分析住房闲置问题，思考盘活的办法。

李支书虽然上任才一年，但过去长期任村会计，情况很熟。我们从曾大姐家的左邻开始，绕水库一圈，一家一户地记录，最后返回曾大姐家。随便指到哪一家，李支书都能顺口说出个一二三。

都说这个点是新建的，其实不完全。依我看，实际上是在原有散居的基础上，经村民跨组迁建、“5・12”汶川地震灾后重建和新农村示范片建设形成的。目前有 45 户，其中原有 8 户，自发跨组迁建 13 户，“5・12”汶川地震重建 14 户，新村聚居点新建 10 户。除 2 户来自永星村外，其余都是永征村的。分别是：

一、原住，都是旧土坯房

张某某，7 组，2 老人，土房，230m²，常住 2 人；
余某某，7 组，2 老人，土房，190m²，常住 2 人；
张某某，7 组，3 人，土房，110m²，常住 2 老；
何某某，7 组，3 人，土房，180m²，举家外出；
荀某某，7 组，8 人，土房，250m²，常住 2 老；
张某某，7 组，2 老人，土房，170m²，常住 2 人；
魏某某，7 组，1 老人，土房，170m²，常住 1 人；
张某，7 组，3 人，土房，95m²，举家外出。

二、迁建，与非农化同行

谢某，5 组，4 人，20 世纪 90 年代建，270m²，常住 4 人；
张某某，4 组，3 人，2007 年建，140m²，举家外出；
李某某，5 组，3 人，2007 年建，110m²，举家外出；
张某，4 组，5 人，20 世纪 90 年代建，200m²，常住 2 老；
张某某，4 组，4 人，2006 年建，100 多 m²，举家外出；
张某某，4 组，3 人，2000 年建，200m²，常住 2 人；

张某某，4组，5人，2000年建，200m$^2$，常住2老；
李某某，3组，3人，2014年建，90m$^2$，常住3人；
佘某某，7组，1人，2013年建，90m$^2$，外出打工；
苟某某，7组，3人，2000年建，230m$^2$，常住3人；
张某某，7组，5人，2005年建，210m$^2$，常住5人；
李某，5组，2人，2014年建，250m$^2$，举家外出；
张某某，7组，3人，2006年建，200m$^2$，举家外出。

## 三、重建，“5·12”汶川地震后统规统建

张某某，4组，8人，230m$^2$，举家外出；
谢某某，5组，5人，200m$^2$，常住1老；
曾某某，6组，5人，210m$^2$，常住1老；
何某某，3组，4人，270m$^2$，常住4人；
何某某，7组，5人，200m$^2$，常住2老；
苟某某，7组，4人，210m$^2$，常住4人；
李某某，5组，5人，210m$^2$，常住1人；
李某某，5组，6人，210m$^2$，常住1人；
何某某，7组，5人，210m$^2$，常住2老；
张某，7组，5人，210m$^2$，常住1老；
张某，7组，3人，210m$^2$，举家外出；
张某某，7组，4人，210m$^2$，常住1老；
张某，4组，5人，210m$^2$，常住5人；
张某某，4组，3人，210m$^2$，举家外出。

## 四、新建，聚居点统规自建

张某某，4组，5人，210m$^2$，举家外出；
张某某，4组，3人，110m$^2$，举家外出；
李某某，5组，3人，80m$^2$，常住1老；
张某某，7组，3人，210m$^2$，举家外出；
张某某，7组，5人，210m$^2$，常住2老1小；
张某某，7组，3人，210m$^2$，举家外出；
李某某，4组，2人，210m$^2$，常住1人；
张某某，4组，3人，210m$^2$，举家外出；

冯某，6村7组，3人，210m²，举家外出；

李某，6村4组，5人，210m²，常住1老人。

45户中，举家外出、常年空房的17户，占37.78%。其中，土坯房2户，占同类房屋的25%，占全部空房的11.76%；自行跨组迁建的6户，占同类房屋的46.15%，占全部空房的35.2%；“5·12”重建的空房3户，占同类房屋的21.43%，占全部空房的17.65%；新村聚居点新建的空房6户，占同类房屋的60%，占全部空房的35.2%。由此可以看出点规律性来：村民跨村组迁建新房意味着可以离土离乡，不再靠几亩地生活；灾后农房重建那是必需的，不建住哪里；进新村聚居点建房有奖励，“不要白不要”。

除了以上45户，实际上还有一户，就是七组的老张。儿子大学毕业就进了城，家里就他一人。他本人长期在外省打工，搞新村聚居点建设的时候也没有回来。

快走完的时候，张主任骑着摩托来了。

中午，我请李支书、张主任和曾大姐到“一家人饭馆”吃饭。边吃边聊，还一再得到支书、主任和曾大姐的表扬。李支书说我给他们帮助很大，至少有这么三点：一是“微田园”，原来不晓得，不许大家种蔬菜，现在接受了，有的已经动起来了；二是主导产业，这两年都在想搞无花果，现在定下来集中精力把米枣产业发展好；三是养老产业，以前没有想过，今天启发了他们，那天座谈下来岳老板也在想这件事。

下午，翻阅张晓山、李周主编的《中国农村发展道路》和陈志华、李秋香著的《中国乡土建筑初探》。

## 希望与建议

9月22日　星期一

上午，到永新镇杨书记交换意见。事前没有预约，我9点钟（三台实行的是朝九晚五）到的时候，杨书记正在打扫办公室。一打扫完，我们便聊了起来。

我简要谈了三个问题：一是再次说明我们这个组到三台县驻乡进村入户蹲点调研的主要任务，就是围绕新农村建设进行调研、思考、示范、引领。二是回顾了在永征村蹲点调研的主要工作情况。前一个多月主要是随机走访，问需于民、问政于民、问计于民、问效于民；后半个月紧紧围绕扶贫解困、产业提升、旧村改造、环境整治、文化传承五大行动进行专题座谈。三是谈了我对永征村新农村建设的总体印象。通过新农村示范片建设，永征村各项建设长足进步，农村面貌发生了很大变化，群众是满意的。同时也面临不少困难，用老百姓的话说，“架子起来了，有了骨头还需要长肉”。

根据调研了解的情况，我提出了五点具体建议：一是继续下大力气培育主导产业。米枣产业还在发展的初期阶段，应当防止摇摆。乡村旅游可以在开发好枣业的多种功能的同时，探索一下养老产业。二是加强基础设施的配套。路灯、污水处理、田间作业道、入户路等。三是高度重视解决贫困户的住房问题。当前主要是抓紧启动农村廉租房建设，重点关心支持像张大爷那样的特殊困难家庭。四是切实维护农民群众的合法利益。想办法化解村上对村民的债务，解决好个别村民的实际问题。五是切实加强管理。做好垃圾清运，做到财务公开，维护好设施等。

杨书记在永新镇工作了 15 年，由一般干部干到镇长、书记，对永新很有感情，把工作想得很细。他全面介绍了全镇的情况、新农村建设的新思路及下一步的工作打算，讲得很好。对我提出的建议，他表示一定认真研究，拿出具体办法。

下午，到芦溪镇同老周、小吕一起，与镇上座谈。镇上参加的同志有 10 多位，包括书记、镇长。大家都争着发言，既介绍情况，又对一些具体问题展开深入的讨论。老周、晓峰谈了他们的感受，我也做了发言。

我对芦溪的情况了解不多，在具体问题上没有发言权。只就座谈情况和我们的本职工作，简要谈了三层意思：第一，我们这次蹲点调研能够顺利完成任务，离不开镇上的大力支持，借此机会表示感谢。第二，大家的发言，谈得具体、实在，把问题想得细，对我们很有启发。第三，就这次调研的主题——新农村建设提出两个方面的建议：

关于示范片建设。芦溪镇是示范片建设的重点区域，现在集中抓统筹城乡示范区建设，投入大、变化快。建议：一是在培育新型农业经营主体上下功夫。目前主要是引进企业，这只是一种经营主体。中央讲的新型农业经营主体包括专业大户、家庭农场、农民合作社和农业企业，应按中央要求，培育多元化的经营主体。从发展的眼光看，我认为应当在家庭农场上下功夫，农民合作今后更多是农场主的合作。二是国家的项目资金投入，凡生产性的，应尽可能量化为村集体经济和合作社的股份。为支持企业发展，投产的前三五年可以少分红甚至不分红，但权属必须明确。三是要充分考虑面上的协调发展，特别要注重那些基础条件差的地方，防止在区位好的地方过度投入。

关于下一步的工作。省上提出了扶贫解困、产业提升、旧村改造、环境整治和文化传承五大行动，正在进一步形成方案。扶贫解困，说白了，就是要让条件差的地方、困难的群体跟上趟。眼下正在抓的一件大事是农村廉租建设。产业提升，就是要推进主导产业的规模化、专业化、标准化、集约化、品牌化，让老百姓有事干、有钱赚。旧村改造，就是要把我们前些年讲的新村建设的重心转过来，突出搞好基础设施建设、公共服务配套和民居的“三建四改”，而不是简单地去求新、求大。环境整治行动，落脚点在于改善人居环境。现在山青了，但水臭了，污染是个大问题。切入点在于治理“脏乱差”。文化传承行动，这也是越来越紧迫的事，还没有真正破题。

最后，我就新农村建设中带普遍性的现象强调：实施五大行动，有一个关键的问题，就是如何发挥农民群众的主体作用？这也是个老问题。20个世纪二三十年代的乡建运动，最终流产的一个重要原因，就是“号称乡村运动而乡村不动”，梁漱溟先生把它称之为“我们的两大难处”之一，另一个是“高谈社会改造而依附政权”。而韩国的“新村运动”之所以成功，至关重要的一点在于他们培育了“勤勉、自立、合作”的精神，农民的积极性、主动性和创造性发挥出来了。其实，把我们搞得好的和差的拿来一对比，道理就出来了。在这个问题上，当前应当注意两个防止：一个是防止政府大包大揽，农民在那里等靠要；另一个是防止工商资本侵害农民的合法权益，把农民群众边缘化。

说完之后，看手机，5点59分。

（省走基层办《简报》2014年第151期印发，印发时有删改。）

# 三进汉源乡村[①]

## 1. 走进汉源乡村

——在第四届阳光汉源花卉节开幕式上的致辞

（2015 年 3 月 7 日）

最近，我已两次来汉源乡村调研，一次比一次兴奋。

汉源是四川省第二轮省级新农村建设示范县。县委、县政府发挥光热资源优势，注重花海果香特色，科学规划，真抓实干，建设“业兴、家富、人和、村美”的幸福美丽新村，创造了新的佳绩，积累了新的经验。在 2014 年度示范县综合考评中，被评为优秀，得到了四川省新农村建设成片推进工作领导小组的通报表扬。

汉源新农村建设的亮点之一，是发展乡村旅游。他们认准经济社会发展的新趋势，抢抓发展的新机遇，特别是在产业提升和民居建设中，坚持产村相融、农旅结合，拓展农业的观光、休闲、体验等新功能，促进一二三产业融合发展，催生出新的业态。现在，乡村旅游业已经连片成带、蓬勃兴起，成为汉源农业的重要增长点，成为汉源农村的靓丽风景线，成为汉源农民致富奔康的滚滚财源。

走进汉源乡村，我们马上会看到，一个产业就是一个“田园景观系统”[②]。您看它的水果，不管桃子、梨子还是车厘子，在时间上：一季一景，一月一景，到了花季、果季还是一天一景；在宏观上：一山一景，一沟一景，一坝一景；在微观上：一园一景，一步一景，一树一景，冬天叶落了，但树枝通过

---

① 2015 年 3 月至 2017 年 3 月，笔者连续 3 年应邀参加汉源县乡村旅游活动开幕式。每一次，笔者都先做调查，了解新情况。在每一次做的简短致辞中，笔者都讲到了由汉源得到的对乡村的新的认识。

② 这里首次提出“田园景观系统”概念，从乡村景观视角看乡村产业发展的新趋势。

撑、拉、吊、剪打理得很精致，仔细看，不亚于公园里的盆景。难怪，越来越多的省内外摄影爱好者钟情于汉源的乡村。

我这个人天生好奇，原本熟悉透了的东西，也会再来个究竟。双溪镇申沟村，我二十多年前去过，一块曾经山穷水恶的不毛之地，如今遍地是桃园。当我们走出桃园、路过一户普通农家的时候，看见房屋后面堆放着桃树枝，便停下脚步，仔细端详。那些树枝，已经干了，大概是去冬剪下的吧。一枝枝捆在一起，捆得整整齐齐的，码得也整整齐齐的，四周，不，视线所及，都打理得整整齐齐的。瞧，废物也变成了景观，有了灵气，有了文明！

汉源村美，民也富。清溪镇顺利村，走“一村一品”的致富路，家家户户种植车厘子，并实行精细化管理，收入年年攀升。全村 565 户 1066 人，共种植车厘子 2000 余亩，人均约 2 亩。2014 年，该村销售车厘子收入在 30 万元以上的农户，达到 6 户；10 万元以上 30 万元以下的，达到 364 户，占全村农户总数的 64.4%；5 万元以上 10 万元以下的，有 180 户，占 31.8%。全村 97.3%的农户年收入超过 5 万元，实现了共同富裕，成为名副其实的小康村。

汉源的乡村，真的是五彩缤纷，如诗如画。2 月底我去的时候，走访了一大片，看了九襄、双溪、清溪等乡镇，印象最深的是：家家有果园，户户住新居，处处是景观，村村奔小康。第二次去之前，当分管农业的副县长给我联系时，我一时激动，送了她两句话：“汉源最乡村，汉源醉天下。”这里的“乡村”，绝不是落后的代名词，而是别有一番景象，风景这边独好。来到汉源乡村，谁能不醉？这是我的真实感受。

我已经拉杂得太多了。漫山遍地的梨花、桃花正微笑相迎，关心农村、热爱农村的朋友们，赶紧出发吧！

## 2. 由汉源看乡村

### ——在汉源县 2016 年梨花节上的致辞

（2016 年 3 月 18 日）

今年春节期间，“回乡记”“下乡记”在网上热闹了一阵子，引发了人们对乡村未来的深思。未来的乡村是故园还是家园？不少人有些忧心忡忡。带着这个问题，我再次走进了汉源乡村。

汉源是花海果乡。去年走进汉源乡村，我曾写到，那里“一个产业就是一个‘田园景观系统’”。以水果为例，“在时间上：一季一景，一月一景，到了花季、果季还是一天一景；在宏观上：一山一景，一沟一景，一坝一景；在微观上：一园一景，一步一景，一树一景，冬天叶落了，但树枝通过撑、拉、吊、剪修整得很精致，仔细看，不亚于公园里的盆景”。

汉源花好、果好，幸福美丽新村建设得更好。经四川省新农村建设成片推进工作领导小组考评，汉源被评为第二轮省级新农村示范县建设优秀单位，可以说是幸福美丽新村建设的一个典型。2015 年，四川省委省政府先后将三个“三农”工作现场会的重要现场选在这里，其中第一个就是四川省新农村建设的历史性盛会——全省幸福美丽新村建设推进工作会，这是不多见的。

汉源幸福美丽新村建设的鲜明特点，用他们的话说，是“三区合一”。您看，他们把特色产业提升作为重要支撑，建现代农业园区，建成水果、蔬菜、干果特色产业基地 66 万亩，人均两亩。把农旅深度融合作为重要路径，建乡村旅游景区，建成“花海果乡”4A 级旅游景区，近 10 万人融入乡村旅游产业链。把全域新村建设作为重要抓手，建新型农村社区，形成重建新村、产业新村、旅游新村、生态新村、扶贫新村五种模式，建成一批各美其美的幸福美丽新村，老百姓安居乐业。

百闻不如一见。希望关心乡村的朋友，都去汉源走一走、看一看。我常去汉源，每次去都有新的感受。经常有朋友问我，到汉源看哪些点？我总是说，如果时间允许，您就把汉源看个遍；如果时间紧，只要走进汉源，您想去哪里就去哪里，方便去哪里就去哪里，什么季节去都行。许多朋友，包括外省的考察团，看了汉源，都说不虚此行。有的看了还想看，还想带着家人、朋友去。

从汉源的变化中，我们隐隐约约看到了乡村的未来。用传统工业化、城市化的眼光看农村，往往看到的是落后、荒芜、凋敝、空心化，甚至终结。但是，当我们走在汉源乡间的小路上，用生态文明和文化多样性的眼光看，时时处处看到的，都是希望的田野。由汉源的实践，我们可以断言，未来的农村，将是农民幸福生活的美好家园、市民休闲度假的理想乐园。要不了五年，城里人拥有乡村生活，将成为一种时尚。

或许我对汉源有些偏爱，但我相信，许多朋友看了汉源之后，一定比我偏得更远。

## 3. 梨花满眼醉汉源

——在第六届阳光汉源赏花旅游文化月活动开幕式上的致辞

（2017 年 3 月 17 日）

在这梨花盛开的时节，我们又相逢在花海果乡，有句心里话很想对汉源说。

张艺谋说：“成都是来了就不想走的城市。”我不能套过来说“汉源是来了就不想走的地方”，但是，我每次离开汉源的时候，都会暗暗地对自己说：“汉源，我一定再来，而且，年年都要来。”

就说这个赏花月吧，我已经连续来了三年，这是第三次。按理，无论如何，难免有点审美疲劳了，而事实上，我一次比一次兴奋。

第一次，前年，大体是这个时候，我发现汉源的每一个特色产业，都很有意味，我特为它造了一个词，叫“田园景观系统”。

第二次，去年，同样是这个时候，也在这里，我从汉源看到了生态文明时代和文化多样性背景下，城市不可替代的乡村的独特价值。

这次，我是陪同著名青年作家、中国作家协会会员贾飞先生来的。贾飞先生应邀来为我们的农民夜校，作《农村青年的自我实现》专题讲座。贾老师的精彩报告在热烈的掌声中结束后，我们憋不住，偷偷上山溜了一圈。

漫步花海，尽管好多还是花骨朵，还是让今年中央一号文件首次提出的“田园综合体”，不断在我脑海里闪现。一号文件提出：“支持有条件的乡村建设以农民合作社为主要载体，让农民充分参与和受益，集循环农业、创意农业、农事体验于一体的田园综合体……”

“田园综合体”，那么美丽，那么动心，又那么陌生。应该是上前年吧，一个做规划的朋友曾经给我提起过，我也从网上搜索过，后来还注意到江苏的田园东方。不瞒大家说，我一直没有闹明白那玩意儿。

昨天下午，我边走边琢磨，当我走上产业环线观景台的时候，答案就在眼前。走进三强村、申沟村，走进汉源一个又一个村子，您看看，农民合作社、农民充分参与和受益、循环农业、创意农业、农事体验，田园综合体的要件，应有尽有，而且各美其美。这，至少是一个个田园综合体的雏形！

汉源，你又赶上头条啦！

现在，全省广大农村正在掀起“四好村”创建热潮。通过创建，实现省委提出的“四个好”：让农民群众住上好房子，过上好日子，养成好习惯，形成好风气。田园综合体建设，我认为，正是通向“四个好”的崭新路径。

说到这里，我禁不住向前来参加赏花月开幕式的各界朋友说一声：“恭喜您，恭喜您又走到了中国美丽乡村的前沿！”不信？有央视美丽中国乡村行的美女见证。接下来，让我们一起钻进汉源美丽的田园综合体吧！

祝第六届阳光汉源赏花旅游文化月活动圆满成功！

祝朋友们，特别是远道而来的朋友，在汉源玩得高兴、游得开心！

# 小手艺，大作为
## ——成都市郫都区乡村振兴的启示

最近，我们深入到成都市郫都区古城镇、安德镇、唐昌镇的部分村组，采取实地察看、随机走访、专题座谈等方式，调研乡村振兴战略实施情况，收获颇多。

习近平总书记2018年年初来四川视察时，走到郫都区唐昌镇战旗村之后，要求郫都区的乡村振兴走在前列、起好示范。郫都区区委、区政府高度重视，狠抓落实，成效初显，产业振兴、人才振兴、文化振兴、生态振兴、组织振兴都有声有色。我们印象最深的，是唐昌镇战旗乡村十八坊、古城镇指路“鸟笼村”和安德镇安龙村小微盆景园，充分展示了手工艺在乡村振兴中的重要作用。浓缩成两句话，就是：小手艺，大作为。

小手艺传承优秀文化。我国手工艺历史悠久、种类繁多，在战旗乡村十八坊，我们就目睹了蜀绣、郫县豆瓣、唐昌布鞋、竹编等20来种，其中有国家级、省级非物质文化遗产。最具代表性的要数有着3000多年历史的蜀绣，它以软缎和彩丝为主要原料，针法多达12大类122种。据介绍，蜀绣在汉末三国时已经驰名天下，清朝中叶以后逐渐形成行业，成为与苏绣、湘绣、粤绣齐名的中国四大名绣之一，被誉为“蜀中瑰宝”，有很高的文化和艺术价值。2006年5月，蜀绣被列入第一批国家级非物质文化遗产名录。十八坊里的蜀绣只是一个小小的窗口，题材涉及熊猫、花鸟、人物等，品种包括绣屏、被面、枕套等，既有巨幅条屏，又有袖珍小件，多是观赏性与实用性兼备的艺术精品。

小手艺提高生活品质。手工艺在工业化进程中一度走向衰落，面临着失传的危险。进入小康以后，人们对美好生活的需要日益增长，具有文化价值和艺术价值的工艺美术品重新受到消费者青睐，手工艺因此重现出生机。安龙村小微盆景的发展，正适应了由温饱、小康到美好生活的需求升级。当地小微盆景领头人安龙村村主任高修伦告诉我们，他以前是做花卉的，看到人们需求的多样化，便尝试做有艺术感的小微盆景。通过十多年的创意设计和精心培育，走出了路子，并带动了全村的发展。我们在那里所见的小微盆景，都体现出一定的艺术价值，成为“奢侈品”，并通过电商等途径进入中高收入家庭。匠人们感觉到，小微盆景制作还美化了他们的家居环境，让生活充满诗意。

小手艺增加乡村就业。工业化、信息化和农业现代化，都伴随着劳动力需求的减少。近年来无人机、无人超市等“无人化”的发展，已经给就业带来了巨大压力，人们正担忧着今后劳动力何去何从。我们欣喜地看到，手工艺因其劳动密集型和产品个性化，将成为乡村创业就业的巨大空间。指路村原本不做鸟笼，据说是1975年由该村十组老篾匠王修其在为别人修鸟笼时自学来的。在他的带动下，鸟笼编制逐步发展成该村的支柱产业。目前，指路村500多户中已有130多户在做鸟笼，一般一户两人，仅此一项就吸纳260多人就业。其中，指路十组做鸟笼的就有35户，占总户数的四分之三。有的手工艺还解决了特殊群体的就业问题。入驻十八坊的蓉锦蜀绣公司，80%的绣娘为残疾人。

小手艺富裕一方百姓。传统手工艺的附加值，与机械化、标准化、大批量生产的工业品不同，随现代化发展和社会的进步而彰显。较有代表性的如唐昌布鞋、古城鸟笼等，因其工艺精细，又有不同的文化价值和艺术价值，当地售价少的百来元，高的数十万元甚至上百万元。备受游客关注的唐昌布鞋，2018年被列入四川非物质文化遗产，产品迅速走俏，效益越来越看好。仅十来人的赖淑芳小店，2018年就卖了上万双，价格一般在160元至200元之间，高的近千元，销售收入突破200万元。养鸟人钟爱的古城鸟笼，普遍在两三千元以上。指路村十组四川非遗传人王明文做的鸟笼，出手价不下万元，2017年他的一只鸟笼，售价竟高达30多万元。据了解，2018年该村鸟笼产业年收入近2000万元。

小手艺还是绿色产业。手工艺主要以竹、木、草、棉布等可再生、可循环物为原料，靠双手、双脚制作，既生态环保，又能变绿水青山为金山银山。以手工编织为例，古城镇除鸟笼等竹编外，还有棕编和草编。从资料得知，古城棕编、草编传承自宋代，现在主要产品有鞋、帽、包、盒、扇等几十个花色品种。在十八坊，也有一家编织作坊设了展销窗口。在走访匠人的时候，我们得知，其原料来源于当地和附近县市乡间的竹林、林盘、田园。通过手工艺制作，农林产品及副产物都得到了综合利用，变成了附加值较高的艺术化商品。而且，其制作过程一般不会产生有害垃圾。这些编制品用过之后，即使放到自然环境中，也会经日晒雨淋得到分解。

由此推测，随着工业化的演进和后工业社会的到来，随着生态文明和文化多样性的发展，随着人们消费水平的升级和生活品位的提升，手工艺因其不可替代的文化、艺术价值和创造的就业机会，将逐步走向复兴。进一步看，手艺虽小，却可以成为大产业，与现代工业文明互促共进，交相辉映，相得益彰。

基于以上认识，建议把手工艺传承作为乡村振兴的一件实事和好事来抓。一是全面调查摸底，制订专项规划；二是设立手工艺复兴工程，支持非遗保护和传承；三是把技能传授和素质提升结合起来，培养非遗传人和手工匠人；四是支持组建匠人协会，促进交流合作，加强行业管理；五是鼓励革新，支持采用新技术，开发新产品，开拓新市场；六是与庭院开发、林盘利用相结合，注重融合发展，发展文创经济。

（本文发表在《乡村振兴》2019 年第 8 期，发表时有改动。）

# 蹲点调研的意义

（2014 年 6 月 25 日）

此时此刻，有很多热乎乎的话涌上心来。这里只汇报一点体会：驻乡进村入户蹲点调研是我们的绿色加油站。

2013 年 12 月 11 日，我参加第二批蹲点调研，到芦山县龙门乡青龙场村，蹲了 3 个月。青龙场是“4·20”芦山地震的震中，也是重建工作最难的地方。踏进青龙场，便围绕灾后重建，走村串户。

记得，2013 年 9 月启动蹲点调研的时候，委里要求我们带着感情，不仅到田边地角，更要到农民家中，问政于民，问需于民，问计于民。因此，一开始，就把青龙场的村民当亲人来对待，把青龙场的村庄当“麻雀”来解剖。包括星期天在内，每天都行走在乡间小路上。好几次，晚上十一二点还在交谈。一兴奋起来就打不住，深夜两三点还在写写画画。

当然，对这样的蹲点调研，大家都有一个理解的过程。芦山是我的家乡，刚到的时候，老同学、老朋友们多少有些疑惑。有的问，这把年龄了，图个啥？有的说，信息化了，还用得着吗？是的，五十有二，该知天命了。是的，鼠标一点，“应有尽有”。但是，当我把蹲点日记《走在乡间小路上》发给他们时，他们说：好，非常有意义。

回忆起在青龙场的日日夜夜，我想蹲点调研对我们的意义在于它通过在场体验，通过设身处地，通过朝夕相处，能够增进我们必须的农民感情，能够让我们更加全面地掌握农村情况，能够深化我们对农村发展规律的认识，必将全面提升我们农村工作的境界。

说到农民感情，平时都挂在嘴上，可一遇到具体对象，往往会出现一个又一个的例外。比如，你怎么对待那些上访人员？通常，我们把他们打入“另类”，看他们不顺眼。青龙场白伙组的老上访人员白大哥，我一进驻龙门，就经常听到他的故事。第一次“遭遇”的时候，的确有点烦。但是，当 3 月 12 日上午登门拜访他时，我们相互感动，真诚交心，称兄道弟，成了朋友。这段时间，我们经常通话，我还两次回访了他。我答应的事，一件一件地办。他也向乡上写了保证，保证把上访精力用到灾后重建上。他承诺的，他确实在努力，尽管因为这样那样的原因，偶尔还有点情况。正因为这样，我心里总牵挂着他。有了这样的情分，才会饱含深情、满怀激情，一心一意为着农民群众；才会欣赏我们所做的每一件有益的事，从中体验快乐。这是力量的源泉。

谈到农村情况，通常我们看到的更多的是新成绩，我们做得更多的是推广新经验。这，一点不错。但问题也在于小情况、微反应。如果不是这次到青龙场走来走去，怎么也不会想到，集中安置点建设中，老百姓反对统规统建和统规联建。本来，统规统建、统规联建是“5·12”汶川地震灾后重建的一条重要经验，效果非常好，这几年都在总结推广，我到青龙场也在极力宣传。可村民们就是不接受，白伙组的一次联建户户主会，就因为大家反对联建，不欢而散。青龙场的村民，大多主张统规自建。他们说，一来自己动手，可以少花钱；二来可以考虑自己的经济条件，先建一层安居。这同我们平时走马观花想象的大不一样。但是，看不到这样的具体情况，就不能准确了解农村，甚至会被一些表象蒙蔽住，做出错误甚至危险的判断。这样的教训，我们不是没有吃过。

提到客观规律，读书的时候，教科书里写了，课堂上讲了，工作中也经常受到教育。但是，要真正弄懂它、把握它，还得深入到实践当中去观察体悟。最近学习习近平总书记重要论述，就遇到这样的情况。习近平总书记在中央农村工作会上讲到的村庄演进规律，一时让我发蒙。后来，反复联想蹲点的所见所闻，再现一幕幕活生生的场景，才打开思维，想出了五条，还与同行做了交流。这五条是互动律、融合律、和谐律、差异律、传承律，分别从村庄与城镇之间、村庄与产业之间、村庄与自然之间、村庄与村庄之间以及村庄与历史文化之间去揭示村庄演进的本质联系。琢磨来琢磨去，还有点味道。“4·20”芦山地震灾后安置点建设出现的乱象，正是违背这些规律造成的。把握了一条条客观规律，才能自觉运用规律性的东西来研判形势、剖析问题、提出对策和建议。

至于提升农村工作境界，不用说，是以上三个方面交汇起来，顺理成章的事情。还是拿我自己来说吧。通过三个月蹲点调研，看问题的角度和深度，都多多少少发生了一些变化，蹲点调研日记就是见证。一蹲下去，就每天坚持走访，观察，思考，写日记。三个月下来，一笔一画，潦潦草草，居然写了近四万字。看起来杂七杂八，实际上每天都有一个相对集中的主题，涉及受灾情况、农房选址、征地补偿、产业发展等。总体上看，一篇比一篇丰富，一篇比一篇深入。发现的问题，一个个引起了重视；思考的东西，陆续转化到了工作当中。这段时间，我一有空就去翻翻日记，一遇到问题就到日记中找找答案。每翻阅一次，都有一些收获，都能得到一些启示。由此，我在想，一旦蹲点调研制度化、常态化，一定会带来农村工作境界、质量和水平的大提升。

还有，只要老老实实沉下去，真正同老乡们朝夕相处，双腿就能替代车轮，蹲点调研就是低碳调研、绿色调研。这里，建议我们一起来总结驻乡进村入户蹲点调研，使之推广开来，坚持下去。如此，我们的工作一定更精彩！

（本文是在四川省农工委系统“走基层”活动座谈会上的发言，原题为《我们的绿色加油站——我看驻乡进村入户调研的意义》，被省走基层办《简报》2014年第117期印发，印发时有删改。）

# “解剖麻雀”是基本功

（2014 年 4 月 2 日）

“解剖麻雀”就是抓住典型，深入进行周密细致的调查研究，摸清情况，总结经验，分析问题，提出对策，并且由个别上升到一般，以指导面上的工作。它是调查研究的基本功和好方法，也是我们党的老传统。毛泽东同志就十分重视“解剖麻雀”，他早期的兴国调查、长岗乡调查都是“解剖麻雀”的典范。

但是，前些年不少人看不起“解剖麻雀”，认为那是农耕时代没有办法的办法，太“老土”，不摩登，跟不上形势，早该淘汰了。在一些同志眼里，似乎时代不同了，小车一坐，一天跑上若干个点，再看若干张光盘、展板，要几封电子邮件，弄它一揽子数据、一大堆材料，随而便之。更何况，输入几个关键词，鼠标轻轻一点，应有尽有，无非是改改名称、换换数据、调调日期罢了。于是，走马观花、跑马看花，甚至坐飞机赏花，与时俱进，花样不断翻新。

结果呢？结果是“信息爆炸”，心中无数，以至于常常望着“大数据”发蒙。所以，一些同志在堆积如山的材料面前，在海量的数据面前，反而把情况弄不明白，反而找不出事物的内在联系，反而道不出问题的“一二三”，反而得不出有价值的结论，反而拿不出有效的办法来；只好空话套话大话、“放之四海而皆准”的话，甚至假话瞎话胡话，连篇累牍，有害无益。为什么出现这样的情况呢？我想，问题的问题，在于没有深入的体察，没有深层的思考，更没有深厚的感情，找不到感觉，抓不住缰。

事实上，用现代的眼光看，调查研究仍然离不开“解剖麻雀”。一则因为“麻雀虽小，肝胆俱全”。我们从事农村工作的同志，真正搞清楚一个村的情况，说到其他村，大体也能八九不离十了。二则因为“解剖麻雀”可以积累经验，为复杂系统的调查研究奠定基础。费孝通先生一生的成就，可能都与他出国留学前的江村调研有着非常密切的关系，可以说没有江村调研就没有社会学大师费孝通。而且，通过同群众的深入交往，还能增强群众感情，做到时时装着群众，处处为群众着想。看来，调查研究还得从“解剖麻雀”入手。

“解剖麻雀”的形式很多。2013年，四川省委农工委在群众路线实践教育活动中建立的驻乡进村入户蹲点调研制度，轮流派三分之一的干部到农村蹲点3个月，与农民群众朝夕相处，用心体察民情，正是新形势下“解剖麻雀”的好形式、好办法。蹲点的同志，从领导到科员，都广交了朋友，掌握了实情，研究了问题，受到了教育，增长了才干，历练了人生，受益匪浅。只要我们这样坚持下去，一次解剖一只“麻雀”，即使只弄清一个情况，思考一个问题，提出一条建议，也是可喜的收获。久而久之，我们就不至于心中无数，想当然了。

“解剖麻雀”也是很有讲究的。从笔者最近到芦山县龙门乡青龙场村蹲点三个月的体会来看，最重要的是，要放下架子，带着感情，以诚相待，以心交心，认真倾听群众呼声，真正关心群众疾苦；只有这样，才能找到共同语言，把情况弄清楚，得到有价值的东西。而且，要想解剖出点名堂来，还得戒浮躁，有定力，老老实实在一个点上蹲下去，刨根究底，反复比较，真正摸实情、理关系，抓本质、看趋势，找规律、想办法，不达目的决不罢休。在“信息爆炸”的大数据时代，缺少小样本研究的功夫，眼花缭乱是找不到感觉的。

总之，只有我们大家都沉得下，耐得住，说得拢，踏踏实实“解剖麻雀”，才能够练就调查研究的基本功，才能够真正兴起调查研究之风，进而促进作风的大转变，打开“三农”工作的新局面，为建设幸福美丽新村做出新贡献，为实现伟大中国梦添砖加瓦。

（本文发表在《四川党的建设（农村版）》2014年第6期，发表时有删改。）

## 专栏 3

### 把时间当作最宝贵资源经营
### ——对现行工作方式的调查与思考

（2004 年 9 月 29 日）

最近，就如何改进工作方式、提高工作效能问题进行了专题调研。我们先后到了石棉、汉源、荥经、天全，并深入部分乡镇，同县乡 50 多位同志进行了座谈；同时走访了 6 个市级部门，与部门负责同志进行了交谈；还借市上项目工作培训之机，听取了几位区县部门同志的意见。

总的来看，各级各部门的同志都在紧紧围绕市委的“11421”（一个目标、一个进程、四轮驱动、两个新的增长极和一条可持续发展之路）发展战略性思路，讲政治，顾大局，抓落实，执行力明显增强，发展势头看好。同时，大家也深感传统的工作方式越来越不适应形势发展的需要，一些问题还比较突出，任其下去，势必辛辛苦苦干正在迅速落后的事情，影响雅安的跨越式发展。

**一、问题及危害**

一提起工作方式和效能问题，基层的同志就怨声载道。他们列举了很多现象，用习惯的用语来归纳，至少有“八多”：

1. 大小会议多。许多同志感到，大事小事动不动就开会，一个电话就能办成的事也要开一个会。据了解，某综合部门去年会议室使用达 316 次之多。一位县级部门的负责同志回忆，他到任一个月，有半个月在开会，其中有 3 天连着开，一天 3 个会，3 天开了 9 个会。有一县上的部门，因对应的部门多，路途又远，有时到雅安开会，一住就是半个月。

2. 各种文件多。现在文件之多也成一机关公害。会上发了文，会后又行文；上面发了文，下面又照发；有些常规性的工作，年复一年的那样做，年复一年的那样行文，有的仅仅做了一些技术处理。今年 1 至 7 月，某县收到上级机关机要件、非机要件、密电达 503 件，县委、县委办发文 147 个；另一县政府、政府办发文 189 个；市级某局发文多达 243 个。

3. 督促检查多。近年，各部门的检查达标活动少了，但是督促检查多了。普遍反映，现在各级强调抓落实是对的，问题是大会小会、大事小事都限期扯回销，而且时限很短。某县委办统计，今年 1 至 7 月，上报督查专报 44 期，办理批示件 217 件，下发督办通知 15 个、督办通报 9 期。部门和乡镇的负责同志都提心吊胆，生怕没有看到要扯回销的事。

4. 领导小组多。部门同志反映，现在差不多强调一项工作，就会成立一个相应的领导小组，发一个通知，列上一串名字。有位同志从乡镇调到县级部门，粗略清理了一下，就有 32 个领导小组涉及他。据说，县上有的同志参加的领导小组竟多达三十七八个。

5. 务虚调研多。基层的同志发现，一方面，真正围绕市委工作重点、帮助基层解决实际问题的调研少；另一方面，“自娱自乐”、不着边际、不了了之的调研考察多，不仅不解决问题，还增加了基层的负担。

6. 创新花样多。乡镇的同志对此感触颇多。他们对这样那样的“工程”“活动”“新名词”很反感，总觉得有很多东西不过是变换了一种说法而已，徒有其名。

7. 一票否决多。计划生育、环境保护、安全生产、信访等，都是一票否决。县乡的同志都说他们变成了“消防员”“灭火队”，怎能集中精力抓发展。目前县乡一些同志感到招架不住的是上访，只要有人越级上访，本来依法办理的事，一个电话就麻烦了。

8. 迎来送往多。某县接待办今年上半年共接待 138 批次、4083 人次，县委书记一天之内接待过 8 批客人。另一县抽样统计，今年 1 至 7 月，县级 16 个部门（不含四家班子办公室）接待上级部门的同志就达 843 批次、5071 人次。其中，多的部门接待了 230 批次，1300 人次，平均每天接待 1.1 批次、6.2 人次。

“八多”加大了运行成本。某县级部门，每个月的文印费高达两三千元。“八多”更纠缠得基层干部精疲力竭。因为“八多”，县乡同志都不得不用大量时间泡在会议室里、文件堆里、酒桌子上，不得不花大量精力去搞各种平衡。许多同志担心，这种状况不改善，怎样去抓第一要务，怎样去增强执行力。

当然，“上有政策，下有对策”。比如开会，某县一位部门负责同志说，他开了很多“业余会”。不得已，他只好采取一招：凡打他手机通知他开会的，他都根据会议的内容来“确定方位”。又比如看文件，乡上的同志说，凡上面来文都得看，一看哪里发的，二看有没有具体的，三看要不要“扯回销”。

**二、思考和建议**

问起“八多”的原因，基层干部的看法是：根子在上面，要害在体制和机制。治理“八多”，必须适应全球化、市场化、信息化的新形势，站在提高执政能力的高度，从源头抓起。当务之急是，紧紧围绕建设高水平小康雅安这个目标，在优政上下功夫，改进工作方式，降低运行成本，提高工作效能。

1. 坚持有所为有所不为。基层的同志认为，很多工作都是一些单位脱离市委中心工作制造出来的。上面制造一件事，下面涉及一串人。因此，必须树立正确的政绩观，处理好有为和无为的关系，把精力集中到市委中心工作上来。“11421”是市委确立的发展战略性思路，2005 年又是旅游年，各级各部门都应服从于、服务于旅游开发，为旅游发展献计出力，为旅游发展营造氛围，为旅游发展排除一切障碍。

2. 完善目标管理体系。近年来有一种值得深思的现象：每部署一项工作，都要求纳入目标管理，动辄一票否决。结果，一方面目标越来越多，中心工作越来越淡；另一方面，上有考核，下有办法，使目标管理流于形式。既影响中心工作的开展，又助长不良风气。今后在研究制定目标和目标考核办法的时候，应当突出主要目标，强调结果导向，简化考核办法。凡可不纳入的内容，凡可精简的程序，一律取消。

3. 建立时间管理机制。“时间就是金钱。”可是在我们的行政运行中最不值钱的恰恰是时间。应当把时间作为最宝贵的资源来经营，当务之急是严格控制会议，提高会议质量。在山东挂过职的同志回忆说，某县级市开教育工作会只用了半个多小时，整顿作风的会只开了 40 多分钟。建议建立严格的会议审批制度，严格控制会议规格和规模，严格控制讲话、发言的人员和时间，严格控制会议经费，尽可能开电视电话会。

4. 积极探索政务招标。工作的方式和效能问题与认识水平、思维层次和眼界阅历等密切相关。应把市场机制运用到政务工作中来，把那些超前策划、高水平包装等推出去，实行课题招标，借脑发展。建议每年年初，市级有关部门按照市委、市政府部署提出年度重点课题，经市委、市政府审定后，在全省乃至全国范围公开招标。市上的软科学研究也应当把选题限定在重点课题上，一般性调研应当大量精简。

5. 下决心治理政务垃圾。现在一方面信息爆炸，另一方面电子垃圾成灾。公文泛滥就是其中一例，它直接影响我们的执政效率，必须进行治理：严格控制文件，可不发的不发，可不写的不写，一般文件可控制在 1500 字以内；整合信息资源，归口合并精简各部门简报，比如市委办、政府办的信息刊物就可以合并。

6. 严格控制机构和编制。我市党政机关总体上是人浮于事，只要工作关系理顺，一些单位的工作，一半人员就足以应付。结果是，无事生非：内生内耗，外生摩擦，下增负担。建议暂时冻结全市各级机关进人；根据雅安实际调整机构设置和人员编制，对 2001 年机构改革以来调入机关的人员进行一次摸底；建立退出机制，鼓励机关工作人员走向社会。

7. 加强干部队伍的轮训。改进工作方式必然会使机关人浮于事的矛盾凸现，这正是提高公务员队伍素质的有利时机。可每年选送一批年轻的业务骨干到高校深造，可对市县乡机关工作人员进行轮训，各单位每月可集中 2—3 天集中学习有关法律法规、方针政策和新理念、新知识，可让工作平庸的同志待岗自学，以此提高干部素质，增强执行力。

（四川省委政研室《情况与建议》2004 年第 73 期印发，印发时我坚持压缩了第一部分内容。）

## 第五篇

# 若干断想

笔者关注乡村艺术化问题，大约是从 2012 年开始的，逐步形成了一些粗浅的认识。

乡村振兴战略提出之前，主要体现在幸福美丽新村建设调研中的感悟和对田园综合体的研究中，曾指出“文化是神奇的力量”田园综合体“两体一魂两翼”的构想。后来，则把理论和实践结合起来，尝试进行系统研究，提出了一些基本观点，比如把乡村艺术化描述为“自然山水，艺术田园，农耕体验，诗意栖居”，强调防止城市景观化、文化断裂、千村一面、中看不中用、建设性破坏和化妆运动。尽管是一些初步思考，也引起了党政领导、专家学者、实际工作者的重视和关注。

乡村艺术化的研究刚刚开始，需要研究的问题很多，这些断想或许能给人以启迪。

# 发挥农民群众的主体作用

新农村建设，主体是农民。农民群众是新农村建设的建设主体，更是新农村建设的受益主体。党委政府的努力，在于配置好公共资源，创造条件，营造环境，让农民群众用智慧的大脑去谋划新农村，用勤劳的双手去建设新家园。反之，不管你有多少理由，不管你的理由多么动听，违背农民意愿的做法都是错误的。发挥农民的主体作用，笔者认为，关键在于把握好“尊重、引导、激励、支持”八个字。

尊重。新农村建设说到底是农民群众自己的事，必须充分尊重农民群众的意愿，让农民群众自己去做主。这些年，无论产业发展、新村建设，还是基础设施建设、公共服务配套，我省各级党委政府都坚持让农民群众自主选择、自主参与、自主评判，最终让农民群众得实惠、说满意。比如，在开展新农村示范片建设中，从申报到建设，都先由村支部、村委会组织民意调查，让每家每户充分发表意见，并且白纸黑字记录下来，看绝大多数农民愿不愿意干。这正是衡量新农村建设成功与否的重要尺码。

引导。目前，农民群众的建设热情高涨，但热情容易盲目，必须切实加强引导。近年来，各级党委政府注重教育引导，并且用农民易于接受、乐于参与的方式教育农民，让新思想、新知识在农民群众那里入脑入心，培育他们自立、合作、奋进的精神，提升他们的科学文化素质。注重规划引导，强调规划先行，既编制总规、专规，还编制详规，讲究科学，讲究规范，照图施工。通过教育和规划，把农民群众的满腔热情引导到新农村建设的“五句话”上来，引导到农民自由全面的发展上来。

激励。当然，也要看到农民自身的局限性。受地理环境、二元体制、农耕文化等多种因素的制约，农民相对保守，需要政府激励。对农民群众最有效的激励，莫过于制定并实施符合市场经济法则的政策措施。进入 21 世纪以来，党中央出台了一系列强农惠农政策，极大地调动了农民群众建设美好新家园的积极性。在认真落实强农惠农政策的基础上，我省结合实际，研究新问题，拿出了成片推进新农村建设、分类推进新村建设、积极探索建设新农村综合体等新举措、新办法，实施效果越来越好。

支持。还当看到，农业是弱质产业，农村是薄弱地区，农民是困难群体，新农村建设离不开工业反哺、社会关注、政府支持。我们看到，从上到下党委政府都深入农村调查研究，掌握实情，急农民之所急，想农民之所想，给予农民以必要的支持。支持较多的方面是基础设施建设和公共服务，且这些服务正在加快进村入户。同时，积极引导金融单位在信贷资金投入上给予新农村建设必要的倾斜，动员科研机构、社会团体和各界人士发挥优势积极献策、出力。在支持新农村建设上，全省上下，还没有旁观者。

正是尊重、引导、激励和支持，有效调动了农民群众的积极性、主动性和创造性，四川省新农村建设呈现出生机勃勃的景象。地震重灾区新村建设至少跨越了二十年，示范片建设整体快速推进，贫困地区连片开发和民族地区跨越发展全面启动，新农村综合体建设正在首创城乡一体化发展的新经验。可以断言，只要坚持发挥农民群众的主体作用，今后几年，四川省新农村建设就一定会取得更加可喜的成就。

（本文发表在《四川日报》2011 年 6 月 15 日理论创新版，标题改为《如何发挥农民群众的主体作用》。“尊重、引导、激励、支持”八个字，一年后得到四川省委采纳。后来笔者又加了“组织、维护”四个字。2017 年下半年，中央农办《农村要情》印发四川幸福美丽新村建设总结报告的时候，称之为“‘十二个字’经验”。）

# 土地流转中的“两个热衷于”值得注意

近年来，随着农村改革的深化，承包土地流转增多，土地规模经营扩大。这有利于转变农业发展方式，符合走中国特色农业现代化道路的要求。但是，我们也看到：越来越多的城市工商资本盯住农村，热衷于长期大规模租赁经营农民的承包地，发展设施农业，开发农业的多种功能；与此相应，一些基层的同志急于发展现代农业，热衷于用农村的土地去招商引资，通过工商资本来促进农业的规模经营，建设专业化、标准化、集约化的农业生产基地。笔者认为，“两个热衷于”的现象，值得高度关注。

当然，我们并不否认城市工商资本进入农业的积极意义。凭借雄厚的资金、技术、人才实力和较高的管理水平，工商资本一旦真心投入农业，就能够迅速提升农业装备水平，扩大农业经营规模，提高农业劳动生产率，增强农业的市场竞争力。现实生活中，我们确实看到，即使在一些比较落后的地区，工商资本也建起了堪与发达地区媲美的现代设施农业。我们也欣喜地看到，一些工商资本进入农业领域后，致力于建立适度规模的高标准示范基地，致力于提供农业的产前、产中和产后服务，带动了农民发展现代农业，带来了农村面貌的变化，呈现出多赢的景象。

问题的关键，在于“三农”问题本身的特殊性和复杂性。千万不能忘记，我们要解决的是农业、农村和农民问题，而绝不仅仅是农业问题。从“三农”问题的高度来看，城市工商资本大量进入农业，直接经营农村土地，其后果将是严重的。最突出的问题是农民的边缘化。我们知道，农民是农业的主体，现代农业亦不例外。在我国，农村人多地少、人地矛盾十分尖锐，“三农”问题最敏感的表现为土地问题，这是我国的基本国情所致，是不争的事实。至少在完成农村劳动力的大规模转移之前，“两个热衷于”如不引起高度重视，任其演绎下去，势必加剧农村的人地矛盾。到一定时候，或许用不了多久，在一些地方就可能看到，一边是农业的现代化，另一边则是农民的边缘化。那样，“三农”的农业问题解决了，最核心的农民问题却留了下来。谁忍心看到那样的局面？

有趣的是，无论是学者中间，还是实际工作者里面，都有这样一些人士，他们一边承认人地矛盾，呼吁转移农村富余劳动力；另一边又大谈农村劳动力的“空心化”，担心今后谁来种地。我们认为，这种担心是没有必要的。在可预见的将来，“空心化”实际是个伪命题，是传统农业社会的观念所致，只要把我们的农村同发达国家的对比起来就一目了然。进一步看，眼下一些地方农村出现劳动力紧张是好事，正好是推进农业现代化、加快转变农业发展方式的契机。长期以来，我国的农业机械化之所以推动难，难就难在人往哪里去、钱从哪里来。部分农村劳动力开始紧张，表明不机械化不行了。至于钱，随着国家逐年增加补贴，随着相关的机制创新，问题正在逐步缓解。有待研究的是“新生代”农民问题，目前许多看法只是猜想，下结论为时尚早。

“两个热衷于”的后果，显然不只是农民在农业现代化进程中的边缘化，它还会影响到国家的粮食安全。从表面看上去，目前工商资本下乡经营农业，要么大片大片地发展蔬菜、水果、药材、茶叶、花卉等经济作物，要么建设养猪场、养鸡场、养鱼池发展规模养殖，或者把种养业结合起来发展，还很少看到种植水稻、玉米、小麦等粮食作物的。细想起来，一点也不足怪，资本的天性就是追逐利润；而一般情况下，种粮是很难实现利润最大化的。因此，如果放任工商资本下乡经营土地，那么，总有一天我们将付出粮食安全的代价。由此可见，“两个热衷于”也是不可取的。

其实，即使在许多发达国家，农地农民经营也是一条通行的规则，工商资本想进入农业并不是随随便便的。以人多地少的日本为例，二战以后的历次土地改革，都限制工商资本直接经营农地，直到近年来因农业劳动力老龄化问题日益凸显才有所松动，而且据说他们在一定程度上还是受到我国一些地方工商资本下乡的影响。再看丹麦，他们的现行土地法就规定，农用地只允许农民个人拥有，只有在特殊情况下才允许股份公司介入，更不允许银行和保险公司去买卖。当然，巴西、菲律宾等一些发展中国家，曾经大量依靠强势资本的力量去改造小农。可结果却是大批农民成为农业现代化的局外人，不断引发社会矛盾，危机四起，最终受伤的不只是农民。

正视“两个热衷于”，必须抓紧研究制定应对之策。比如，从法律和政策上对工商资本进入农业做出明确限制。这主要是国家层面的事，应当像保护基本农田那样保护农民在农业中的主体地位，同时继续鼓励农民向非农产业转移。又比如，引导工商资本从事农业的生产性服务。四川省开展的农业产业化“两个带动”，鼓励龙头企业完善机制，带动农民发展现代农业，带动农民持续稳定增收，就值得推广。还比如，支持农民走向新型合作。方兴未艾的农民土地合作社，采取多种合作形式把农民组织起来，就值得鼓励。再比如，提倡农民建立适度规模的家庭农场。以自家的劳动力为主，经营三五十亩耕地，不失为一个积极的发展方向。不管采取什么办法，都必须充分发挥农民的主体作用，让农民在农业现代化进程中充分受益、长期稳定受益。

（本文是2011年7月22日在四川省社科院和四川大学举办的农业现代化与粮食安全理论研讨会上发言的要点。全文发表在四川省委农办《农村建设》2011年第9期。2014年11月，笔者以这篇文章为基础，写成《再谈土地流转中的“两个热衷于”》，全文写了问题的提出、辩证的思考、国外的经验、对策与建议四个部分，提出建立农业准入制度、硬化土地用途管制、搭建土地流转平台、坚持发展家庭农场、引导农民走向合作、建立社会化服务体系、加强土地流转指导等对策建议，发表在《农村工作通讯》2015年第5期。）

# 文化是神奇的力量

（2011 年 11 月 13 日）

回顾历史，审视现实，文化似乎来无影、去无踪，看不见、摸不着，说不清、道不明。但是，它确确实实存在着、活跃着，有着强大的生命力和巨大的影响力。在社会生活中，它无时不有，无处不在，无孔不入，无坚不摧。

的确，任何时候我们都不能逃离我们的文化。可以肯定地说，我们在娘胎里就带上了我们文化的基因，一出生就牢牢打上了我们文化的烙印。随着年龄的增长，我们的知识在不断地积累着，经验在不断地丰富着，习俗在不断地养成着，价值观、荣辱观在不断地形成和强化着，一句话，我们越来越有文化。同时，我们的一言一行、一举一动，又在为我们共同的文化大厦添砖加瓦。我们没有须臾能离开我们的文化，我们的文化也没有一刻能扔下我们。一个人的一生是这样，一个群体、一个社会、一个民族也是这样。

的确，任何地方我们都逃离不了我们的文化。古往今来，四海内外，都不乏这样的人，他们尝试着返璞归真，回归自然，但是，文化总是“阴魂”不散。事实上，无论独居陋室还是参加集会，无论深居乡间还是置身都市，无论坚守故土还是远走他乡，无论漫步小巷还是行走太空，我们都是我们文化的使者。炎黄子孙，不论漂泊到世界的哪一个角落，流淌的都是一样的血，落叶总期盼着归根。犹太民族沦落两千多年，但是，犹太人闯到哪里都是犹太人。我们即使能离开此文化，也躲不了彼文化。人间处处有文化。

的确，文化进入了人类社会的每一个毛孔，融入了人类社会的每一个细胞。这话听起来有点玄，实则不然。不信你看看：翻开孔子，一字一句都闪现出儒家思想的光辉。走进故宫，一砖一瓦都讲述着封建王朝兴衰存亡的故事。周游深圳，一草一木都记录着改革开放的历程。登上长城，你会听到一曲曲中华民族波澜壮阔的壮丽史诗。回到都江堰，你会看到一幕幕农耕文明的鲜活场景。深入我们的内心世界，我们的理想信念无不贴上传统和时代的标识。我们的思维、我们的书写、我们的言谈、我们的举止，都是我们的历史和文化的积淀。

我们更当看到，在人类历史上，战天斗地、抗击重大自然灾害，其背后，是文化的力量；在全球化的新时代，经济竞争、科技竞争、军事竞争，其背后，是文化的竞争。我们印象至深的是“5·12”汶川特大地震，其破坏性之强、涉及范围之广、救灾难度之大，实属罕见。面对如此巨大的灾害，仅仅两三年时间，我们不仅胜利完成了灾后重建任务，还实现了重灾区的就地起跳和跨越，创造了一个个人间奇迹。从中，我们看到了一种伟大精神，这就是“万众一心、众志成城，不畏艰险、百折不挠，以人为本、尊重科学”的抗震救灾精神。这正是创造奇迹的力量源泉，也是四川人民为中国特色社会主义伟大事业敬献的一份厚礼，一笔巨大的精神财富。有了这样巨大的精神财富，还有什么困难能压倒我们？

正因为文化的神奇，人们越来越关注文化问题。此时此刻，我们深切怀念两位学界泰斗：费孝通先生和季羡林先生。两位大师晚年都致力于中西文化的比较研究，都卓有建树。费老倡导“文化自觉”，并提出“各美其美，美人之美，美美与共，天下大同”的设想。季老在深入对比分析中国、印度、伊斯兰和欧美四大文化体系之后，形象地做出了“三十年河西三十年河东”的精彩判断，指出：“只有中国文化、东方文化可以拯救世界。”重温费老、季老的思索，我们对六中全会精神的领会，或许有新的感悟。

（本文是笔者在原省委农工委学习党的十七届六中全会精神交流会上的发言，全文发表在原四川省委农工委“四川三农网”。）

# 由生态文明想到的

（2012 年 11 月 20 日）

党的十八大报告，内容丰富，博大精深。学习十八大精神，只有一点一点地慢慢咀嚼，细细品味。这里，仅对生态文明问题谈点粗浅的心得。

生态文明，在党的十七大报告中就出现了，但是把它纳入科学发展观，作为建设全面小康社会的重要内容，以一个部分的篇幅给予充分阐述，还是在党的十八大报告中。党的十八大报告的第八部分，就是“大力推进生态文明建设”。其论述，不仅全面系统，而且十分精辟。读起来，既兴奋，又亲切，还有点想入非非。

## 兴奋

兴奋，是基于一种反思，让我们看到它是科学发展观的深化和升华。

凭借朴素的理解，我们感到，自工业革命以来，就人类与自然的关系来看，人们的发展观或许经历了三次大的转变：

第一次，由敬畏自然到征服自然。从科学革命、工业革命，到信息革命，人类快速走上了现代化的征程，不仅下五洋捉鳖，还上九天揽月，似乎成了大自然的最高统治者。而与此同时，也付出了巨大的、难以估量的代价：资源枯竭、环境污染、气候变暖、物种绝灭……其实，早在 100 多年前，恩格斯就告诫人们，我们对大自然的每一次胜利，大自然都报复了我们。

第二次，由征服自然到对话自然。20 世纪中叶以来，有识之士越来越看到了传统工业文明可怕的未来。1961 年，美国著名生物学家卡逊发表《寂静的春天》，震撼世界。紧接着，《增长的极限》《只有一个地球》……不断激起人们对传统发展道路、发展方式的反思。由此，人们逐步改变同自然的关系，提出《21 世纪议程》，寻求可持续发展之路，可谓之，“对话自然”。

第三次，由对话自然到尊重自然。这就是党的十七大提出、党的十八大充分阐述的生态文明建设。党的十八大报告强调，必须树立尊重自然、顺应自然、保护自然的生态文明理念，把生态文明建设融入经济建设、政治建设、文化建设、社会建设各方面和全过程，努力建设美丽中国，走向社会主义生态文明新时代。这既是科学发展观的伟大宣言，又是我们建设全面小康社会的行动纲领。

把生态文明建设纳入科学发展观，意味着我们党不仅对民族负责、对当代负责，而且对人类负责、对未来负责。这是多么崇高的境界，更是科学发展观的升华。

## 亲切

亲切，是基于一种经历，包含着关于生态化的思考的一些故事。

记得30年前选修《生态学基础知识》的时候，就被奇妙的生态现象、生态规律所吸引。西部大开发启动后，利用过去的积累，我开始做生态化的思考。世纪之交，参与雅安经济社会发展战略研究，便把生态化同工业化、城镇化、信息化一并提出，并在目标定位上加入“美丽”二字，即：“建设富裕文明美丽的新雅安”。

为了探讨“生态化”，2001年7月雅安市社科联举办跨越式发展研讨会，我提交了《关于生态化的几点思考》的千字文。文中，把生态化概括为“再造秀美山川，把生态融入经济发展之中，塑造生态文明”三句话，并分别做了简要阐述。当时我是这样理解的：

> 再造秀美山川，这是生态化最基础的一步。……就是要保护生态，让天蓝起来、地绿起来、山青起来、水碧起来、气爽起来。
>
> 把生态融入经济发展之中，这是生态化能否成功的关键。……必须把生态化和工业化、城镇化、信息化结合起来，把生态化融入工业化、城镇化、信息化之中。
>
> 塑造生态文明，这是生态化的内在必然，是一种新的更高的境界。正如工业化塑造了工业文明一样，生态化必将塑造与之相应的生态文明。与工业文明不同，生态文明承认人是大自然的一个组成部分，承认‘保护动物就是保护人类自己’；要求人们像热爱人类自己一样热爱自然，像珍惜人类自己一样珍惜自然，像保护人类自己一样保护自然，实现人与自然的和谐。

这篇短文，很快全文发表在四川省委办公厅《四川通讯》2001年第9期上。经修改，以《西部“生态化”刍议》为题，发表在《人民日报》华东新闻

2002年3月9日的“百家谈”。同时，对生态化的路径，我们还提出“生态产业化”“产业生态化”的主张。

有了这样的心路历程，今天学习党的十八大对生态文明的精辟论述，倍感亲切，也有点欣慰。

## 想入非非

想入非非，是基于一种刺激，这是由“美丽中国”四个字引发的。

看看我们四川的新农村建设，特别是新村和新农村综合体建设，要问“美丽中国”美在哪里，我会大声说：最美在乡村。乡村之美，美在山水，美在田园，美在淳朴；那是和谐之美，神圣之美。

这里，请允许我对田园美的一个新兴元素——“微田园”做一点粗浅的分析。

“微田园”，说起来似乎很简单，就是进入新村的农民，在房前屋后、前庭后院和新村内的其他可利用空间，种植瓜果豆菜等农作物，鸡犬之声相闻。

但是，其产生确有一个实践和认识的过程。它源于实践，源于农民在建设美好新家园的实践中的创造，是新村建设实践中的否定之否定。最先，农民的梦想是把乡下的家园建得像城市一样，让新村像城市一样“洋气”。结果……

很难说绵竹市的清平新农村综合体是“微田园”的发源地，但可以肯定，它是“微田园”的命名地。在建设过程中，清平的老百姓把“小花园”改成“小菜园”，被命名为“微田园”。现在，清平已建有“微田园”约50亩，占整个综合体占地面积的三分之一左右，老百姓户户有了自己耕耘的“小菜园”。

实践证明，建设这样的“微田园”，打破了钢筋混凝土崇拜和城市景观崇拜，既有效利用了日益珍贵的土地资源、经济实惠，又富有农村特色、农家情趣，让新村充满了生机和活力，深受老百姓欢迎，成为新村建设的新指向。

有了这样的“微田园”，我们又看到了新村里面独特的田园之美、和谐之美。

目前，各地正在从新村规划的编制和修订入手，迅速总结推广“微田园”建设的经验和做法，推动着新村内部环境的田园化。不远的将来，“微田园”将成为四川普遍而靓丽的乡村景象。

我们坚信，因为新村，因为生态化、田园化、诗意化的新村，四川的明天更美丽！

（本文发表在《四川党的建设：农村版》2013年第3期，发表时有删改。）

# “微田园”彰显农村特色

（2013 年 3 月 8 日）

“微田园”，顾名思义，是微型田园。这里，特指近年来在四川新农村建设实践中展现出的一种新景象。具体讲，在新型村庄（简称新村）的建设过程中，为相对集中的民居（山区三四十户，丘区六七十户，坝区八九十户），规划出前庭后院，让老百姓在房前屋后和新村里面其他可利用空间，因地制宜、因时制宜，种植瓜果豆菜，这样形成的一个挨一个、一群又一群的“小菜园”“小果园”“小桑园”就叫“微田园”。在许多地方，一个“微田园”，小的小到几厘地，大的一般也不过两三分地。

“微田园”建设源于农民群众建设美好新家园的实践，是新村建设中的否定之否定。本来，新村建设一开始就强调农村特色、农家情趣，但建设当中，确有一个实践和认识的过程。最先，农民群众的梦想是，把乡下的家园建得像城市一样，让新村像城市小区一样“洋气”。结果，有的新村建成后，远看像楼盘，近看是城市的浓缩版，与农村生产、生活环境不相协调，甚至有些格格不入。于是，老百姓把“小花园”改成“小菜园”，被命名为“微田园”。从2012 年下半年起，四川总结实践经验，通过主流媒体、工作指南、宣传光盘，积极推广“微田园”建设的做法。现在，一群群“微田园”正在四川广大农村蓬勃兴起。

“微田园”，方便农民生活。随着城乡统筹和新农村建设步伐的加快，今天，越来越多的农村，一边是专业化、规模化、标准化、集约化的现代农业基地，一边是基础设施日益配套、公共服务日益完善的新村。想想看，如果新村里面都像城里面那样，在农房地基和公共建筑之外的空间塑造景观、建设公园，农民就真的像城里人一样，每天都不得不去农贸市场或超市买菜了，那显然很不方便，显然脱离农村实际，显然不符合农民的生产生活习惯。“微田园”建起来之后，房前屋后一两分地的“小菜园”，经营好了，一般就能满足一家三四口人日常生活中的部分蔬菜需求。而且，自家的菜园地，放心。我们看到，在丰收的季节，“微田园”当中的一些品种，主人家自食之外，多多少少还有点剩余。

“微田园”，优化土地利用。如何节约、集约、合理、有效地利用农村土地，这是新农村建设特别是新村建设必须客观面对、认真解决的现实问题。“微田园”建设正好为这个问题的解决，找到了一条有效的路径，提供了一些积极的办法。目前，四川各地规划建设的新村中，就用地而言，我们看到的情况，大体上是三个三分之一：农房占三分之一左右，公共设施占三分之一左右，另外的三分之一左右正好是小巧玲珑的“微田园”。不难看出，就其生产功能而言，“微田园”相当于农民的自留地，它仍然是农用地，种植的农作物多是老百姓一日三餐少不了消费的，而且其种植方式更加精细，更加生态。如果各地的新村都这样去做的话，那么，新农村建设中挤出来的农用地，其总量一定相当可观。

“微田园”，让乡村更美丽。党的十八大响亮地提出，建设美丽中国。从四川新农村建设的鲜活实践来看，美丽中国最美在乡村。乡村之美，美在山水，美在田园，美在淳朴。“微田园”建设让“小菜园”“小果园”“小桑园”进入新村内部，建在老百姓的房前屋后，已经成为四川美丽乡村的新兴元素。如今，走进四川的广大新村，除了必需的房屋和基本的公共设施，人们能够看到的，普遍不再是乏味的钢筋混凝土，不再是娇柔的花花草草，而是千姿百态的葱葱蒜苗、萝卜白菜。随着春夏秋冬的交替，“微田园”呈现出不同的景象，让农村充满着生机和活力。现在，到新村观光、休闲、度假、体验的市民多起来，密起来了。人们常常会发出这样的惊叹：“你看，这里的农村比城市还漂亮。”

实践证明，“微田园”彰显了农村的特色和功能，深受老百姓欢迎，无论农民还是市民。看来，“微田园”真的是个好东西，值得倡导，值得推广，值得普及。

（本文被《农村工作通讯》2013 年第 7 期全文转载，《人民日报》5 月 5 日转载，题目改为《“微田园”让乡村添美丽》。2019 年 3 月，“微田园”成为中组部、中农办、国家行政学院举办的省部级干部乡村振兴专题研讨班的三个教学案例之一。）

# 新农村建设要坚守底线

社会主义新农村建设既要创新机制，又必须尊重规律，坚守底线。做好科学规划、村落改造、产业培育、利益协调等工作，才能保证路子正、方向对。

随着国家对“三农”的投入不断加大，社会主义新农村建设取得巨大进展。但随着城镇化的推进，大量农村人口向城镇和产业聚集，当前新农村建设面临不少新的挑战。

有的地方盲目崇拜钢筋混凝土建筑和人造景观，甚至变相搞房地产开发；有的地方农民群众主体意识和主体作用弱化，当工商资本强势进入后，对承包地往往只能一租了事；有的地方农村缺劳力、缺技术、缺资金，一些新房建起来就人去楼空，公共服务设施也成摆设；有的地方出现文化荒漠化现象，一方面仿古建筑泛滥成风，另一方面传统民居不断被破坏。

此类现象并非我国独有，发达国家在城镇化一定阶段，这些现象同样不同程度发生过。社会主义新农村建设既要创新机制，又必须尊重规律，坚守底线。这样才能保证路子正、方向对。

首先是科学规划机制。规划水平决定建设水平。应当坚持规划先行，科学编制村庄建设规划。规划应把政府主张、专家意见和农民意愿有机统一起来，体现特色，体现农民群众的美好愿望。同时，应注重规划的实施，一张图纸绘到底；强调规划的督促检查，及时纠正违规行为。底线在于，不能克隆城市，将农民“赶进”小区上高楼。

其次是村落改造机制。传统村落改造是成败之举。政府应主导总体规划，负责基础设施和公共服务体系建设及古村落老民居保护。制定激励支持政策，引导农民按规划和标准，自主改旧建新，改善居住条件。鼓励企业以各种投资方式参与农村生产生活设施建设。底线在于，不能剥夺农民的知情权、参与权、决策权和监督权。

第三是产业培育机制。推行一村一品，支持培育特色产业。鼓励开拓农业多种功能，发展乡村旅游。培养职业农民，提高农民的科学文化素质和职业技能。培育专业大户和家庭农场等新型农业经营主体，引导农民发展合作组织，推动农业产业化经营。底线在于，不能改变农地用途，不能占用基本农田。

最后是利益协调机制。协调处理好农民、企业、社会组织等各类利益主体的关系，让各种合法利益都得到保护，调动和激发各方参与村庄建设的积极性。关键和难点集中在强势资本与弱势农民之间的平衡，达成这一平衡是政府义不容辞的责任。底线在于，不能侵害农民群众的土地承包权、宅基地使用权、集体收益分配权等合法权益。

（本文是学习心得《把握乡村演进规律 建设幸福美丽新村》的第三部分，发表在《经济日报》2014 年 6 月 27 日第 5 版，被《人民之声报》2014 年第 48 期第 3 版转载。）

# 科学把握村庄演进规律

习近平总书记在中央农村工作会议上指出，随着经济社会发展，一些村落会集聚更多人口，一些自然村落会逐步消亡，这符合村庄演进规律。学习这一重要论述，我们应当在把握村庄演进规律上下功夫。

关于村庄演进规律，笔者认为，主要有以下五个方面[①]：

互动律。主要指村庄与城镇互动，它要求城乡之间的人口、资源和生产生活要素双向自由流动。在这种流动过程中，村庄普遍经历着衰落与复兴的历史性变迁。一般而言，城镇化率达到50%是个衰落与复兴的重要节点，越过这个节点，村庄会陆续开始复兴。

融合律。主要指村庄与产业融合，它要求以村庄为载体、产业为支撑，产村一体、互动相融。与村庄复兴大体同步，农业逐步实行现代化和多功能化，村庄也成为乡村旅游的重要元素。没有产业支撑，村庄建设得再美，都逃不了“空心化”的宿命。

和谐律。主要指村庄与自然和谐，它要求村庄、农家、山水、林盘、农田和谐一体。传统村庄讲究风水，实际上是对自然山水的尊重，正是这种尊重，让村庄顺应了自然，渊远而流长。山水林田遭破坏，环境恶化，正是一些自然村消失的直接原因。

差异律。主要指村庄与村庄差异化，它要求每个村庄都体现出自己的地域、经济、社会、文化、生态特征。在不同的村庄，人们应当能够看到一张张活生生的面孔。正是这些不同面孔，形成一个个村落的脸谱。否则，千村一面，村庄就会失去魅力。

传承律。主要指历史文化传承，它要求保护好古老的院落、民居、林盘以

---

① 2014年9月在三台县永兴镇永征村蹲点调研又想了一条：自治律。“主要从政府与乡村的角度揭示村庄演进的必然联系。它要求党委、政府必须尊重农民意愿，让农民当家做主，发挥他们的主体作用。否则，不管你有多少理由，不管你的理由多么动听，任何违背农民意愿的做法，都是错误的。”

及各种乡土建筑，让老祖宗留下来的文化香火代代相传。现在，人们越来越认识到村庄是耕读文明的载体，传统文化的根在这里，我们的软实力在这里。这正体现了对传承律的认识。

村庄演进规律，是村庄建设的基本遵循。把握好这些规律，才能保证村庄建设路子正、方向对。

（本文是学习心得《把握乡村演进规律 建设幸福美丽新村》的第一部分，发表于《农民日报》2014 年 7 月 26 日第 3 版。）

# 美丽乡村建设的启示

（2015 年 11 月 13 日）

以“面向 2020 年的中国美丽乡村建设”为主题的中国美丽乡村（天府）论坛[①]，将于 11 月 19 日至 20 日在成都举办。作为美丽乡村建设的参与者，难免思绪万千。

刚刚翻过的 2015 年 10 月，正是党的十六届五中全会做出社会主义新农村建设重大决策十周年。十年间，我国农村发展，从理念到面貌，都发生了深刻的变化，正在拉开中国美丽乡村建设的历史大幕。站在新的起点，面向未来开展十年回头看，进行多角度的系统分析，很有必要。

在着手分析的时候，笔者注意到《农民日报》的两个综合性头版头条：一条是 6 月 15 日的，题目是《留住乡村记忆登上致富阶梯——四川省建设幸福美丽新村“五大行动”纪实》；另一条是 8 月 11 日的，题目是《更美更富更文明——浙江“美丽乡村”建设综述》。一东一西，很有意思。

回过头看，2008 年，浙江省安吉县率先开展美丽乡村创建工作。党的十八大提出建设美丽中国后，美丽乡村建设逐步形成共识，各地创建活动如火如荼，江西的美好乡村建设、安徽的和谐秀美乡村建设、四川的幸福美丽新村建设各具特色。从中，可以看到许多共同的东西，得出不少有益的启示。

启示之一，美丽乡村建设是新农村建设的必由之路，新农村建设必须融入生态文明的理念，还乡村绿水青山。实践表明，美丽乡村建设是新农村建设的升级版，乡村之美首先美在山水，美在田园，美在山水林田湖的有机统一。在一定意义上，新农村建设+生态文明=美丽乡村。

启示之二，美丽乡村不仅美在山水田园，也美在淳朴，美在文化，美丽乡

---

① 此论坛是笔者提出并与原农业部美丽乡村创建办魏玉栋主任、四川大学中国美丽乡村研究中心主任蔡尚伟教授共同策划的，由四川农业博览会主办，原四川省委农工委、原农业部中国美丽乡村创建办和中国美丽乡村研究中心（四川大学）承办。

村必须能读得出历史，记得住乡愁。许多乡村自然山水非常一般，可同样有活力有人气，其中的奥秘，就在于有故事，农耕文化底蕴深厚。这说明，文化是美丽乡村之魂、之韵，有了它乡村就有了灵气和魅力。

启示之三，美丽乡村不只是看上去很美，中看还得中用，美丽还有着丰富的内涵，业兴、家富、人和、村美才真美。各方推出的美丽乡村，除山水田园和历史文化外，当地老百姓都丰衣足食、安居乐业。看来，美丽乡村必有综合的内在素质，一些地方讲生态、业态、文态、形态是有道理的。

启示之四，美丽乡村绝不可能只有一副面孔，她会有很多精彩的篇章，各具特色，各美其美，共绘美好蓝图。看看各地美丽乡村创建的经典案例，没有一个是仿造的，都有自己独特的个性特征，或地域的，或民族的，或文化的。复制品可以热闹一阵子，但最终都是死路一条。

启示之五，美丽乡村也不是要去替代城市，毕竟城市化是社会经济发展的大趋势，乡村和城市应当交相辉映。实践告诉我们，城市不是乡村的对立物，乡村不是落后的代名词，乡村和城市各有其存在价值，必须互动协调共荣。现代社会，没有城市或没有乡村，都是不可想象的。

进一步看，或许可以看出一些规律性来。笔者曾在《科学把握村庄演进规律》一文中概括了五条，即：互动律，揭示村庄与城镇之间的内在联系；融合律，揭示村庄与产业之间的内在联系；和谐律，揭示村庄与自然之间的内在联系；差异律，揭示村庄与村庄之间的内在联系；传承律，揭示村庄与历史文化之间的内在联系。放在一起看，真还有一些道理。

这些都是美丽乡村建设的宝贵精神财富，应当形成共识，并在今后的建设实践中好好珍惜，好好把握，好好运用。

（本文以《美丽乡村建设要实现各美其美》为题发表于《农民日报》2015年11月18日第3版，发表时有删改。）

# 防范大拆大建对农村的四重伤害

近些年，新农村建设一个值得注意的现象是，有的地方热衷于大拆大建，把一栋栋农房拆掉，把一片片村庄推倒，建起一个个聚居点、一处处欧式小区、一群群乡间高楼。个别地方把它当作光鲜的政绩，四处宣扬；有些老板从中看到可观的商机，设法寻租；一些老农住进了样板房，开心了一阵子。有人断定，这就是农村城镇化、城乡一体化。有的地方进一步拿出宏伟蓝图，要让广大农村都这样“旧貌换新颜”。

然而，大拆大建带来的“好景”不长，一个个问题接踵而至，有的地方还引起了社会矛盾，媒体多次做过专题报道。大拆大建总有它的诱惑。2015 年下半年，在某县推荐的一个点调研，在比较偏远的地方，是当地某成功人士回乡规划的，已经启动了几个项目，包括一栋数千平方的豪华大楼。业主的抱负是，把村里农房全拆了，集中建电梯公寓，让乡亲们住进不比城里差的高楼，还可以节约很多亩土地。

这种大拆大建，看似光鲜，但是却容易对农村造成不可修复的四重伤害①：

其一，一去不返。有的，一夜之间就把风风雨雨数百年的传统村落，连着它的林盘、祠堂、民居、小桥、老井，通通夷为平地。祖祖辈辈辛辛苦苦积淀、传承下来的农耕文化，随着它的载体、符号的消失，一去不复返。有的，轻而易举地把依山傍水的自然村庄拆掉，跑到公路两边、良田中间去，统规统建、统规联建，盖起楼房来。这样的大拆大建，对生态的破坏、对文化的践踏，不可低估。

其二，千村一面。单就一栋房屋来看，空间布局、起居设计、外形风貌等，都很讲究，似乎均为量身定做，让人心动。一旦走出去，就会有受骗的感觉。家家如此，栋栋如此，而且，一字排开，兵营一样，无非房间有多有少、面积有大有小罢了。房屋这样，小区也是这样。您去有些地方，走过一村又一

---

① 笔者曾称之为“农村大拆大建的四宗罪”，分别是“大破坏”“清一色”“不持续”“绊脚石”。

村，凡新建小区，满眼大马路、大广场、大花台、大洋房。千村一面，再美也让人疲劳。

其三，不可持续。大拆大建，仅仅一个项目的资金投入，少说几百万，多则数千万，有的两三个亿也打不住。别说穷地方，就是百强县，三五年能做几个？三年前，我曾经去某浅丘小县看过一个样板工程，号称要打造成世界一流的新村聚居点。就在县道旁，大约 50 户，全是新建，原本比较生态的小沟也砌起了坚固的堡坎。那时还不能交钥匙，已经投了 3800 多万元。我问县里，这样的试点能做多少？答曰：就这一个都很艰难。新农村建设必须建立多方参与、可持续的投融资机制。

其四，浪费资源。遭遇大拆大建，许多被拆掉的农房，本来修修补补就可以舒舒服服住上好些年；有的只建几年，还是半新半旧的。算算账，农民建房一般少不了一百五六十平方；统规统建，每平方米价格低的千把块，高的一千三四；加上装修，二三十万就没了。如果不被卷入大拆大建，靠积蓄在县城买百把平方的商品房，一般差不了多少。由此可见，大拆大建一定程度上阻挠了农民进城，成为城镇化的绊脚石。

实际上，中央向来反对大拆大建。早在 2013 年，习近平总书记就曾指出：在促进城乡一体化发展中，要注意保留村庄原始风貌，慎砍树、不填湖、少拆房，尽可能在原有村庄形态上改善居民生活条件。但是，或是利益驱动，或是政绩追求，当前大拆大建仍然有其赖以生存的空间，对大拆大建的破坏性伤害缺乏深入剖析。

随着经济社会发展，一些村落会集聚更多人口，一些自然村落会逐步消亡，这符合村庄演进规律。大拆大建之所以成问题，在于它违背了村庄演进规律。

村庄演进规律，是新农村建设的基本遵循。认识它，把握它，遵循它，新农村建设才能走出必然王国，跨入自由王国。如此，类似大拆大建的悲剧才不会在乡间一再上演。

（本文是笔者 2016 年 1 月上旬在同济大学参加四川省城镇规划建设扶贫专题研讨班的学习心得《尊重村庄演进规律建设幸福美丽新村——从一些地方的大拆大建现象谈起》的第一部分，发表在《农民日报》2016 年 2 月 3 日第 3 版，《农村科学实验》2016 年第 7 期转载。《四川党的建设·农村版》以《反思农村大拆大建》为题发表，获 2016 年全国党刊优秀稿件一等奖和 2016 年四川新闻奖评论类一等奖。）

# 怎样做到谋事要实？

（2015 年 6 月 4 日）

谋事要实，就是要从实际出发谋划事业和工作，使点子、政策、方案符合实际情况、符合客观规律、符合科学精神，不好高骛远，不脱离实际。四川省委农工委肩负着“三农”工作的指导、协调、督促等重要职能，在一定意义上讲，正是“三农”工作的谋事部门，谋事要实对我们具有特殊的重要性。

近些年，我们在谋全省农业、农村、农民“三农”之事上，通过各种形式的调查研究，特别是驻乡进村入户蹲点调研，取得了一批又一批的重要成果，做出了积极的贡献。2015 年 5 月底圆满召开的全省幸福美丽新村建设推进工作会议，集中部署扶贫解困、产业提升、旧村改造、环境整治和文化传承“五大行动”，就包括了我们“谋事”成果的转化和升华。

回顾“五大行动”的形成过程，应当说，主要是我们充分运用驻乡进村入户蹲点调研的成果，反复研究，于 2014 年 7 月底初步提出来的。一经提出，就得到省委的重视。2014 年 12 月初，四川省委办公厅、省政府办公厅正式出台了我们编制的《四川省幸福美丽新村建设行动方案（2015—2020 年）》。从中，我们可以悟出一些谋事要实的道理来，可以概括为“五个搞准”：把问题搞准，把方向搞准，把规律搞准，把底线搞准，把对策搞准。

把问题搞准。就是要强化问题意识，实行问题导向，全面、系统、客观地分析问题。问题弄清楚了，事情往往就成功了一半。这些年，四川省新农村建设确实取得了重大成就。走进农村，你会看到特色产业形成规模、农民收入五年翻番、公共服务进村入户、村容村貌焕然一新、农村社会和谐稳定。同时，也面临新的问题和挑战，各方面包括媒体也有反映。为把问题搞清楚，我们珍惜驻乡进村入户蹲点调研的机会，真正沉下去，倾听农民群众的心声。从深入一线的所见所闻中，我们梳理出“五个化”来：二元化，同在一个村，有的像欧洲，有的像非洲；去农化，有的搞得城不像城、村不像村；边缘化，有的地方政府大包大揽，工商资本强势进入，农民成了旁观者；空心化，不少村子

“老人多、娃儿多、空房多、狗多、草多”；荒漠化，传统文化断裂，现代文明之风又没有吹进去。这些，像专家们说的“乡村病”，与“物的”城镇化相关联，正是我们必须面对并致力解决的。

把方向搞准。最重要的是，全面深入学习领会中央关于新农村建设的新要求，集中体现在习近平总书记的重要指示精神中。不然，失之毫厘，差之千里。党的十八大以来，习近平总书记先后对新农村建设做出了一系列精辟论述。比如，小康不小康，关键看老乡。建成全面小康社会，重点在农村，难点在贫困地区。中国要强，农业必须强；中国要美，农村必须美；中国要富，农民必须富。要注意保留村庄原始风貌，慎砍树、不填湖、少拆房，尽可能在原有村庄形态上改善居民生活条件。要注意生态环境保护，注意乡土味道，体现农村特点，保留乡村风貌，不能照搬照抄城镇建设那一套，搞得城市不像城市、农村不像农村。农村总不能成为荒芜的农村、留守的农村、记忆中的故园。当前，一个很重要的任务是因地制宜搞好农村人居环境综合整治。这些重要指示，站在全局的高度，对一系列重大问题和带普遍性、倾向性的问题做出了科学判断，提出了明确要求，为新农村建设指明了方向。

把规律搞准。习近平总书记指出，随着经济社会发展，一些村落会集聚更多人口，一些自然村落会逐步消亡，这符合村庄演进规律。把握客观规律、遵循客观规律，幸福美丽新村建设才能由必然王国走向自由王国。村庄演进有哪些规律？我们上网搜索，没有找到现成的答案，只有回到实践中去。我们总结四川省新农村建设的经验，剖析发达国家农村建设的轨迹，概括了六条“规律”：一是互动律，主要指村庄与城镇互动；二是融合律，主要指村庄与产业融合；三是和谐律，主要指村庄与自然和谐；四是差异律，主要指村庄与村庄差异化；五是传承律，主要指历史文化传承；六是自治规律，主要指村庄与政府的关系。以互动律为例，我们认为，它要求城乡之间的人口、资源和生产生活要素双向自由流动。在这种流动过程中，村庄普遍经历着衰落与复兴的历史性变迁。一般而言，城镇化 50％是个衰落与复兴的重要节点，越过这个节点，村庄会陆续开始复兴。这些，我们不能不遵循。

把底线搞准。幸福美丽新村建设，事关农民群众根本利益，必须要有底线思维，坚守法律和政策的底线。比如，在科学规划上，不能克隆城市，赶农民进小区上高楼。在村落建设改造上，不能剥夺农民的知情权、参与权、决策权和监督权。在产业培育上，不能改变农地用途，不能捣毁基本农田。在利益协调上，不能侵害农民群众的土地承包权、宅基地使用权、集体收益分配权等合法权益。在一些热点问题上，我们还做了深入的思考。比如土地流转，我们观察到了“两个热衷于”现象，看到“越来越多的城市工商资本盯住农村，热衷于长期大规模租赁经营农民的承包地，发展设施农业，开发农业的多种功能；与此相应，一些基层的同志急于发展现代农业，热衷于用农村的土地去招商引资，通过工商资本来促进农业的规模经营，建设专业化、标准化、集约化的农业生产基地”。我们对这个现象的研究，得到了高层的重视。我们的基本主张，同现在中央的要求非常一致。

把对策搞准。基于以上分析，我们才提出“五大行动”的构想。四川省还有500多万贫困人口，幸福美丽新村建设不能落下他们。扶贫解困行动就是要以“四大片区”为主战场，攻坚破难。农村产业基地建设已有一定基础，问题在于效益不高。产业提升行动就是要调整产业结构，创新农业经营体系，发展适度规模经营，推动传统农业向现代农业跨越。新村建设不能脱离历史形成的格局，改造提升旧村落应当是成败之举。旧村改造行动是以行政村为单位，加快改造旧村落。“垃圾围村”在一些地方是农民群众急需解决的突出问题。环境整治行动由治理“脏乱差”入手，加快改善农村人居环境，建设农村生态文明，提高农村居民生活质量。一些地方“物”的新农村不能转变为“人”的新农村，问题在于文化缺失。文化传承行动就是要把耕读文明的元素、符号和故事，融入幸福美丽新村建设各个环节、各个方面。普遍认为，“五大行动”完全符合中央要求，符合发展规律，符合四川农村的实际。

这“五个搞准”，它们之间是紧密关联的。其中，把问题搞准是谋事之基，把方向搞准是谋事之要，把规律搞准是谋事之道，把底线搞准是谋事之需，把对策搞准是谋事之“的”。不只是研究幸福美丽新村建设需要“五个搞准”，我认为，无论我们接受什么任务、遇到什么难题，都需要“五个搞准”。只要做到这“五个搞准”，我想，我们谋起事来，通常就能够谋在关键处，划到点子上，找到有效的对策和办法。

（本文系在四川省委农工委干部读书班讨论时的即兴发言，曾发表在四川党的建设“干部论坛”www. scdjw. con. cn和原“四川三农”等网站。）

# 新农村建设要防止“五个替代”

社会主义新农村建设经过十多年的实践探索，取得了历史性成效。但是，前进中也出现一些新问题。比如，“去农化”，有的搞得城不像城、村不像村；“边缘化”，有的地方政府大包大揽，或工商资本强势进入，农民成了旁观者。问题的原因是多方面的，有“五个替代”值得引起注意。

## 一、主观愿望替代事物本质

对新农村建设，各地有不同的理解和追求。一些地方基于城市建设和工业发展的需要，主要在农村土地特别是在集体建设用地上做文章，一心想把土地腾出来转化为城市建设或工业发展用地，不惜挤压农村建设空间，想办法让农民进小区、上高楼。一些单位因为不能辩证、客观地认识城镇化过程中农村的“空心化”现象，简单把乡村同落后画上等号，把新农村建设同城镇化对立起来，甚至认为城市化就是要取代农村、消灭农村，对新农村建设的必要性、紧迫性和现实性存疑虑，工作中消极应对。

## 二、行政权力替代市场法则

市场已经成为经济生活的主要决定因素，凡市场能够调节的都应当交市场去决定。然而一些地方并没有完全这样做。产业发展上，有的地方主要靠行政权力去推动。比如，在土地流转中，政府出面动员、干预，为企业“摆平”，有的还为企业承担相当部分生产设施投入和前三年的租赁费。在农房建设上，有的地方由政府出巨资为企业推广新型建筑材料。某市为帮助企业在农村推广新型建材，每平方米由政府补贴 1300 多元。仅此一项，市县政府至少投入了四五千万元。而农民自建房，每平方米建筑成本一般超不过一千元。

## 三、政府意志替代建设规律

新农村建设有其自身的客观规律，一些地方并没有认真去研究和遵循。比如，在城乡关系上，没有充分考虑新型城镇化带来的人口转移因素，聚居点规划过多。在聚居点建设选址上，有的没有避让地质灾害，有的紧靠公路，有的没有充分考虑水源等条件，有的任意占用良田。在建设规模上，有的脱离农村生产生活实际，盲目搞大集中。在村与村的规划设计上，不注重差异性，一看就单调乏味。在文化传承上，简单搞“拼图”，实际是对传统文化、地域文化、民族文化的破坏。

## 四、领导热情替代农民意愿

新农村是农民自己的家园，理应由农民群众当家做主。实际建设中，一些领导同志急于为老百姓做好事、办实事，却忽略了农民群众的意愿，在事关农民切身利益的问题上想当然。比如，在规划设计上，当地领导凭兴趣、偏好，个人说了算，某市曾经提出把农村新建聚居点都搞成欧式建筑。结果，老百姓一搬进去，又不得不按照自己的意愿改造，既浪费了资源，又打乱了格局。在项目申报和实施上，老百姓还没有接受就组织实施，结果是“你栽你的树，我种我的地”，栽了毁、毁了栽，造成了来回反复和资源浪费。

## 五、理想蓝图替代现实选择

近两年，很多地方结合经济社会发展十三五规划编制新农村建设规划，或在农业农村经济发展规划中明确未来五年新农村建设的目标任务，关键是落实。但是，在一些地方，一是目标未分解，没有真正分解到年度，没有落实到乡村，还是“大数据”。二是任务不明确，没有找到工作的侧重点、突破口和切入点，停留于一般号召。三是工作不落实，没有落实到具体的建设项目上，缺乏载体和抓手。四是措施不具体，还是过去的老办法，让人不知道该怎么抓。五是宣传不到位，好的蓝图、好的项目得不到基层干部和农民群众的理解，实施困难。

这“五个替代”与体制改革和发展方式转变双重转型中的不适应有关，主要是在政府与市场、农民与企业、乡村与城市、规划与建设、建设与管理诸关系上没有拿捏好。因此，必须从思想深处下手，真正对症下药。

（本文发表于《农民日报》2017 年 6 月 10 日第 3 版。）

# 田园综合体让乡村更美好

（2017 年 8 月 30 日）

中央把田园综合体写进中央一号文件，这是农业供给侧结构性改革的突出亮点，有利于形成城乡一体化发展新格局。

田园综合体，怎么看、怎么建？见仁见智。我认为，它是循环农业、创意农业、农事体验和田园社区四位一体，具备农业生产、文明生活、休闲旅游和综合服务等多种功能，宜居宜业宜游的美丽乡村新形态。

四位一体，循环农业是基础。它利用物质循环再生原理和多层次利用技术，实现资源利用最大化、废弃污染最小化。创意农业是关键。它将农业的产前、产中、产后环节连结为完整的产业链条，将农产品与文化、艺术结合起来，促进产业融合发展。农事体验是活力。它将农业生产、农耕文化和农家生活变成商品，让市民身临其境体验农业，形成新的业态。田园社区不可少。除了留住原住民，还会带来创业、生活、养老的新村民，吸引观光、休闲、体验、度假的游客。

无疑，田园综合体有自身鲜明的特征。与普通美丽乡村相比，在于一个“融”字。农村一产业与二、三产业的融合，形成观光农业、休闲农业、农事体验等新产业、新业态；现代农业科技与艺术、文化、田园的融合，形成农村经济社会发展的新构架；城市文明与传统乡村的融合，形成城乡一体化发展的新格局；原住民与新村民的融合，形成多元互动的新型农村社区。正是多方面的融合，使田园综合体成为美丽乡村的高级形态。与城市综合体相比，在于一个“农”字。它以农业为产业基础、农民为建设主体、农村为广阔天地。

进一步看，田园综合体能得到理论的支持。比如，城乡融合论，认为城乡一般由同一到对立，最终走向融合，这种融合将迸发出新希望、新生活、新文明。田园综合体正是一种新的希望。农业多功能论，指出现代农业不仅提供产品、增加就业，还有文化传承、观光休闲、生态保育等多种功能。这正是培育新业态的基础。乡村价值论，发现乡村在生产、生活、文化、环境等多方面，都有不可替代的价值，城市和乡村交相辉映。田园综合体正好把城乡各自的价值统一起来了。近几年，有人提出“新田园主义”，这对田园综合体建设也有启迪。

基于以上理解，试提出田园综合体一体一魂两翼构想：田园为载体，文化为灵魂，科技和艺术为两翼。田园，包括山水林田湖草，是一个生命共同体，田园综合体的生产、生活都在广阔的田园展开。文化，主要指源远流长且富有地域特色和民族特色的农耕文化，田园综合体建设必须挖掘本乡本土带着泥土味的农耕文化底蕴，把它融入每一个方面、每一个环节，记住乡愁。科技的力量已经是共识，既要追求先进，也要兼顾适用。艺术，在于使农业景观化、村落景区化，满足人们的审美需求，这将成为田园综合体的核心竞争力。

如果这样的认识成立，那么，幸福美丽新村建设已经为建设田园综合体奠定了基础。与田园综合体相似的是新农村综合体。成都幸福田园，同被称为第一个田园综合体的无锡田园东方相比，都借鉴了城市综合体的理念，综合了农业、文旅和社区建设，是综合性建设模式；都注重培育新业态，乡村旅游成为主导产业；都体现了城乡一体化发展要求，既把城市的公共服务、文明生活延伸到了农村，又保护了乡村的自然生态、田园风光和农耕文化。不同的是，田园东方是企业建设的，幸福田园则是农民自主发起、自主建设、自主管理。

当前，四川正在向农业强省跨越，建设田园综合体正当其时。应当在扎实推进幸福美丽新村建设的基础上，依托新农村综合体，做好五件事：一是积极开展试点探索，组织好国家和省级试点，可进行市级试点。二是做好融合这篇文章，促进产业融合、城乡融合。三是在特色上下硬功夫，展示地域的、民族的、文化的特色。四是发挥农民主体作用，培育新型集体经济和农民综合合作社，把农民组织起来，同时鼓励各种社会力量有序参与。五是坚守法律政策底线，防止非农化，防止大拆大建，防止集体资产被外来资本控制，严禁搞房地产开发。

闭目遐想，一幅田园综合体的美妙画卷，正在蓝天白云下，徐徐展开，那是农民的新家园、市民的桃花源，人们将在那里诗意地栖居！

（本文是在四川贯彻落实“四个全面”战略布局研讨会上的大会交流发言。该研讨会由四川省委宣传部、省委党校、省委教育工委、四川省社科联、省社科院联合举办，笔者入选的论文《关于田园综合体建设的初步思考》被编入四川省委宣传部 2017 年 9 月编印的《四川省贯彻落实“四个全面”战略布局研讨会成果汇编》（上）。论文的主要观点，以《田园综合体建设要突出“融合性”》为题发表在《农民日报》2017 年 8 月 26 日第 3 版。）

# 为乡村插上艺术的翅膀

## ——关于乡村艺术化问题的初步思考

（2018 年 3 月 10 日）

乡村振兴作为民族伟大复兴的重要任务，旨在以农业强、农村美、农民富为目标，加快农业农村现代化，推动农业全面升级、农村全面进步、农民全面发展。这是真善美的统一。人们已经意识到，乡村振兴是一个复杂的系统工程，其中，文化是灵魂，科技是翅膀。笔者想接着说，还要为乡村振兴插上艺术的翅膀；有了艺术的全面融入，实现乡村艺术化，乡村才能稳健起飞。

### （一）

关于乡村艺术化问题，目前还没有引起人们足够的关注。但是，对乡村艺术和乡村美的追求却古已有之，元朝画家黄公望的《富春山居图》就是很好的见证，上千年传承下来的古村落更是鲜活的案例。历史的发展和现实生活表明，乡村艺术化不是天方夜谭，也不是乌有之乡。

笔者对乡村艺术化的关注，断断续续持续五六年了。2012 年 11 月，学习党的十八大的时候，笔者在交流讨论中，以“由生态文明想到的”为题，指出：“美丽中国最美在乡村。乡村之美，美在山水，美在田园，美在淳朴。”这实际上涉及乡村的艺术化问题。2013 年 3 月，中央农办《农村要情》印发我的短文《“微田园”彰显农村特色》，里面再次把“微田园”作为乡村美的元素来分析，得到农业部长的充分肯定。2015 年 3 月，笔者参加汉源的梨花节，在开幕式的致辞中，笔者说汉源的乡村“一个产业就是一个田园景观系统”，并从时间和空间、宏观和微观的不同角度作了简要描述。2017 年 8 月，笔者在《四川农村日报》发表《积极试点探索建设田园综合体》一文，提出田园综合体的“一体一魂两翼”构想，“两翼”中的一翼正是艺术。党的十九大之后，在学习乡村振兴战略时，笔者进一步思考了乡村艺术化问题，还与一些同志探讨过创办“田园艺术节”。为此，最近一段时间，笔者翻阅了一些美学、艺术、设计方面的书籍，兴趣越来越浓。

艺术化是经济社会发展到一定阶段的必然要求，源于人类的天性。说起艺术，人们自然想到美。爱美之心，人皆有之。古往今来，思想家都说，真善美是人们追求的崇高精神价值。按照美国心理学家马斯洛的需要层次理论，当基本需要大体满足以后，人们就会产生自我实现的需要，包括审美的需要。我国哲学家张世英把审美作为一种人生境界，认为它是欲求境界、求知境界、道德境界之上的最高境界。的确，一旦吃饱喝足，人们就会想到怎么去饱眼福、享耳福，比如看看电影、听听音乐、吟吟诗歌。从人类社会发展来看，通常在工业化、城市化达到一定水平的时候，审美的动因就会形成，而且越来越强烈。19 世纪，欧洲一些发达国家曾兴起艺术与手工艺运动。20 世纪 70 年代，美国社会学家丹尼尔·贝尔在《资本主义文化矛盾》中就指出，审美动因是资本主义社会的基本动因之一。进入新世纪，法国学者奥利维耶·阿苏利专门写了一本《审美资本主义》，认为从 20 世纪末至今，发达国家发展的主要趋势是审美资本主义，审美动因成为经济增长的主要动力，“品味的问题涉及整个工业文明的前途和命运”。有人甚至提出，人类社会经济发展已经经历了农业经济形态和工业经济形态，正在形成审美经济形态，人类正在进入大审美经济时代。可口可乐、苹果的成功，其艺术创意功不可没。再看我国，2012 年，人均 GDP 已经突破 6000 美元，据国际经验，社会生活开始向休闲型转变。党的十九大判断，我国社会主要矛盾已经转化为人民日益增长的美好生活需要和不平衡不充分的发展之间的矛盾。建设美丽中国，包括美丽乡村、美丽城镇，正是对人民日益增长的美好生活需要特别是审美需要的回应。

乡村艺术化在国内外已有一批批鲜活的案例，积累了许多成功的经验。英国人珍惜和保护他们乡村的自然景观、田园风光、传统文化，讲究村庄更新，建成全世界最美的乡村，乡村被誉为英国的灵魂，是贵族钟情的地方。对英国乡村，人们这样来描述：教堂、小酒馆、大农场、茅草顶的小房子、爬满植物的小村舍以及原汁原味的乡村公园，展示了英国人自盎格鲁－撒克逊时期以来慢慢形成的生活方式。难怪查尔斯王子宁舍王位，不舍乡村。德国的施雷勃田园源于 19 世纪中期，已有近 140 万个，被誉为童话世界，成为市民的乐园。在施雷勃田园，独门独院的“小木屋”各具风格，充满了浓郁的大自然情趣和文化气息，其中最美丽的景色是门前长满奇花野草的蔬菜田园。每到周末，德国人就走出喧闹的城市，举家来到郊区的施雷勃田园从事“山间劳动”，休闲健身，享受环境，陶冶情操。日本越后妻有大地艺术祭，始于 2000 年，每三年举办一次。它以农田作为舞台，艺术作为桥梁，联系人与自然，传承地域文化，振兴农业地区，已经成为世界上大型的国际户外艺术节。再回到国内来看，近年来，随着美丽新村建设的推进，乡村艺术化开始迈开步伐。比如汉源县，以花海果乡为主题，让田园变公园、农村变景区，一个产业就是“一个田园景观系统”：“在时间上：一季一景，一月一景，到了花季、果季还是一天一景；在宏观上：一山一景，一沟一景，一坝一景；在微观上：一园一景，一步一景，一树一景。冬天叶落了，但树枝通过撑、拉、吊、剪修整得很精致，仔细看，不亚于公园里的盆景。”我们耳闻目睹的，还有年画村、陶艺村、粮画小镇、黄瓜小镇等。这说明，乡村艺术化大有可为。

## （二）

对于什么是乡村艺术化，有人指出它是指乡村因为发展的需要主动吸引艺术家前来或自发进行乡村的美化和改造，并且从艺术下乡角度描述了“暂居型”“居留型”“共振型”三种模式。这样的主张，对思考乡村艺术化有启发；但是，它把乡村艺术化主要看成艺术下乡，则至少低估了乡村自身的艺术资源和艺术追求。

当然，现在来给乡村艺术化下定义可能为时过早，这里避开抽象论道，简要用四句话来对乡村艺术化作一个形象的描述，就是：自然山水，艺术田园，农耕体验，诗意栖居。

自然山水，是要树立尊重自然、顺应自然的理念，在治理和恢复上下功夫，保护乡村环境，保护乡村生物多样性，让乡村天蓝地绿、山青水碧、风清气爽、蛙鸣鸟叫，还自然之魅，这是乡村艺术化的底色。安吉县余村是“两山理论”的策源地，也是浙江在美丽乡村建设过程中践行“两山理论”的缩影。余村曾经是安吉县最大的石灰岩开采区，从20世纪八九十年代，凭借三座矿石山及一座水泥厂，成为当地有名的“首富村”，代价则是安全隐患、环境恶化、生态破坏。2003年，余村按照浙江建设生态省的战略部署，关停矿山及水泥厂，修复绿水青山。2005年，时任浙江省委书记的习近平同志到余村考察，肯定了余村的做法，并在余村首次提出了“绿水青山就是金山银山”的重要论述。在“两山”理论的指导下，余村以创建“生态旅游村”为目标，调整产业、规划村庄、美化环境、发展生态旅游，建设美丽乡村。目前，余村已建设成为3A级旅游景区，农家乐、民宿、漂流、蔬果采摘等休闲旅游产业有声有色，2017年累计接待游客50万人次，旅游收入3500万元。如今的余村，“把树叶子变成了钞票子”，村民们自豪地说：“在千年古银杏树下，躺在竹椅上看星星，小溪流水潺潺，天籁之音绕耳，您会充分体验到被大自然怀抱的感觉。”余村展示的正是山水之美、生态之美。

艺术田园，是要保护和建设农地，因地制宜、因时制宜种植农作物、饲养家禽家畜，并优化种植和养殖结构，注重种养循环，搞好创意设计，精耕细作，发展创意农业、精致农业，把一个产业建设成一个“田园景观系统”，景色随区域、季节而变幻，让田园变成乡村独特的风景线。以稻田为例，元阳县元阳梯田就是哈尼族世世代代留下的艺术杰作。唐朝初期，哈尼族在哀牢山区定居下来，用智慧和双手来挖筑梯田。梯田随山势地形变化，坡缓地大则开垦大田，坡陡地小则开垦小田，沟边坎下石隙也开田。元阳梯田规模宏大，气势磅礴，绵延整个红河南岸的红河、元阳、绿春及金平等县，仅元阳县境内就有17万亩。它是一个生态与文化的复合系统，在那里，每一个村寨的上方必然矗立着茂密的森林，下方是层层相叠的梯田，中间由古意盎然的蘑菇房组合而成。自20世纪80年代以来，引起了国内外专家学者和游客的青睐。1995年，法国人类学家欧也纳博士称赞：“哈尼族的梯田是真正的大地艺术，是真正的大地雕塑，而哈尼族就是真正的大地艺术家!”由此可见，用艺术的眼光看，路堰沟渠田这样的农田水利设施、农耕文化遗产本身就是农民群众创造的田园艺术。乡村艺术化应当把田园这篇文章做好。

农耕体验，是既要发展现代农业，让人们通过农业劳动与动植物生命过程打交道，把农业劳动变成农事体验，从观察、体验、分享中品味人生乐趣，又要保护农耕文明，挖掘传统工艺，培育民间艺人，改造提升传统特色产业，开发乡村美食，让人们分享耕读传家的农耕文化。中国台湾地区农业以具有观赏、食用、教育价值的农作物或畜禽作为造景的主体，以农业文化为线索，展现农业自然资源、历史文化、种养知识、品种分类等，创造出有突出特色的主题景观。南投县埔里镇的丰年农场是台湾菇产业的上游农场，种植有鹿角灵芝、猴头菇、杏鲍菇、补血珍菇等菇产品。农场在菇产品生产的基础上，拓展菇产品关联业务，提供旅游参观、菇类采摘、鲜菇品尝、菇衍生产品DIY等服务。南投县信义乡“梅子梦工厂”依托梅子种植产业，利用文化创意理念来延伸梅子产业链，由原来单纯的梅子种植产业发展成为包括梅子种植、梅子产品加工、梅子休闲观光和梅子文化创意在内的全产业链。在梅子梦工厂，梅子成了纪念品，梅子酒成为文化产品，厂区成为休闲游览区。台湾西岸的飞牛牧场以动物生活习性为基础，以动物活动和人类情感联系紧密的点来设计充满趣味性和知识性的项目，以达到对小学生的教育目的。这些，都给人以乡村艺术的体验。

诗意栖居，是要在不破坏乡村肌理和保护乡村风貌、传承传统文化的前提下，科学规划设计村落，改善路水电等基础设施，改造民居功能和风貌，配套教育医疗等公共服务，组织好民间文化活动，让人们像德国诗人荷尔德林在诗中写的那样，“诗意地栖居在这片大地上”。荷兰的羊角村，最初的居民以采挖泥煤为生，在村里形成了一道道狭窄的沟渠。为让船只可以通行、运送物资，他们将沟渠拓宽，形成运河，与湖泊交织。羊角村生长芦苇，过去的居民就地取材，以芦苇编织的席卷铺设屋顶，形成那里的建设风格。新一代羊角村居民是荷兰的高收入阶层，政府为保持羊角村的原始风貌，规定购买那里的房子必须是“第一住宅”，并不得随意更改房屋外观，古老的茅草房得到保留。村民愿意与游客、路人分享他们创造的美丽，如果有一扇正对路边的窗户，窗台上的饰品一定是面向路人展示的；如果他的花园正对马路，那么从路边看到的花园景致一定很精彩。在羊角村，处处可见生机勃勃的绿树花草，以及掩映在树丛中的茅舍。有人说，那里鲜花簇拥的茅草屋、质朴的木桥和蜿蜒的乡间小路，让人们感到既新鲜又熟悉，仿佛有童年时故乡的影子。像羊角村这样充满诗意的乡村，体现了环境、文化、艺术的统一，实现了人与人、人与自然的和谐。

## （三）

乡村艺术化是一个新课题，更是一篇实践性很强的大文章，必须遵循乡村发展规律，处理好乡村与城市、艺术与自然、艺术与经济、艺术与科技、艺术与文化以及不同艺术之间的关系，彰显乡村自身价值。当前，在推进乡村艺术化、建设美丽乡村中，应当把握好以下五个问题：

其一，要弄懂乡村之美，防止城市景观化。福建省住建厅曾经公布过一批美丽乡村建设负面典型，引起了不小的反响，其中一个突出表现是把城市美化的一些做法搬到乡下去，搞什么大亭子、大牌坊、大公园、大广场，结果是农村不像农村、城市不像城市。类似情况，全国各个地方都不同程度出现过，有的地方还在继续，反映出我们对乡村艺术和乡村美在认识上的误区。我们必须看到，乡村不同于城市，不能跟着城市去追求“高大上”，不能去打破人与自然的和谐状态。余村、元阳梯田、羊角村等国内外乡村艺术化的实践表明，乡村之美，离不开乡村的自然、经济、社会、文化，它美在山水、美在田园、美在农耕、美在体验、美在浓浓的乡愁。这样，美丽乡村才能与美丽城市交相辉映，相得益彰。因此，乡村艺术化一定要体现乡村自身的特点，切忌照抄照搬城市美化的做法。

其二，要着力张扬个性，防止千村一个样。我们下乡调研，特别是参观各地打造的一些样板村的时候，走到一村又一村，每一个点孤立起来看似乎都像模像样的，但是一对比起来都差不多，看得越多越给人以单调乏味的感觉，让人产生审美疲劳。问题在于缺乏个性，张三把旧猪圈改成猪圈咖啡，李四没有猪圈先建个猪圈再改成猪圈咖啡。事实上，不同的村庄，其自然条件、经济条件、历史文化都不一样。在四川，人们经常提到的巴山新居、乌蒙新村、藏区新居、彝家新寨都各具特色。乡村艺术化必须体现各自的地域特色、产业特色、民族风格、民俗风情和民居风貌，村与村之间一定要有不同的个性，同一个村庄也应当让户与户之间有所差异。只有充分尊重个性，看到差异性、用好差异性，下功夫做出各自鲜明的特色来，乡村艺术化才能绘织出多姿多彩的村庄“脸谱”，各美其美。

其三，要发展美丽经济，防止中看不中用。根据网友反映，我们曾就“新村变鬼村”问题做过专题调研，发现有的新村聚居点确实入住率不高，缺少人气，甚至空心化。我们看到，那些地方也有一些艺术性，有些方面看上去也很美，问题就在于没有处理好艺术化和经济发展的关系，没有把乡村艺术化融入经济发展，而是把它变成乡村摆设，产业没有发展起来。从国内外诸多成功案例来看，那些真正的美丽乡村，都凭借他们的艺术化促进了当地经济的发展，老百姓人人有事干、有钱赚。总结吸取现实的经验教训，在推进乡村艺术化过程中，必须转变观念，打开眼界，把美丽、艺术化作为乡村经济发展的宝贵资源，并使之变成资本，发展观光农业、休闲农业、体验农业、民宿经济等乡村旅游产业，促进农村一二三产业融合发展，推动产业大升级，实现产业兴旺，让农民群众共同富裕起来。

其四，要注重乡村设计，防止建设性破坏。如果说美丽乡村建设规划仍然滞后的话，那么设计就还没有真正起步。一些村子到处都堆满仿古建筑、长廊、亭子、假山、雕塑、名贵树木等“艺术品”，墙上也画了很多东西，投入巨资，结果只是热闹一阵子，昙花一现，与它们缺少设计、不伦不类有很大的关系。没有设计或不讲科学的设计，通常会带来建设性破坏，有的把两三百年的老房子拆了、把成百上千年的老村子推了，付出了沉重的代价。实践告诉我们，乡村艺术化离不开艺术设计，必须注重设计，强调设计在前，坚持用科学设计去提升乡村艺术化水平。当然，设计是一门学问，现在懂这门学问且有丰富设计经验的人还比较稀缺，那些区位优、条件好、文化底蕴深、个性特色鲜明的村，一定要请高水平的专业人士，在深入调查研究，广泛听取意见的基础上，整体进行科学设计。

其五，要坚持分类指导，防止搞化妆运动。一哄而起是我们的老毛病，新农村建设中的风貌改造，就曾经在许多地方的场镇和主要公路沿线变成粉墙运动、化妆运动，刮了一阵又一阵，地方政府甚至不惜血本、负债改造。乡村艺术化一定要吸取教训，从实际出发，分步实施，注重实效，有序推进。首先要考虑区位、资源、经济、文化等条件好，美丽乡村建设有基础，干部群众积极性高的地方，从那些地方入手实施乡村艺术化。在实施过程中，应当充分考虑现有基础，精心设计，不能脱离现实基础，更不能借此机会大拆大建。同时也要处理好局部和整体、当前和长远的关系，不能顾此失彼、因小失大，不能急功近利、急于求成。条件暂不具备的地方，切不可盲动。当然也要有乡村艺术化发展的意识，在规划设计和建设过程中，注意并学会“留白”，为今后的提升留下空间。

（本文发表在原四川省委农工委《三农要情》2018 年第 4 期；曾提交四川省社科院、四川省乡村振兴智库于 2018 年 3 月 17—18 日在汉源县举办的山区县乡村振兴学术峰会，并在会上交流了主要观点。缩写稿以《为乡村插上艺术的翅膀》为题发表在《农民日报》2018 年 3 月 28 日第 3 版。）

# 田园综合体建设何去何从

随着乡村振兴战略的全面实施，过去在新农村建设、美丽乡村建设实践中的一些探索，有必要重新审视，该坚持的坚持，该完善的完善，该调整的调整，该终止的终止。田园综合体建设，正是这样一个亟待重新审视的新生事物。

田园综合体作为一个新生事物，2017 年一经中央一号文件提出，便成为农业供给侧结构性改革的突出亮点，引起社会各界的关注。财政部迅速通过比选，在 18 个省市自治区启动了试点工作；不少省市自治区同步组织试点，比如四川当年启动 3 个点，次年又增加了 1 个；部分市甚至一些县市区，也开展了田园综合体建设试点；有的虽然没有搞试点，但是在参照试点单位的做法做规划或项目；有的地方，比如山东省还进行了田园综合体的标准化研究，2018 年 6 月就出台了田园综合体建设标准。

党的十九大提出实施乡村振兴战略后，人们对田园综合体进行了重新认识，有的认识走向了两极：一极是，不少地方和企业认为田园综合体建设的时机来了，要“大干快上”，想方设法争取项目，一些规划咨询机构趁热助推；另一极是，一些部门的同志把田园综合体建设同实施乡村振兴战略对立起来，认为田园综合体建设试点停止了，不干了。种种现象表明，目前田园综合体建设试点正走到一个十字路口，不少相关人士观望着它到底是进还是退。

笔者认为，从实施乡村振兴战略的角度，怎么正确看待田园综合体，特别是怎么看待各地的田园综合体建设试点，确实是当前不少地方面临的一个不可回避的实际问题。这就要求我们按照中央关于实施乡村振兴战略的部署和要求，对田园综合体建设试点进行具体的分析，做出实事求是的回答。

先从发展方向上看。按照 2017 年中央一号文件精神，笔者认为田园综合体是循环农业、创意农业、农事体验和田园社区四位一体，体现城乡融合发展要求，具备农业生产、文明生活、休闲旅游和综合服务等多种功能，宜居宜业宜游的美丽乡村新形态，是实施乡村振兴战略的有效载体。四位一体中，循环农业是基础，创意农业是关键，农事体验是活力，田园社区是目的。进一步看，田园综合体有着鲜明的特征。与普通美丽乡村相比，在于一个“融”字，体现在农村一二三产业的融合发展、城乡的融合发展等多方面，使田园综合体成为美丽乡村的高级形态；与城市综合体相比，在于一个“农”字，它以农业为产业基础、农民为建设主体、农村为广阔天地。值得注意的是，田园综合体的提出，当然来源于实践探索，但它是多方面实践经验的升华，绝不是简单地把个别“田园综合体”项目写进文件。

毋庸置疑，田园综合体建设完全符合中央关于实施乡村振兴战略的要求，并且能够得到城乡融合论、农业多功能论、乡村价值论等相关理论的支撑。可以肯定，在今后乡村振兴的伟大实践中，特别是在大中城市的郊区，田园综合体越往后走将越有用武之地。

再从试点情况看。以四川的都江堰国家级田园综合体建设试点和新津县、绵阳市涪城区、武胜县、开江县四个省级田园综合体建设试点为例，我们看到，各级、各方面对试点工作高度重视，支持力度大，建设进度快，在促进农村一二三产业融合发展、城乡融合发展方面积累了新的经验，大方向是正确的。而且，还应看到，过去四川在幸福美丽新村建设中涌现的一些典型，比如成都市温江区的幸福田园、眉山市丹棱县的梅湾村、雅安市汉源县的花海果乡等，同不少地方的试点相比，更符合中央关于田园综合体建设的原则和要求。

同时，探索中也存在不少值得注意的问题，有些问题还比较严重。从全国各地的试点看，带倾向性且比较突出的问题，笔者认为有三个方面：一是盲目追求高大上。通常一个田园综合体，动辄两三个乡镇、一二十个行政村、三五十平方公里的面积、预算投入数十亿甚至近百亿元。二是产业发展非粮化。一般都是大规模发展水果、花卉等观赏性、体验性较强的经济作物，大搞乡村文化旅游，以民宿的名义上乡村酒店，有的还搞小产权房甚至商品房等房地产开发，较少看到种植粮食作物的。正在专项清理整治的“大棚房”，在田园综合体中就不是个别现象。三是当地农民边缘化。绝大多数地方热衷于引进工商资本，特别是搞房地产开发和文化旅游产业的大老板，当地农村居民往往在“公司+”“企业+”等名义下被挤压出局，没有话语权，合法权益难以保障。这些试点中的问题和现象，显然违背了相关法律、法规和政策，有的已经形成了难以改正的格局，任其下去，后果是严重的。

基于以上分析，笔者认为，田园综合体建设在探索中确实存在不少值得注意的问题，有些问题还非常严重。但是，必须看到它是乡村振兴的有效载体，方向是正确的。因此，既不能过急过热、遍地开花，又不能因噎废食、简单叫停。应继续推进已经开展的试点工作，在试点中完善政策，在完善中规范各地的做法，使之健康有效地进行，并在乡村振兴中发挥积极的引领作用。

具体讲，应站在实施乡村振兴战略的高度，坚持问题导向，有针对性地做好以下五件事：

一是总结经验。各地在田园综合体建设试点中，都有一些比较成功的探索，在传承农耕文化、培育新产业新业态、促进城乡融合发展等方面积累了一些好的经验，有的经验还具有普遍意义。应及时对各级在田园综合体建设试点中的新理念、新经验、好做法进行总结提炼，在适宜范围推广。

二是剖析问题。对各地试点中的高大上、非粮化、农民边缘化等问题，特别是“大棚房”、房地产开发问题，必须抓紧分析研究，拿出过硬的对策措施，该整治的坚决整治。并且举一反三，发现什么问题就解决什么问题。问题突出的，必须限期整治；整治不到位的，取消试点资格，并追究相关领导和职能部门的责任。探索中的失误，也应及时纠正。

三是坚守底线。党的十八大以来，党中央对“三农”工作明确了若干基本的指导原则和政策法规上的底线，反复强调保护基本农田、保护农民的合法权益、不允许在农村搞房地产开发等，田园综合体建设同样不能越过这些底线。应强调底线思维，注重政策和法律法规的监控，凡是突破底线的，一经发现，就予以纠正和处置，把问题解决在萌芽状态。

四是完善政策。各级、各相关部门应根据乡村振兴的要求，采取第三方评估等多种方式，全面客观审视试点工作情况，特别是针对存在的突出问题和带共性的问题，对已经出台的支持田园综合体建设试点工作的政策措施进行系统梳理、完善和细化，形成具有规范性、可操作性的指导意见。条件成熟的地方，还可着手田园综合体建设的标准化研究。

五是引导舆论。注意发现和总结各地的好典型，包括未纳入各级试点的事实上的田园综合体的好典型，通过主流媒体进行宣传报道，负面典型也应该敢于曝光，以引导社会舆论。同时，还要看到试点中的问题与一些民间机构和社会组织的炒作有关，因此对相关培训、论坛、峰会、观摩、考察等，应进行必要的政策和法律的把关，防止出现误导。

（本文发表在《四川农村日报》2019 年 2 月 21 日第 5 版，题目改为《田园综合体建设应该何去何从》。2019 年 5 月初，以此为基础笔者接受人民网访谈，访谈稿的部分内容被《农村工作通讯》2019 年第 12 期转载，题目为《田园综合体建设三大问题值得注意》。）

# 后　记

书稿基本成型了，该有个交代吧？

从 2018 年年初至今，我主要做了两件事：一件，是应邀为省内外的各种干部培训班讲乡村振兴相关专题。仅 2018 年一年，估计就不下 130 场，大约四五百个学时吧，为之准备的时间就不用说了。另一件，就是思考乡村艺术化了，而且有点走火入魔似的。除了学习、讲解乡村振兴，其余的时间，包括节假日在内，差不多都泡在这个问题里面去了。连续两个春节，回老家祭了祖、看望了父母之后，便急急忙忙赶回家来读书、思考。

但是，这个问题对于一个连革命歌曲都吼不出几声的我到底有多难，起先我确实没想过，只是凭着一颗“童心”、一点“稚气”、一股傻劲去冲。

最让人头疼的，莫过于搞清“艺术是怎么回事”了。尽管 20 世纪 80 年代初赶上了美学热，读了点朱光潜、宗白华、李泽厚、王朝闻的书，受了点美学启蒙，但是，对其中十分重要的艺术问题却一窍不通。初翻《罗丹艺术论》《艺术的故事》《艺术：让人成为人》之类艺术书籍，似乎有了点底，可以玩玩艺术了。可是，一进入艺术这个迷幻世界，特别是看了“主义爆炸”炸出的“小便池”“破轮子”“无声音乐”等千姿百态、千奇百怪的现代艺术、后现代艺术之后，立刻就崩了。再紧急求救于艺术理论，上网、进书店、跑图书馆，废寝忘食、夜以继日，翻阅了康德、尼采、贝尔、丹托等名家的若干经典之作，还是晕。不得已，又返回现实生活去观察、体验，去寻找自然之美、生活之美、心灵之美。

当我把从书本上读到的、生活中体验到的美和艺术感，同小时候差不多二十年的乡村生活、2006 年以来十多年的“三农”工作，特别是近六七年的幸福美丽新村建设实践以及人们对乡村尤其是乡村价值的新的认识一接上头，便敲开了一个小小的脑洞。跳出传统工业化、城市化的思维，用生态文明、文化多样性和审美判断、艺术鉴赏的眼光再去看乡村，果然看到了一片新的天地，看到了充满希望的田野，看到了沉甸甸的农耕文化，曾经破败不堪的村落也有了一点儿“意味”。走进汉源花海果乡，大山深处满山遍野的桃、李、苹果、车厘子以及相伴的瓜果蔬菜，形成一个赛一个的“田园景观系统”，景观随区域、季节而变幻，如诗如画。跨入蒲江明月国际陶艺村，明月窑、明月食堂，一个个鲜活的文创，激活了当地沉睡的历史文化资源，让曾经的贫困村“燃烧”起来，成为网红村。来到成都市郫都区战旗乡村十八坊，蜀绣、唐昌布鞋、竹编棕编草编“三编”，让人看到传统农耕文化神奇的力量：小手艺，大作为。置身都江堰七里诗乡，薅秧节、丰收节、田园诗歌节、林盘音乐会，把游客和当地村民一齐带向诗和远方。这样的村落，从成都郊区到康巴藏区，正在涌现，各美其美。

当然，感觉归感觉，问题归问题。事实上，一个个问题接踵而至。比如：城市化进程中乡村的路在何方？艺术与乡村振兴有何相干？乡村艺术化可能吗？艺术家下乡把艺术植入乡村等不等于乡村艺术化？村子里家家户户墙上画满画就艺术化了吗？乡下人懂不懂艺术？贫困村谈什么艺术？怎么把艺术理论同美丽乡村建设实践结合起来？

我生长在宝兴县、芦山县的乡村，1984 年毕业于四川财经学院农业经济系。毕业后曾在中南财经大学农业经济系工作近两年，差不多都在图书馆、阅览室度过。之后一直在雅安地委政策研究室、雅安市委办公室、四川省委农村工作委员会从事政策研究文稿起草和新农村建设指导协调工作。虽然养成了读书、思考的习惯，也发表过 100 多篇文章，获得过十多次省部级以上领导批示，“撞到”过省部级一、二等奖项，却很难深入系统钻研某个方面的理论，平时只是用心、用情、用想象力去做事。因此，当一串串问题砸来的时候，只好硬着头皮，一点一点地琢磨。一天一天的苦思冥想，开始有了一些朴素的想法：乡村在城市化中有一个衰落到复兴的过程，要不了三五年城里人拥有乡村生活将成为一种时尚，相当一部分城里人退休以后会有 15 到 20 年的时间可能选择不同方式到乡村去养老，新时代人们对美好生活的向往越来越需要艺术，乡村艺术化是乡村振兴的新课题、农业农村现代化的新趋势，乡村之美美在山水、美在田园、美在淳朴，乡村不仅能养身养眼而且还能养心，建设美丽乡村需要插上艺术的翅膀，艺术化是乡村的未来，乡村艺术化必须彰显乡村价值，当心以艺术化名义把乡村变成城市的垃圾场，村民们充分参与才能实现乡村艺术化，田园综合体是乡村艺术化的有效载体，人们将在乡村诗意地栖居，等等。一旦迷进去了，原本枯燥的问题也变得趣味无穷。

因为过去长期的文字工作都在幕后疲于应付，所以，当从被动中解放出来之后，一兴奋起来，就有一种压抑不住的交流冲动。有一点小小的心得，便急着把它写出来、讲出去。掐指一算，在《农民日报》《中国文化报》《四川日报》《新城乡》《乡村振兴》《北京农村经济》等报刊上、《天府智库》《三农要情》等简报里、《四川农业农村发展报告（2019）》《中国乡村振兴发展指数蓝皮书（2018）》等学术著作中，发表了《为乡村插上艺术的翅膀》等20来篇关于乡村艺术化问题的文稿，在乡村振兴学术峰会、艺术乡村建设论坛、农业区划研究会学术年会、高校讲座、年轻干部培训班等场合讲了二十多次《艺术化，乡村的未来》等乡村艺术化问题，在微信朋友圈里也发了数百条相关评论和对话，《打造四川特色鲜明的现代版“富春山居图”——推进乡村艺术化发展研究》还被评为2019年度四川省干部培训“好课程”。

这些，对于一个正在奔六的“三农”工作者来说，已经有点不安分了；有一些这样那样的非议，自然是情理之中的事，我都能理解。

难忘的是，小丑鸭刚长出羽毛，就得到了领导、专家学者和同事、同行的关注、认同、支持和鼓励，点燃了我心中的火种，甚至还让我有了点野心。以至于，壮着胆子走上了中国艺术研究院举办的“2019中国艺术乡村建设论坛”，面对人类学家、社会学家、艺术家做了大会发言。没有想到，《中华读书报》《中国民族报》在报道论坛时，都点名提到了我的观点。

滴水之恩，当涌泉相报。这里，我要感谢的是：

第一篇关于乡村艺术化的短文《为乡村插上艺术的翅膀》还是初稿的时候，四川省委领导就做出肯定性批示；同济大学建筑与城市规划学院党委书记彭震伟教授在微信中留言给予肯定并提出指导意见，四川省农科院党委书记吕火明教授打来电话表示肯定；中国国外农业经济研究会会长、中国社科院农村发展研究所党委书记杜志雄研究员，中国农业大学农民问题研究所所长朱启臻教授，中央党校（国家行政学院）社会和生态文明教研部张孝德教授，创新工程首席专家高宏存教授，四川大学文化产业研究中心主任蔡尚伟教授，四川省农科院首席科学家李晓研究员，四川旅游学院党委副书记杨祥禄研究员，都给予肯定。朱启臻教授还亲自为本书作序。

一年多来，中华美学学会会长、中国社会科学院高建平研究员，中国艺术人类学学会会长、中国艺术研究院方李莉研究员，费孝通研究中心副主任、中央党校文史部徐平教授，中国人民大学文化创意产业研究所所长金元浦教授，中国民俗学会副会长、北京师范大学中社院人类学与民俗学系主任萧放教授，华中师范大学中国农村研究院名誉院长徐勇教授，中国传媒大学艺术研究院常务副院长王廷信教授，国际公共艺术协会副主席、上海美术学院副院长金江波教授，四川省社科院党委书记李后强教授、原副院长郭晓鸣研究员，四川农业大学组织部部长杨锦秀教授，曾以不同方式给予认同、关心和鼓励。四川省农科院副研究员杜兴端博士则帮助我做了大量编辑工作。

在我思考乡村艺术化的过程中，人民日报四川分社原副社长、高级记者刘裕国老师，四川党建期刊集团党委书记、董事长张泽刚先生，四川日报社副总编、新城乡杂志总编廖翥先生，四川日报社编委、时政社会部向军主任，农民日报广西记者站阮蓓站长，乡村振兴杂志编辑部喻娟主任，四川农村日报黄颖一编辑，都给我莫大的关注、支持和鼓励。

特别让我感动的是，北京文化遗产中心理事长、“80后”著名建筑师罗健敏教授，浙江省农业和农村工作办公室原副主任、浙江大学中国农村发展研究院顾益康教授，四川省委省政府决策咨询委员会张宁副主任。我在“2019中国艺术乡村建设论坛”上一发完言，罗老便带着助手来找到我，拉着我的手鼓励我。刚看完国庆70周年晚会，我便收到顾老看了初编的电子书稿后回我的微信：“很好！很有创意！”张主任是把我领进“三农”工作队伍的老领导，他始终关心着我的工作和钻研，我尤其忘不了我们面对面切磋的场景，他的公道、正派、敬业、严谨一直激励着我。

原来的四川省委农工委、现在的四川省农业农村厅，则给了我自由活动的时间和空间，任我独来独往、独立思考，这是我向往已久的工作方式。当然，我没有把自由当任性，而是倍加珍惜这难得的机会，一心扑在乡村振兴事业上，聚精会神钻研乡村艺术化问题，忘我工作，也乐在其中。我的同事们却默默地为我加油，而我这十多年来的文稿，几乎篇篇都是李芳、郑素琼两位年轻人帮我完成文字录入工作的。

四川省委宣传部嘉东波处长、余波调研员，四川大学出版社段悟吾副社长、蒋姗姗编辑，更是在编辑出版方面给予了热情、周到、细心的指导。

同窗友情像美酒，时间越久越醇。老同学、老朋友们一直从各个方面关心着我，胡席贤同学、李定明同学、罗晓春同学国庆期间都在帮我看稿子，提出了很多很好的意见。

要感谢的领导、专家、朋友和同事很多，我常常默默向他们表示由衷的敬意。

正是在师友和同事的鼓励下，我把已经形成的文字，发表的和存在电脑里的，不只是关于乡村艺术化的，还包括过去在幸福美丽新村建设中的思考、在乡村蹲点调研的日记、在各种培训班上的PPT，凡有关联的都一篇一篇搜罗起来，一一进行筛选、梳理、组合。组合来组合去，居然理出了点眉目来：从专题报告、政策背景、实践基础，到思考之源、若干断想，里面应该有着内在的逻辑；没有乡村振兴这个大战略的实施、没有多年幸福美丽新村建设的实践探索、少了那些起早贪黑顶风冒雨的走村串户，就不会有我对乡村艺术化的思考，而对乡村艺术化的思考又让那些实践探索有了新的意义。这个本子，正是这样组合出来的，也正是这样的组合催我把它们编辑成册。尽管她依然是一只丑小鸭，未必能够招来人们的目光；可对我来说，每个字、每个标点，都洒满了我的心血和汗水。

需要说明的是，这些只是一个“三农”工作者的点滴思考。正因为如此，有些重复的内容，仅仅考虑到要把认识过程也呈现出来，就有点舍不得割爱了；从整体上考虑，修改了个别文章的标题，对部分文章的个别文字也做了一点技术处理；为了理清一些问题的来龙去脉，还把几个看似无关的小材料当作专栏，放在相应的位置。

闭目一想，乡村艺术化的确是个新课题。我也知道，自己在这个问题上还没有入门。之所以匆匆忙忙把这些砖头瓦块扔出来，仅仅是为了抛砖引玉，愿更多的专家学者、艺术家、“三农”工作者、职业农民、有志青年、企业家及各方面的有识之士关注乡村艺术化，一起到这块处女地上来耕耘。我相信，只要埋下一粒种子，就能看着她一天天生根、发芽、开花、结果。

最后不得不说的是，我的所有成绩都离不开我爱人胡艾萍几十年如一日无微不至的照顾；每天中午电话里让我听了成千上万遍的“吃了饭好好休息一下哈”，也总是新鲜的、暖暖的。不仅如此，她还是我所有稿子的第一个读者、阅卷人、评论员，每一篇都一字一句地读，随时指出错漏、提出修改意见，这个本子实际上是我们共同的劳动果实。我要用热乎乎的心对她说一声：辛苦了，谢谢您！

我最怕提起的是我的女儿董旭。旭儿善良、聪明、美丽，特别在乎做人的原则和尊严，可她早早离开了我们。自那撕心裂肺、几近崩溃的日子以后，我每天都在默默地怀念着旭儿。今天，我要用我多年的心血来纪念旭儿，愿旭儿在那边安好！

**董进智**

**2019 年 11 月 8 日**